英語 6 年
開隆堂版
Junior Sunshine

教科書ぴったりトレーニング

▶ 3 分でまとめ動画

トラック トラック のついているところと、各付録の音声は、右のQRコード、または専用の「ポケットリスニング」のアプリから聞くことができます。

「ポケットリスニング」について、くわしくは表紙の裏をご覧ください。
https://www.shinko-keirin.co.jp/shinko/listening-pittari_training/

スピーキングアプリ のついているところは専用の「ぴたトレスピーキング」のアプリで学習します。
くわしくは97ページをご覧ください。

3分でまとめ

学習日 月 日

アルファベットを学ぼう
大文字

アルファベット 大文字

ききトリ 音声でアルファベットの音を聞いて、後に続いて言ってみましょう。 トラック0

エイ	ビー	スィー	ディー	イー
□ A	□ B	□ C	□ D	□ E

エフ	ジー	エイチ	アイ	ジェイ
□ F	□ G	□ H	□ I	□ J

ケイ	エル	エンム	エンヌ	オウ
□ K	□ L	□ M	□ N	□ O

ピー	キュー	アール	エス	ティー
□ P	□ Q	□ R	□ S	□ T

ユー	ヴィー	ダブリュー	エクス	ワイ	ズィー
□ U	□ V	□ W	□ X	□ Y	□ Z

☑ 発音したらチェック

学習日　月　日

※アルファベットの書き順は目安です。
※この本では英語の発音をよく似たカタカナで表しています。
めやすと考え、音声で正しい発音を確かめましょう。

かきトリ　声に出して文字をなぞった後、自分で2回ぐらい書いてみましょう。　できたらチェック！　書く　話す

①A　②B　③C

④D　⑤E　⑥F

⑦G　⑧H　⑨I

⑩J　⑪K　⑫L

⑬M　⑭N　⑮O

⑯P　⑰Q　⑱R

⑲S　⑳T　㉑U

㉒V　㉓W　㉔X

㉕Y　㉖Z

ヒント
大文字は、一番上の線から3番目の線までの間に書くよ。

ぴったり1 準備

アルファベットを学ぼう 小文字

学習日 月 日

アルファベット 小文字

ききトリ アルファベットをリズムに乗って言ってみましょう。 トラック0

エイ	ビー	スィー	ディー	イー
□ a	□ b	□ c	□ d	□ e

エフ	ジー	エイチ	アイ	ジェイ
□ f	□ g	□ h	□ i	□ j

ケイ	エル	エンム	エンヌ	オウ
□ k	□ l	□ m	□ n	□ o

ピー	キュー	アール	エス	ティー
□ p	□ q	□ r	□ s	□ t

ユー	ヴィー	ダブリュー	エクス	ワイ	ズィー
□ u	□ v	□ w	□ x	□ y	□ z

☑ 発音したらチェック

学習日　月　日

※アルファベットの書き順は目安です。
※この本では英語の発音をよく似たカタカナで表しています。
めやすと考え、音声で正しい発音を確かめましょう。

かきトリ　声に出して文字をなぞった後、自分で2回ぐらい書いてみましょう。　できたらチェック！　書く　話す

① a　② b　③ c

④ d　⑤ e　⑥ f

⑦ g　⑧ h　⑨ i

⑩ j　⑪ k　⑫ l

⑬ m　⑭ n　⑮ o

⑯ p　⑰ q　⑱ r

⑲ s　⑳ t　㉑ u

㉒ v　㉓ w　㉔ x

㉕ y　㉖ z

ヒント
bとdのように、形の似ているアルファベットがいくつかあるね。

★英語を書くときのルール★

英語を書くときは、日本語とはちがうルールがいくつかあります。
次からのページで英語を書くときは、ここで学ぶことに気をつけましょう。

❶ 単語(たんご)の中の文字どうしはくっつけて書き、単語どうしははなして書く！

Good morning. I'm Saori.

Goodのように、1文字1文字がはなれないようにしよう。

単語と単語の間は、少しあけるよ。　文と文の間は、1文字程度あけるよ。

❷ 文の最初(さいしょ)の文字は大文字で書く！

Good morning.　Yes, I do.

× good morning.

I は文のどこでも大文字だよ。

▶以下(いか)のような単語は文のどこでも大文字で始めます。

人の名前　Olivia

国名　Japan

地名　Osaka

❸ 文の終わりにはピリオド（.）をつける！

Nice to meet you.　Good idea!

強調するときなどに使うエクスクラメーションマーク（!）をつけるときは ピリオドはなくてよいよ。

❹ たずねる文の終わりには、ピリオドのかわりにクエスチョンマーク（?）をつける！

How are you?

× How are you.

❺ 単語の間にはコンマ（,）をつけることがある！

Yes, it is.

Yes や No のあとにはコンマ（,）を入れるよ。

★数字を表す英語のルール★

トラック0

もののの個数や値段、年れいを表す数字と、日づけなどに使う数字の２通りを知っておきましょう。

ものの個数や値段、年れいを表す数字

1 one	2 two	3 three	4 four	5 five
6 six	7 seven	8 eight	9 nine	10 ten
11 eleven	12 twelve	13 thirteen	14 fourteen	15 fifteen
16 sixteen	17 seventeen	18 eighteen	19 nineteen	20 twenty
21 twenty-one	22 twenty-two	23 twenty-three	24 twenty-four	25 twenty-five
26 twenty-six	27 twenty-seven	28 twenty-eight	29 twenty-nine	30 thirty
40 forty	50 fifty	60 sixty	70 seventy	80 eighty
90 ninety	100 one hundred			

（例） three apples（3つのりんご）

日づけを表す数字

1st first	2nd second	3rd third	4th fourth	5th fifth	6th sixth	7th seventh
8th eighth	9th ninth	10th tenth	11th eleventh	12th twelfth	13th thirteenth	14th fourteenth
15th fifteenth	16th sixteenth	17th seventeenth	18th eighteenth	19th nineteenth	20th twentieth	21st twenty-first
22nd twenty-second	23rd twenty-third	24th twenty-fourth	25th twenty-fifth	26th twenty-sixth	27th twenty-seventh	28th twenty-eighth
29th twenty-ninth	30th thirtieth	31st thirty-first				

（例） My birthday is April 1st.
（わたしの誕生日は4月1日です。）

ぴったり1 準備

3分でまとめ

Lesson 1 This is me. ①

学習日　月　日

めあて
相手に自分の名前と出身地を伝えることができる。

教科書 14～23ページ

自分の名前の伝え方 / 自分の出身地の伝え方

ききトリ 音声を聞いたあと、声に出してみましょう。　トラック1～2

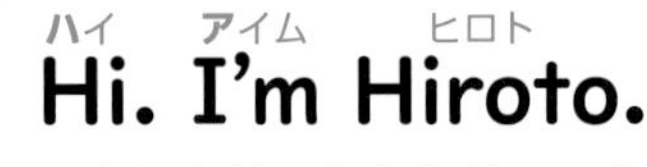

I'm from Osaka.（アイム フラム オサカ）
わたしは大阪出身です。

せつめい つたえる　I'm ～.で、「わたしは～です。」と自分の名前を伝えることができます。「～」には、自分の名前が入ります。I'm from ～.で「わたしは～出身です。」と自分の出身地を伝えることができます。「～」には自分の出身地の名前が入ります。

ききトリ 音声を聞き、英語の言葉を言いかえて、文を読んでみましょう。　トラック3～4

Hi. I'm Hiroto.

I'm from Osaka.

これを知ったらワンダフル!
the U.S.A.はthe United States of Americaを略したもので、the U.K.はthe United Kingdom(of Great Britain and Northern Ireland)を略したものだよ。

いいかえよう　都道府県・世界の国々を表す英語

□Hokkaido(北海道) 	□Tokyo(東京) 	□Kyoto(京都) 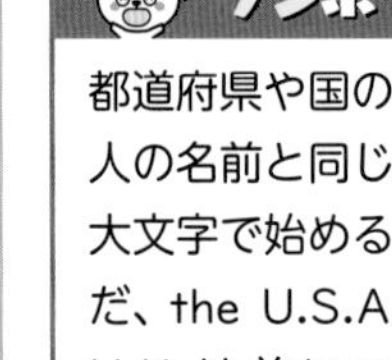
□Japan(日本) 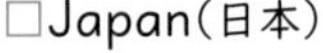	□the U.S.A.(アメリカ合衆国) 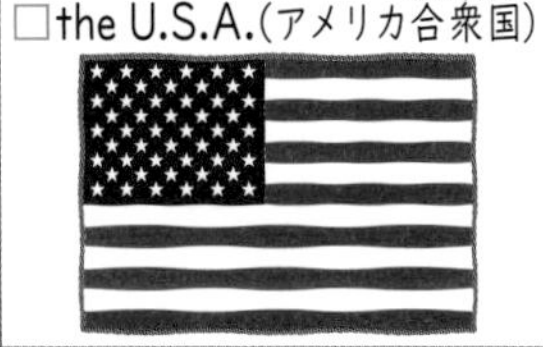	□the U.K.(イギリス) 
□Thailand(タイ) 	□Singapore(シンガポール) 	□Brazil(ブラジル) 

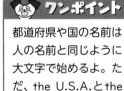

ワンポイント
都道府県や国の名前は人の名前と同じように大文字で始めるよ。ただ、the U.S.A.とthe U.K.は前につくtheを小文字で始めるよ。

小冊子のp.4～5で、もっと言葉や表現を学ぼう！

ぴったり2

練習

学習日　　月　　日

?ぴったりクイズ　答えはこのページの下にあるよ！

アメリカの大学に留学する学生の出身国でもっとも多い国はどこかな？
① 日本　② インド　③ 中国

教科書　14～23ページ

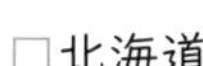

かきトリ　英語をなぞり、声に出してみましょう。

できたらチェック！ 書く 話す

□北海道 Hokkaido
□東京 Tokyo
□京都 Kyoto
□日本 Japan
□アメリカ合衆国 the U.S.A.
□イギリス the U.K.
□タイ Thailand
□ブラジル Brazil
□シンガポール Singapore

ヒント
the U.S.A. と the U.K. はアルファベットの間のピリオド(.)をつけないこともあるけれど、ここでは書き忘れないように注意しよう。

□こんにちは。わたしはヒロトです。
Hi. I'm Hiroto.

□わたしは大阪出身です。
I'm from Osaka.

▶読み方が分からないときは、左のページにもどって音声を聞いてみましょう。

やりトリ　自分はどう伝えるかを書いて、声に出してみましょう。

できたらチェック！ 書く 話す

Hi. I'm ＿＿＿＿＿＿＿＿.

I'm from ＿＿＿＿＿＿＿＿.

つたえるコツ
名前と出身地が、伝えたい大切な情報なので、自分の名前と出身地を、大きくはっきりと言おう。

▶あてはめる英語は、左のページや付録の小冊子、教科書や辞書などから探してみましょう。

練習ができたら、次はだれかに伝えてみよう！

ぴったりクイズの答え
③　中国は、2010年から2023年現在までずっと1位だよ。日本からの留学生は2004年の約47,000人をピークに減少しているよ。

Lesson 1
This is me. ②

学習日　　月　　日

めあて
自分が好きなものや、ほしいものを伝えることができる。

教科書　14〜23ページ

自分が好きなものの伝え方 / 自分がほしいものの伝え方

ききトリ　音声を聞き、声に出してみましょう。　トラック5〜6

アイ ライク テイブル テニス
I like table tennis.
わたしは卓球が好きです。

アイ ワ(ー)ント ア ヌー ラケット
I want a new racket.
わたしは新しいラケットがほしいです。

せつめい　つたえる　I like 〜.で、「わたしは〜が好きです。」と伝えることができます。「〜」には、自分の好きなものを表す言葉が入ります。I want 〜.で「わたしは〜がほしいです。」と伝えることができます。「〜」には、自分がほしいものが入ります。

ききトリ　音声を聞き、英語の言葉を言いかえて、文を読んでみましょう。　トラック7〜10

I like **table tennis**.

ワンポイント
mathはmathematicsを省略した形だよ。

いいかえよう　スポーツ・教科・動物を表す英語

□soccer(サッカー)	□volleyball(バレーボール)	□math(算数)	□English(英語)
		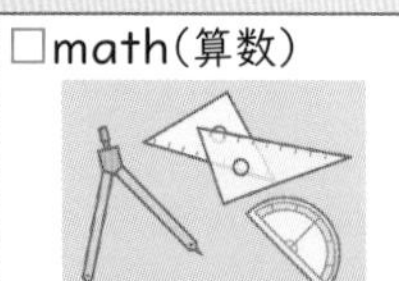	
□badminton(バドミントン)	□basketball(バスケットボール)	□science(理科)	□music(音楽)
□cats(ネコ)	□dogs(イヌ)	□penguins(ペンギン)	□koalas(コアラ)
	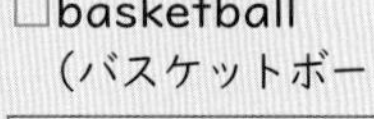 		
□horses(ウマ)	□elephants(ゾウ)	□giraffes(キリン)	□rabbits(ウサギ)

これを知ったらワンダフル！
「ネコが好きです。」と言うときは、catsと最後にsをつけて２ひき以上を表す形にするよ。こうすることで、１ぴきのネコではなくて「ネコ」という種類のもの全部が好きという意味になるよ。

I want a new **racket**.

いいかえよう　身の回りのものを表す英語

□glove(グローブ)	□watch(うで時計)	□bicycle(自転車)	□pencil case(筆箱)
			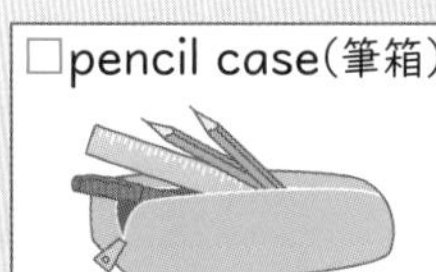
□ball(ボール)	□T-shirt(Tシャツ)	□cap(ぼうし)	□bag(かばん)

ぴったり2

練習

学習日　　月　　日

ぴったりクイズ　答えはこのページの下にあるよ！

likeは「～が好きです」という意味だけれど、「～が大好きです」と言うときはどんな単語を使うか分かるかな？

教科書　14～23ページ

かきトリ　英語をなぞり、声に出してみましょう。　できたらチェック！　書く　話す

□サッカー soccer

□バレーボール volleyball

□算数 math

□英語 English

□ネコ cats

□イヌ dogs

ヒント
English は最初の文字を大文字にしよう。

□ペンギン penguins

□コアラ koalas

□グローブ glove

□うで時計 watch

□自転車 bicycle

□筆箱 pencil case

□わたしは卓球が好きです。

I like table tennis.

□わたしは新しいラケットがほしいです。

I want a new racket.

▶読み方が分からないときは、左のページにもどって音声を聞いてみましょう。

やりトリ　好きなものとほしいものを伝える文を完成させて、声に出してみましょう。　できたらチェック！　書く　話す

I like ＿＿＿＿＿＿＿＿.

I want ＿＿＿＿＿＿＿＿.

つたえるコツ
自分の好きなものや、ほしいものをはっきりと大きく言うと、相手によく伝わるよ。

▶あてはめる英語は、左のページや付録の小冊子(しょうさっし)、教科書や辞書などから探(さが)してみましょう。

練習ができたら、次はだれかに伝えてみよう！

ぴったりクイズの答え

loveだよ。
loveは「～を愛する」という意味だけれど、「～が大好きです」と言うときも使うよ。

Lesson 1 This is me. ③

学習日　月　日

めあて
自分が得意なことを伝えることができる。

教科書　14～23ページ

自分が得意なことの伝え方

ききトリ　音声を聞き、声に出してみましょう。　トラック11～12

アイム　グッド　アット　プレイング　バスケットボール
I'm good at playing basketball.
わたしはバスケットボールをすることが得意です。

アイム　グッド　アット　スィンギング
I'm good at singing.
わたしは歌うことが得意です。

せつめい　つたえる　I'm good at ～.で、「わたしは～が得意です。」と伝えることができます。「～」には自分が得意なことが入ります。

ききトリ　音声を聞き、英語の言葉を言いかえて、文を読んでみましょう。　トラック13～14

I'm good at **playing basketball**.

いいかえよう　得意なことを表す英語

- □playing soccer（サッカーをすること）
- □playing rugby（ラグビーをすること）
- □playing badminton（バドミントンをすること）
- □doing *kendo*（剣道をすること）
- □playing baseball（野球をすること）
- □playing golf（ゴルフをすること）
- □playing table tennis（卓球をすること）
- □doing *judo*（柔道をすること）

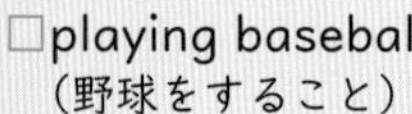

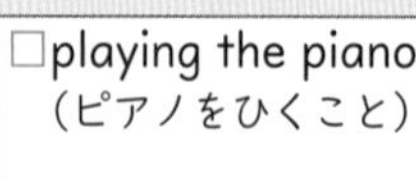

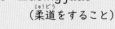

- □drawing pictures（絵をかくこと）
- □playing the guitar（ギターをひくこと）
- □playing the piano（ピアノをひくこと）
- □speaking English（英語を話すこと）
- □cooking（料理をすること）
- □playing the violin（バイオリンをひくこと）
- □playing the recorder（リコーダーをふくこと）
- □speaking Chinese（中国語を話すこと）

ワンポイント
〈play＋スポーツ名〉で「（スポーツ）をする」という意味になるよ。ただし、剣道や柔道はdoを使うよ。

これを知ったらワンダフル！
play（～をする）にingをつけてplayingにすると「～をすること」という意味になるよ。

練習

学習日　月　日

ぴったりクイズ 答えはこのページの下にあるよ！

アメリカのバスケットボール選手で有名なマイケル・ジョーダンは、ほかにも得意なスポーツがあったよ。それは何かな？

教科書 14～23ページ

かきトリ 英語をなぞり、声に出してみましょう。

できたらチェック！ 書く 話す

□サッカーをすること

playing soccer

□ラグビーをすること

playing rugby

□剣道をすること

doing kendo

□絵をかくこと

drawing pictures

□ピアノをひくこと

playing the piano

□英語を話すこと

speaking English

□わたしはバスケットボールをすることが得意です。

I'm good at playing basketball.

□わたしは歌うことが得意です。

I'm good at singing.

ヒント

playing the pianoのように「(楽器)を演奏すること」と言う場合、楽器名の前にtheをつけるよ。

▶読み方が分からないときは、左のページにもどって音声を聞いてみましょう。

やりトリ 自分が得意なことを書いて、声に出してみましょう。

できたらチェック！ 書く 話す

I'm good at ________.

つたえるコツ

得意なことを表す言葉を大きくはっきりと言おう。自分の得意なことが、相手によく伝わるよ。

▶あてはめる英語は、左のページや付録の小冊子、教科書や辞書などから探してみましょう。

練習ができたら、次はだれかに伝えてみよう！

ぴったりクイズの答え

野球だよ。　1993年にバスケットボールの選手を引退したあと、シカゴ・ホワイトソックスの傘下チームのバーミングハム・バロンズで野球選手としてプレーしたんだよ。

Lesson 1−① This is me.

教科書 14〜23ページ　答え 2ページ

1 音声を聞き、内容に合う絵を下の㋐〜㋓から選び、(　　)に記号を書きましょう。

トラック15

技能 1問10点(20点)

㋐ 
アメリカ合衆国(がっしゅうこく)

㋑ 
シンガポール

㋒ 
イギリス

㋓ 
日本

(1) (　　　　)　(2) (　　　　)

2 音声を聞き、内容に合う絵を、線で結びましょう。

トラック16

技能 1問完答10点(30点)

(1) 
Koji

(2) 
Sakura

(3) 
Lisa

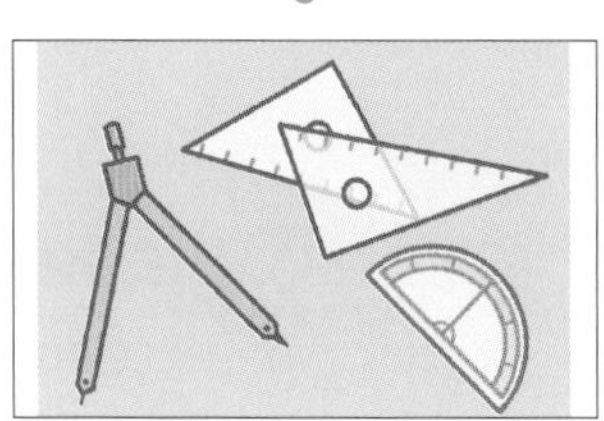

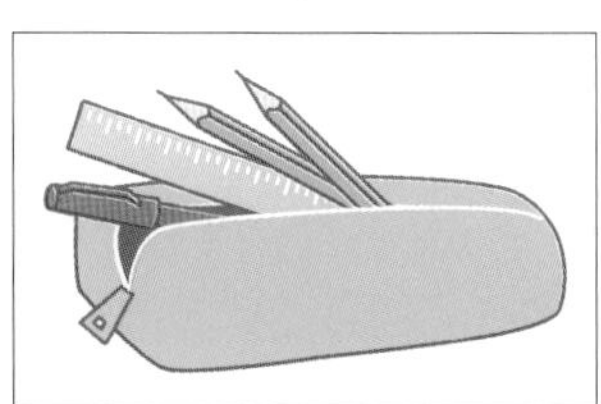

ふりかえり ❶が分からないときは、8ページにもどって確認(かくにん)しよう。

3 日本文の意味を表す英語の文になるように、[　]の中から語句を選んで[　]に書き、全体をなぞりましょう。文の最初の文字は大文字で書きましょう。

1つ5点(20点)

(1) わたしはエマです。

[　　　] Emma.

(2) わたしはイギリス出身です。

I'm [　　　　　　].

(3) わたしは絵をかくことが得意です。

I'm [　　　] at [　　　　　　].

good　from the U.K.　from the U.S.A.　I'm
I like　playing the piano　drawing pictures

4 男の子が英語で自己しょうかいをします。絵の内容に合うように、[　]の中から正しい語句を選んで[　]に書き、全体をなぞりましょう。

思考・判断・表現　1問10点(30点)

I'm Ryota.

(1) I'm [　　　　　　].

(2) I'm [　　　　　　].

(3) I want [　　　　　　].

a new ball　a new racket　good at playing tennis
good at playing soccer　from Hokkaido　from Korea

ぴったり1 準備

3分でまとめ

Lesson 1 This is me. ④

学習日　月　日

めあて
自分ができることや、それがどのようなものかを伝えることができる。

教科書　14〜23ページ

自分ができることの伝え方 / それがどのようなものかの伝え方

ききトリ　音声を聞き、声に出してみましょう。　トラック17〜18

I can play soccer.（アイ キャン プレイ サ(ー)カァ）
わたしはサッカーをすることができます。

It's exciting.（イッツ イクサイティング）
それはわくわくします。

せつめい　つたえる　I can 〜.で、「わたしは〜することができます。」と自分ができることを伝えることができます。「〜」には、自分ができる動作を表す言葉を入れます。
It's 〜.で、「それは〜です[します]。」とそのものがどのようなものかを伝えることができます。「〜」には、様子を表す言葉が入ります。

ききトリ　音声を聞き、英語の言葉を言いかえて、文を読んでみましょう。　トラック19〜22

I can **play soccer**.

いいかえよう　動作を表す英語

□sing（歌う）

□cook（料理をする）

□ski（スキーをする）

□swim（泳ぐ）

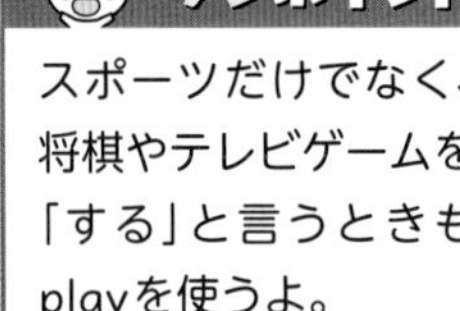

□play *shogi*（将棋をする）

□play video games（テレビゲームをする）

□play volleyball（バレーボールをする）

□play tennis（テニスをする）

ワンポイント
スポーツだけでなく、将棋やテレビゲームを「する」と言うときもplayを使うよ。

It's **exciting**.

いいかえよう　様子などを表す英語

□fun（楽しい）

□interesting（おもしろい）

□great（すごい）

これを知ったらワンダフル！
interestingは「おもしろおかしい」の「おもしろい」ではなくて「興味深い」や「好奇心をいだかせる」という意味の「おもしろい」を表すよ。

小冊子のp.26〜27で、もっと言葉や表現を学ぼう！

ぴったり2

練習

学習日　　月　　日

ぴったりクイズ 答えはこのページの下にあるよ！

日本では、サッカーや野球をしたり観戦したりする人が多いけれど、アメリカで圧倒的(あっとうてき)に人気のスポーツは何かな？

教科書 14〜23 ページ

がきトリ 英語をなぞり、声に出してみましょう。

できたらチェック！ 書く 話す

□歌う sing

□料理をする cook

□スキーをする ski

□泳ぐ swim

□将棋をする play shogi

□テレビゲームをする play video games

□バレーボールをする play volleyball

□テニスをする play tennis

□楽しい fun

□おもしろい interesting

□すごい great

□わたしはサッカーをすることができます。 I can play soccer.

□それはわくわくします。 It's exciting.

ヒント
volleyball は volley と ball をはなさないで書こう。tennis の n は 2 回続くから注意しよう。

▶読み方が分からないときは、左のページにもどって音声を聞いてみましょう。

やりトリ 自分ができることと、それがどのようなものかを書いて、声に出してみましょう。

できたらチェック！ 書く 話す

I can ＿＿＿＿＿＿＿＿.

It's ＿＿＿＿＿＿＿＿.

つたえるコツ
I canやIt'sは小さく言って、そのあとの自分ができることや、どういうものかを表す言葉を大きくはっきり言おう。

▶あてはめる英語は、左のページや付録の小冊子、教科書や辞書などから探(さが)してみましょう。

練習ができたら、次はだれかに伝えてみよう！

ぴったりクイズの答え
アメリカンフットボールだよ。
アメリカでは２番目に人気なのがバスケットボールで３番目が野球なんだよ。

Lesson 1
This is me. ⑤

学習日　月　日

めあて
自分の誕生日を伝えることができる。

教科書 14～23ページ

誕生日の伝え方

音声を聞き、声に出してみましょう。　トラック23～24

マイ　バースデイ　イズ　デュライ　テンス
My birthday is July 10th.
わたしの誕生日は7月10日です。

せつめい　つたえる　My birthday is ～.で「わたしの誕生日は～です。」と伝えることができます。「～」には自分の誕生日が入ります。日にちは**1st**(first)、**2nd**(second)、**3rd**(third)、**4th**(fourth)のように順番を表す数字を使います。

音声を聞き、英語の言葉を言いかえて、文を読んでみましょう。　トラック25～26

My birthday is **July 10th**.

いいかえよう

月を表す英語

□January(1月)

□February(2月)

□March(3月)

□April(4月)

□May(5月)

□June(6月)

□July(7月)

□August(8月)

□September(9月)

□October(10月)

□November(11月)

□December(12月)

日づけを表す英語

□1st(1日)	□2nd(2日)	□3rd(3日)	□4th(4日)	□5th(5日)
□16th(16日)	□22nd(22日)	□27th(27日)	□30th(30日)	□31st(31日)

月の名前は、最初の文字が必ず大文字になるよ。

これを知ったらワンダフル！

順番を表す単語で、一の位に1がつく数字は、11th以外は1stで終わり、2がつく数字は12th以外は2nd、3がつく数字は13th以外は3rdで終わるよ。

ぴったり２
練習

学習日　　月　　日

?ぴったりクイズ　答えはこのページの下にあるよ！

ポテトチップスが誕生(たんじょう)したきっかけは何かな？
① 戦争中の保存食(ほぞんしょく)の開発　② レストランの客のクレーム
③ 子どもの節約おやつの開発

教科書　14〜23ページ

かきトリ　英語をなぞり、声に出してみましょう。　できたらチェック！　書く　話す

□１月 January　□２月 February　□３月 March

□４月 April　□５月 May　□６月 June　□７月 July

□８月 August　□９月 September　□10月 October

□11月 November　□12月 December

ヒント
９月、10月、11月、12月はすべてberで終わっているね。

□１日 1st　□２日 2nd　□３日 3rd　□５日 5th　□31日 31st

□わたしの誕生日は７月10日です。

My birthday is July 10th.

▶読み方が分からないときは、左のページにもどって音声を聞いてみましょう。

やりトリ　自分の誕生日を書いて、声に出してみましょう。　できたらチェック！　書く　話す

My birthday is ________.

つたえるコツ
Myとisは小さく発音してbirthdayと誕生日の日づけを強く大きく言うと、伝わりやすくなるよ。

▶あてはめる英語は、左のページや付録の小冊子(しょうさっし)、教科書や辞書などから探(さが)してみましょう。

練習ができたら、次はだれかに伝えてみよう！

ぴったりクイズの答え
② ニューヨークのホテルのレストランが出したフライドポテトの厚さにクレームをつけた客に対し、怒った料理長が、わざとじゃがいもを紙のようにうすく切って揚(あ)げたのが始まりだよ。

Lesson 1 This is me. ⑥

学習日　　月　　日

めあて
相手ができるかどうかをたずねたり、自分ができるかできないかを答えたりすることができる。

教科書 14〜23 ページ

相手ができるかどうかのたずね方 / 自分ができるかできないかの答え方

ききトリ 音声を聞き、声に出してみましょう。 トラック27〜28

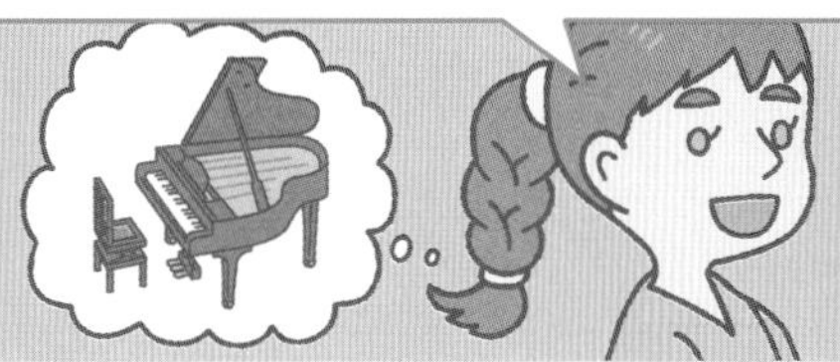

キャン　ユー　プレイ　ザ　ピアノウ
Can you play the piano?
あなたはピアノをひくことができますか。

イエス　アイ　キャン
Yes, I can.
はい、できます。

ノウ　アイ　キャント
No, I can't.
いいえ、できません。

せつめい

たずねる　Can you 〜?で「あなたは〜することができますか。」とたずねることができます。「〜」には、相手ができるかどうかを聞きたい動作を表す言葉を入れます。

こたえる　Yes, I can.で「はい、できます。」、No, I can't.で「いいえ、できません。」と答えることができます。

ききトリ 音声を聞き、英語の言葉を言いかえて、文を読んでみましょう。 トラック29〜30

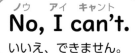

Can you play the piano ?

いいかえよう　動作を表す英語

- □play the recorder（リコーダーをふく）

- □play the guitar（ギターをひく）
- □play baseball（野球をする）

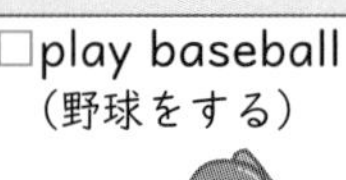

- □play badminton（バドミントンをする）
- □do *judo*（柔道をする）

- □do *kendo*（剣道をする）
- □ride a unicycle（一輪車に乗る）

- □make a cake（ケーキを作る）
- □jump high（高くとぶ）

- □run fast（速く走る）
- □play video games（テレビゲームをする）

- □play *shogi*（将棋をする）

Yes, I can.

No, I can't.

ワンポイント
「柔道をする」や「剣道をする」の「する」にはplayを使わずにdoを使うよ。格闘技やボールを使わないスポーツはdoを使うことが多いよ。

これを知ったらワンダフル!
playという言葉は、I play.のようにそれだけだと「遊ぶ」という意味になるよ。〈play＋スポーツ名〉の形で「(スポーツ)をする」の意味になるよ。

ぴったり2

練習

学習日　　月　　日

?ぴったりクイズ　答えはこのページの下にあるよ！

ノーベル賞を受賞した女性物理学者キュリー夫人が得意だったものは何かな？　① 料理　② ピアノ　③ テニス

教科書　14〜23ページ

かきトリ　英語をなぞり、声に出してみましょう。　できたらチェック！　書く　話す

□リコーダーをふく
play the recorder

□野球をする
play baseball

□柔道をする
do judo

□一輪車に乗る
ride a unicycle

□高くとぶ
jump high

ヒント
can't と書くときは n と t の間の「'」を忘れずにつけようね。can't は cannot を短くした形だよ。

□テレビゲームをする
play video games

□あなたはピアノをひくことができますか。
Can you play the piano?

□はい、できます。
Yes, I can.

□いいえ、できません。
No, I can't.

▶読み方が分からないときは、左のページにもどって音声を聞いてみましょう。

やりトリ　相手ができるかどうかをたずねる文を書いて、声に出してみましょう。　できたらチェック！　書く　話す

Can you
　　　　?

つたえるコツ
Can you 〜?とたずねるときは最後を上げて発音すると質問していることが伝わりやすくなるよ。

▶あてはめる英語は、左のページや付録の小冊子、教科書や辞書などから探してみましょう。

たずねる練習ができたら、次はだれかの質問に答えてみよう！

ぴったりクイズの答え　②　料理や家事は苦手だったんだよ。

Lesson 1－② This is me.

教科書 14～23ページ　答え 3ページ

1 音声を聞き、内容に合う絵を下の㋐～㋓から選び、(　　)に記号を書きましょう。 トラック31

技能 1問10点(20点)

㋐ 

㋑ 

㋒ 

㋓ 

(1) (　　　　)　(2) (　　　　)

2 音声を聞き、内容に合う絵を、線で結びましょう。 トラック32

技能 1問完答10点(30点)

(1) 
David

(2) 
Aya

(3) 
Yuto

ふりかえり　❶が分からないときは、18ページにもどって確認(かくにん)しよう。

学習日　　月　　日

3 日本文の意味を表す英語の文になるように、[ ]の中から語句を選んで[ ]に書き、全体をなぞりましょう。

1問10点(30点)

(1) わたしは高くとぶことができます。

I can ______ .

(2) わたしはバレーボールが好きです。

I ______ .

(3) それは楽しいです。

It's ______ .

run fast　jump high　like volleyball
like baseball　beautiful　fun

4 絵の中の女の子になったつもりで、質問に答えましょう。[ ]の中から正しい英文を選んで[ ]に書きましょう。

思考・判断・表現　1問10点(20点)

○　×

(1) Can you ride a unicycle?

______

(2) Can you play the guitar?

______

Yes, I can.　No, I can't.

3分でまとめ

Lesson 2
Welcome to Japan. ①

学習日　月　日

めあて
日本の季節の行事について伝えることができる。

教科書　24～33ページ

日本の季節の行事についての伝え方

ききトリ　音声を聞き、声に出してみましょう。　トラック33～34

ウィー　ハヴ　ザ　スター　フェスティヴァル　イン　サマァ
We have the Star Festival in summer.
夏には七夕（たなばた）があります。

せつめい　つたえる　We have ～ in ….で「…に(は)～があります。」と、行事とその行事が行われる季節について伝えることができます。「～」には行事の名前、「…」には季節や月の名前などが入ります。

ききトリ　音声を聞き、英語の言葉を言いかえて、文を読んでみましょう。　トラック35～38

We have the Star Festival in summer.

いいかえよう　年中行事を表す英語

□New Year's Day(元日)

□*Setsubun*(節分)

□Doll Festival(ひな祭り)

□*hanami*(花見)

□Children's Day(こどもの日)

□a summer festival(夏祭り)

We have the Star Festival in summer.

いいかえよう　季節を表す英語

□spring(春)

□autumn[fall](秋)

□winter(冬)

ワンポイント
haveは「～を持っている」という意味だよ。〈We have ～ in＋季節[月].〉で「わたしたちは(季節[月])に～を持っています。」→「(季節[月])には～があります。」という意味になるよ。

これを知ったらワンダフル！
行事のある季節を表すin ～のところにはin JanuaryやIn March またはon January 1stやon March 3rdのように月の名前や日づけを入れることもできるよ。日づけのときはinではなくてonになることに注意しよう。

ぴったり2

練習

学習日　　月　　日

?ぴったりクイズ 答えはこのページの下にあるよ！

ハロウィンは、日本のあるものに当てはまるけれど、どれかな？
① 子どもの日　② お盆(ぼん)　③ 大みそか

教科書　24〜33ページ

かきトリ　英語をなぞり、声に出してみましょう。

できたらチェック！　書く　話す

□元日
New Year's Day

□ひな祭り
Doll Festival

□こどもの日
Children's Day

ヒント
「お正月」「こどもの日」はDayが大文字になることに注意しよう。

□夏祭り
a summer festival

□春
spring

□夏
summer

□秋（主にイギリスで使われる）
autumn

□秋（主にアメリカで使われる）
fall

□冬
winter

□夏には七夕があります。
We have the Star Festival in summer.

▶読み方が分からないときは、左のページにもどって音声を聞いてみましょう。

やりトリ　日本にはいつ、どんな行事があるかを書いて、声に出してみましょう。

できたらチェック！　書く　話す

We have ________________.

つたえるコツ
伝えたい行事の名前をはっきり大きく発音すると伝わるよ。

▶あてはめる英語は、左のページや付録の小冊子(しょうさっし)、教科書や辞書などから探(さが)してみましょう。

練習ができたら、次はだれかに伝えてみよう！

ぴったりクイズの答え
②と③　古代アイルランドでは11月1日が新年に当たり、10月31日は「大みそか」だった。この日に先祖(せんぞ)の魂(たましい)が帰って来るとされ、日本の「お盆」のような風習として定着していたよ。

Lesson 2 Welcome to Japan. ②

学習日 月 日

めあて
日本の季節の行事で楽しめることや、それがどのようなものかを伝えることができる。

教科書 24～33ページ

日本の季節の行事で楽しめることの伝え方 / それがどのようなものかの伝え方

ききトリ 音声を聞き、声に出してみましょう。 トラック39～40

ユー キャン インヂョイ ワ(ー)ッチング ア パレイド
You can enjoy watching a parade.
あなたはパレードを見ることを楽しむことができます。

イッツ ファン
It's fun.
それは楽しいです。

せつめい つたえる You can ～.で「あなたは～することができます。」と、季節の行事でできることを伝えることができます。「～」には、できる動作を表す言葉が入ります。It's ～.で「それは～です。」と、それがどのようなものなのかを伝えることができます。「～」には、様子・味を表す言葉などが入ります。

ききトリ 音声を聞き、英語の言葉を言いかえて、文を読んでみましょう。 トラック41～44

You can **enjoy watching a parade**.

いいかえよう 動作を表す英語

□enjoy traditional foods（伝統料理を楽しむ）

□enjoy making chirashizushi（ちらしずしを作ることを楽しむ）

□enjoy *Hina* dolls（ひな人形を楽しむ）

□eat beans and *norimaki*（豆とのり巻きを食べる）

□see cherry blossoms（桜の花を見る）

□eat *kashiwamochi*（かしわもちを食べる）

□see fireworks（花火を見る）

□eat shaved ice（かき氷を食べる）

ワンポイント
enjoyのあとに動作を表す言葉で「～すること」と言う場合は、watch（見る）→watchingのようにingがつくよ。

It's[They are] **fun**.

いいかえよう 様子・味などを表す英語

□beautiful（美しい）

□amazing（見事な）

□delicious（おいしい）

□sweet（あまい）

□fantastic（すばらしい）

□wonderful（すばらしい）

□nice（すてきな）

□great（すごい）

これを知ったらワンダフル！
traditional foods のように最後に2つ以上であることを表すsがつくものの様子を言う場合はIt's ～.ではなく、They are ～.とするよ。

小冊子（しょうさっし）のp.26～27で、もっと言葉や表現を学ぼう！

ぴったり2

練習

学習日　月　日

ぴったりクイズ　答えはこのページの下にあるよ！

イギリス君主の誕生日を祝う盛大なパレード「トゥルーピング・ザ・カラー」に参加する兵士の人数はおよそ何人かな？
① 500人　② 1,500人　③ 2,500人

教科書　24〜33ページ

英語をなぞり、声に出してみましょう。

できたらチェック！　書く　話す

□伝統料理を楽しむ

enjoy traditional foods

□ちらしずしを作ることを楽しむ

enjoy making chirashizushi

□桜の花を見る

see cherry blossoms

□かしわもちを食べる

eat kashiwamochi

□花火を見る

see fireworks

□美しい

beautiful

□おいしい

delicious

□すばらしい

fantastic

□あなたはパレードを見ることを楽しむことができます。

You can enjoy watching a parade.

□それは楽しいです。

It's fun.

ヒント

foods や blossoms など、単語の終わりに s がついている語はそれが2つ以上あることを表しているよ。

▶読み方が分からないときは、左のページにもどって音声を聞いてみましょう。

やりトリ　季節の行事でできることとその感想を書いて、声に出してみましょう。

できたらチェック！　書く　話す

You can ＿＿＿＿＿＿＿＿.

It's[They are] ＿＿＿＿＿＿＿＿.

つたえるコツ

canを小さく発音して、「できること」を大きく発音しよう。

▶あてはめる英語は、左のページや付録の小冊子、教科書や辞書などから探してみましょう。

練習ができたら、次はだれかに伝えてみよう！

ぴったりクイズの答え　② イギリスの兵士1,400人以上、馬200頭以上、音楽隊300人以上が参加するすごいパレードだよ。

Lesson 2－① Welcome to Japan.

教科書 24〜33ページ　答え 4ページ

1 音声を聞き、内容に合う絵を下の㋐〜㋓から選び、（　　）に記号を書きましょう。

トラック45

技能　1問10点(20点)

㋐ 
㋑ 
㋒ 
㋓ 

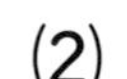

(1)（　　　　）　(2)（　　　　）

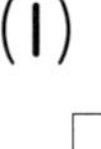 2 音声を聞き、内容に合う絵を、線で結びましょう。

トラック46

技能　1問完答10点(30点)

(1)

Riku

(2)

Yui

(3)

Sota

すばらしい

おいしい

美しい

あまい

ふりかえり　❶が分からないときは、24ページにもどって確認(かくにん)しよう。

3 日本文の意味を表す英語の文になるように、＿＿の中から語を選んで＿＿に書き、全体をなぞりましょう。

1つ5点(20点)

(1) 夏には七夕(たなばた)があります。

We ＿＿ the Star Festival in ＿＿.

(2) あなたはパレードを見ることを楽しむことができます。

You can ＿＿ ＿＿ a parade.

enjoy　have　making　watching　summer　autumn

4 女の子が日本の行事についてしょうかいします。絵の内容に合うように、＿＿の中から正しい英文を選んで＿＿に書きましょう。

思考・判断・表現　1問15点(30点)

(1)

(2)

We have Doll Festival in March.　We have Children's Day in May.

You can enjoy making *chirashizushi*.　You can see cherry blossoms.

Lesson 2 Welcome to Japan. ③

3分でまとめ

学習日　月　日

めあて
日本の名産や名所、名物や行事について伝えることができる。

教科書　24～33ページ

日本の名産や名所、名物や行事についての伝え方

ききトリ　音声を聞き、声に出してみましょう。　トラック47～48

We have the Hakata Dontaku Festival in Fukuoka.
（ウィー　ハヴ　ザ　ハカタ　ドンタク　フェスティヴァル　イン　フクオカ）
福岡（ふくおか）には博多どんたく港まつりがあります。

せつめい　つたえる　We have ～ in ….で「…に(は)～があります。」と伝えることができます。「～」には名産、名所、名物、行事などの名前が入り、「…」には場所、季節、月などの名前が入ります。

ききトリ　音声を聞き、英語の言葉を言いかえて、文を読んでみましょう。　トラック49～50

We have **the Hakata Dontaku Festival** in Fukuoka.

いいかえよう　行事・建物・自然などを表す英語

□a summer festival（夏祭り）

□a castle（城（しろ））

□a temple（寺）

□a shrine（神社）

□a hot spring（温泉（おんせん））

□a garden（庭園）

□Mt. Fuji（富士山）

□a beach（浜辺（はまべ））

□a lake（湖）

□an *udon* restaurant（うどん店）

□a *takoyaki* shop（たこ焼き店）

□*gagaku* music（雅楽（ががく））

ワンポイント
Mt.Fuji と *gagaku* music以外のものは、必ずa、an、the、manyなどをつけて言うよ。
例：**castle**
・a castle「1つの城」
・many castles「たくさんの城」
（manyのあとの語の最後にsをつけるよ。）

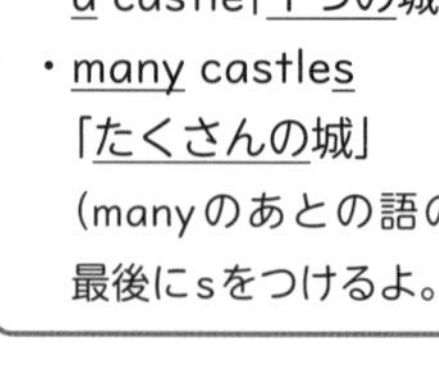

これを知ったらワンダフル！
Fukuokaの部分にはJapanと国名を入れてもいいし、地名のほかにsummer、Julyなど、季節や月の名前も入れられるよ。

小冊子（しょうさっし）のp.14～15で、もっと言葉や表現を学ぼう！

ぴったり2

練習

学習日　月　日

？ぴったりクイズ　答えはこのページの下にあるよ！

2023年までで日本を訪(おとず)れた観光客の数の最高記録は2019年の約3,200万人だけれど、どこの国からの人が最も多かったかな？

教科書　24〜33 ページ

かきトリ　英語をなぞり、声に出してみましょう。

できたらチェック！　書く　話す

□城
a castle

□寺
a temple

□神社
a shrine

□温泉
a hot spring

□庭園
a garden

□富士山
Mt. Fuji

□浜辺
a beach

ヒント
Mt. Fuji の Mt. は mountain（山）を省略した形だよ。Mt のあとのピリオド(.)を忘(わす)れないようにしよう。

□湖
a lake

□うどん店
an udon restaurant

□たこ焼き店
takoyaki shop

□雅楽
gagaku music

□福岡には博多どんたく港まつりがあります。
We have the Hakata Dontaku Festival in Fukuoka.

▶読み方が分からないときは、左のページにもどって音声を聞いてみましょう。

やりトリ　日本の名産や名所など、どこに何があるかを書いて、声に出してみましょう。

できたらチェック！　書く　話す

We have ＿＿＿＿＿＿
in ＿＿＿＿＿＿.

つたえるコツ
伝えたい日本の名物や行事の名前をはっきり大きく発音すると伝わりやすくなるよ。

▶あてはめる英語は、左のページや付録の小冊子、教科書や辞書などから探(さが)してみましょう。

練習ができたら、次はだれかに伝えてみよう！

ぴったりクイズの答え
中国だよ。
２番目に多かったのが韓国(かんこく)、３番目が台湾(たいわん)。アジアからの客が80％を占(し)めていたんだよ。

Lesson 2 Welcome to Japan. ④

学習日　　月　　日

めあて
日本でできることを伝えることができる。

教科書　24～33ページ

日本でできることの伝え方

音声を聞き、声に出してみましょう。　トラック51～52

ユー　キャン　イート　デリシャス　オコノミヤキ
You can eat delicious *okonomiyaki*.
あなたは、おいしいお好み焼きを食べることができます。

せつめい　つたえる　You can ～.で「あなたは～することができます。」と、できることを伝えることができます。「～」には、できる動作を表す言葉が入ります。

音声を聞き、英語の言葉を言いかえて、文を読んでみましょう。　トラック53～54

You can eat delicious *okonomiyaki*.

いいかえよう　動作を表す英語

□enjoy hiking （ハイキングを楽しむ） 	□eat fresh fruits （新鮮（しんせん）なくだものを食べる） 	□eat *sushi* （すしを食べる） 
□do *momijigari* （紅葉（もみじ）がりをする） 	□see a castle （城（しろ）を見る） 	□visit old temples （古い寺を訪（おとず）れる） 
□see Great Buddha （大仏を見る） 	□climb Mt. Fuji （富士山に登る） 	□enjoy the Snow Festival （雪まつりを楽しむ） 

canのあとの動作を表す言葉の意味をそれぞれ正しく理解しよう。

これを知ったらワンダフル！

a castleのように、a[an] ～の形は「1つの～」という意味だけど、old templesのように、前にa[an]がない状態でものを表す語にsがつくと、そのものが2つ以上あることを表すよ。fresh fruitsもくだものが2つ以上あることを意味しているよ。

ぴったり2

練習

学習日　月　日

?ぴったりクイズ　答えはこのページの下にあるよ！

日本のお好み焼き店で、お好み焼きを食べた外国人がおどろくのはどんなことかな？

教科書 24～33ページ

かきトリ 英語をなぞり、声に出してみましょう。

できたらチェック！ 書く 話す

□ハイキングを楽しむ
enjoy hiking

□新鮮なくだものを食べる
eat fresh fruits

□すしを食べる
eat sushi

□紅葉がりをする
do momijigari

□城を見る
see a castle

□古い寺を訪れる
visit old temples

□大仏を見る
see Great Buddha

□富士山に登る
climb Mt. Fuji

ヒント
climbは最後に発音しない"b"がつくよ。書き忘(わす)れないように注意しよう。

□雪まつりを楽しむ
enjoy the Snow Festival

□あなたはおいしいお好み焼きを食べることができます。
You can eat delicious okonomiyaki.

▶読み方が分からないときは、左のページにもどって音声を聞いてみましょう。

やりトリ 日本でできることをどう伝えるかを書いて、声に出してみましょう。

できたらチェック！ 書く 話す

You can ______________________.

canを小さく発音して、そのあとの「できること」を表す言葉を大きくはっきり発音しよう。

▶あてはめる英語は、左のページや付録の小冊子(しょうさっし)、教科書や辞書などから探(さが)してみましょう。

練習ができたら、次はだれかに伝えてみよう！

ぴったりクイズの答え　自分でお好み焼きを焼くこと。海外の飲食店では、自分で調理をすることがほとんどないので、本当にびっくりするんだよ。

Lesson 2－② Welcome to Japan.

教科書 24～33ページ　答え 5ページ

1 音声を聞き、内容に合う絵を下の㋐～㋓から選び、（　　）に記号を書きましょう。

トラック55

技能 1問10点(20点)

㋐ 

㋑ 

㋒ 

㋓ 

(1)（　　　　）　(2)（　　　　）

2 音声を聞き、内容に合う絵を、線で結びましょう。

トラック56

技能 1問10点(30点)

(1)

(2)

(3)

ふりかえり　**1**が分からないときは、30ページにもどって確認（かくにん）しよう。

3 日本文の意味を表す英語の文になるように、の中から語を選んでに書き、全体をなぞりましょう。語はそれぞれ、１回しか使ってはいけません。

1つ5点(20点)

(1) 大阪には、たくさんのたこ焼き店があります。

We ______ ______ takoyaki shops in Osaka.

(2) あなたは、おいしいたこ焼きを食べることができます。

You can ______ ______ takoyaki.

see　have　eat　many　a　fun　delicious

4 男の子が日本の名所についてしょうかいします。絵の内容に合うように、の中から正しい語句や英文を選んでに書き、全体をなぞりましょう。

思考・判断・表現　1問10点(30点)

(1) ______ in Japan.

(2) ______

(3) ______

わくわくする

We have the Himeji Castle　We have Mt. Fuji　You can climb it.
You can eat it.　It's exciting.　It's beautiful.

3分でまとめ

Lesson 3 What time do you get up? ①

学習日　　月　　日

めあて
日課について、行う時刻をたずねたり、答えたりすることができる。

教科書　34～43ページ

日課の時刻のたずね方 / 答え方

ききトリ　音声を聞き、声に出してみましょう。　トラック57～58

(フ)ワット　タイム　ドゥ　ユー　ゲット　アップ
What time do you get up?
あなたは何時に起きますか。

アイ　ゲット　アップ　アット　スィックス　サーティ
I get up at 6:30.
わたしは6時30分に起きます。

せつめい
たずねる　What time do you ～?で、「あなたは何時に～しますか。」と時刻をたずねることができます。「～」には、(日課で)する動作を表す言葉が入ります。
こたえる　I ～ at ....で、「わたしは…○時(○分)に～します。」と答えることができます。「～」には、(日課で)することが入り、「...」には時刻が入ります。

ききトリ　音声を聞き、英語の言葉を言いかえて、文を読んでみましょう。　トラック59～62

What time do you get up ?

いいかえよう　日課を表す英語

□eat breakfast (朝食を食べる) 	□brush your teeth (歯をみがく) 	□wash your face (顔を洗う) 	□go to school (学校に行く) 
□eat lunch (昼食を食べる)	□go home (家に帰る)	□eat dinner (夕食を食べる)	□go to bed (ねる)

I get up at 6:30 .

いいかえよう　時刻を表す英語

□7:00(seven) (7時)	□10:15(ten fifteen) (10時15分) 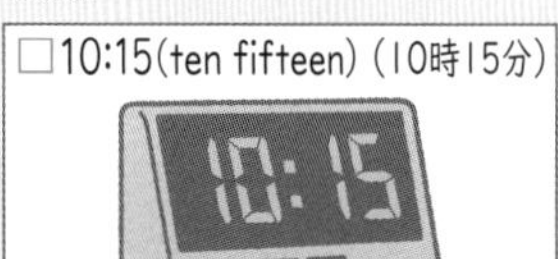	□11:30(eleven thirty) (11時30分) 
□6:55(six fifty-five) (6時55分)	□8:40(eight forty) (8時40分)	□9:20(nine twenty) (9時20分)

ワンポイント
get upで「起きる」という意味になるよ。2つの単語をあわせて1つの言葉として覚えよう。

これを知ったらワンダフル!
brush your teethやwash your face は、相手の歯や顔について聞いているので「あなたの」を表すyourをteethやfaceの前につけるよ。答えるときは、自分の歯や顔について言うのでmyを使うよ。

小冊子のp.8～9で、もっと言葉や表現を学ぼう！

ぴったり2

練習

学習日　月　日

? ぴったりクイズ　答えはこのページの下にあるよ！

世界的な発明家であるトーマス・エジソンは、朝、何時頃に起きていたでしょうか。① 午前４時　② 午前７時　③ 午前10時

教科書 34～43ページ

かきトリ　英語をなぞり、声に出してみましょう。　できたらチェック！ 書く 話す

□朝食を食べる
eat breakfast

□学校に行く
go to school

□昼食を食べる
eat lunch

□家に帰る
go home

□夕食を食べる
eat dinner

□ねる
go to bed

□６時30分
six thirty

□７時
seven

□８時40分
eight forty

□10時15分
ten fifteen

ヒント
"forty"は"fourty"と書かないように注意しよう。

□あなたは何時に起きますか。
What time do you get up?

□わたしは６時30分に起きます。
I get up at six thirty.

▶読み方が分からないときは、左のページにもどって音声を聞いてみましょう。

やりトリ　自分はどう答えるかを書いて、声に出してみましょう。　できたらチェック！ 書く 話す

What time do you get up?

I get up at ______.

つたえるコツ
atは小さく、get upと「時刻を表す言葉」は大きくはっきりと言うようにしよう。

▶あてはめる英語は、左のページや付録の小冊子、教科書や辞書などから探してみましょう。

答える練習ができたら、次はだれかに質問してみよう！

ぴったりクイズの答え　① ねる時刻が午後11時くらいだったから、毎日５時間くらいしかねていなかったんだよ。

ぴったり1 準備

Lesson 3 What time do you get up? ②

学習日　月　日

めあて
日常生活での行動を行う時刻をたずねたり、答えたりすることができる。

教科書 34～43ページ

日常生活での行動の時刻のたずね方 / 答え方

ききトリ 音声を聞き、声に出してみましょう。　トラック63～64

(フ)ワット タイム ドゥ ユー イート ディナァ
What time do you eat dinner?
あなたは何時に夕食を食べますか。

アイ イート ディナァ アット セヴン
I eat dinner at 7:00.
わたしは7時に夕食を食べます。

せつめい

たずねる What time do you ～?で、「あなたは何時に～しますか。」と時刻をたずねることができます。「～」には、(日常生活で)する動作を表す言葉が入ります。

こたえる I ～ at ....で、「わたしは…○時(○分)に～します。」と答えることができます。「～」には、(日常生活で)する動作を表す言葉が入り、「...」には時刻が入ります。

ききトリ 音声を聞き、英語の言葉を言いかえて、文を読んでみましょう。　トラック65～66

What time do you eat dinner ?

いいかえよう 日課を表す英語

□clean your room (あなたの部屋をそうじする) 	□walk your dog (あなたのイヌの散歩をする) 	□do your homework (あなたの宿題をする) 	□take a bath (風呂に入る) 
□go to the swimming club (水泳教室に行く) 	□practice soccer (サッカーの練習をする) 	□play video games (テレビゲームをする) 	□play with your friends (友達と遊ぶ) 

ワンポイント
宿題は相手の宿題について聞いているので、homeworkの前に「あなたの」を意味するyourをつけるよ。答えの文では、yourを「わたしの」を意味するmyにしよう。

これを知ったらワンダフル!
take a bathは「風呂に入る」という意味で、take a showerは「シャワーを浴びる」という意味だよ。takeはいろいろな意味になるよ。

I eat dinner at 7:00.

小冊子のp.8～9で、もっと言葉や表現を学ぼう！

ぴったり2
練習

学習日　月　日

ぴったりクイズ　答えはこのページの下にあるよ！

イギリスでは昔、おふろに入ることが一般的ではなかったけれどなぜかな？　① 貴族しか入ることを許されていなかった　② 健康に悪いと考えられていた　③ 水道水が高価だった

教科書　34〜43ページ

かきトリ　英語をなぞり、声に出してみましょう。　できたらチェック！　書く　話す

□あなたの部屋をそうじする

clean your room

□あなたのイヌの散歩をする

walk your dog

□あなたの宿題をする

do your homework

□テレビを見る

watch TV

□水泳教室に行く

go to the swimming club

ヒント

your は「あなたの」という意味だよ。your room「あなたの部屋」と聞かれたら、答えるときは my room「わたしの部屋」にして答えるよ。

□サッカーの練習をする

practice soccer

□テレビゲームをする

play video games

□あなたは何時に夕食を食べますか。

What time do you eat dinner?

□わたしは7時に夕食を食べます。

I eat dinner at 7:00.

▶読み方が分からないときは、左のページにもどって音声を聞いてみましょう。

やりトリ　相手の行動について、何時にするかをたずねる文を書いて、声に出してみましょう。　できたらチェック！　書く　話す

What time do you ________?

つたえるコツ

What time do you 〜?はtimeを強く発音するよ。それからyouのあとの「日常生活の行動」を強く大きく発音しよう。

▶あてはめる英語は、左のページや付録の小冊子、教科書や辞書などから探してみましょう。

たずねる練習ができたら、次はだれかの質問に答えてみよう！

ぴったりクイズの答え　② 19世紀に医師たちが健康によいと言い始め、温泉地の開発が進んで、温泉に入る文化が生まれてから入るようになったよ。

ぴったり1 準備

Lesson 3 What time do you get up? ③

学習日　月　日

めあて
日常生活で何をいつ、どのくらいしているのかを伝えられる。

教科書 34～43ページ

日常生活で何をいつ、どのくらいしているのかの伝え方

ききトリ 音声を聞き、声に出してみましょう。　トラック67～68

(フ)ワット タイム ドゥ ユー ゴゥ トゥー スクール
What time do you go to school?
あなたは何時に学校に行きますか。

アイ ユージュ(ア)リィ ゴゥ トゥー スクール アット エイト
I usually go to school at 8:00.
わたしはたいてい、8時に学校に行きます。

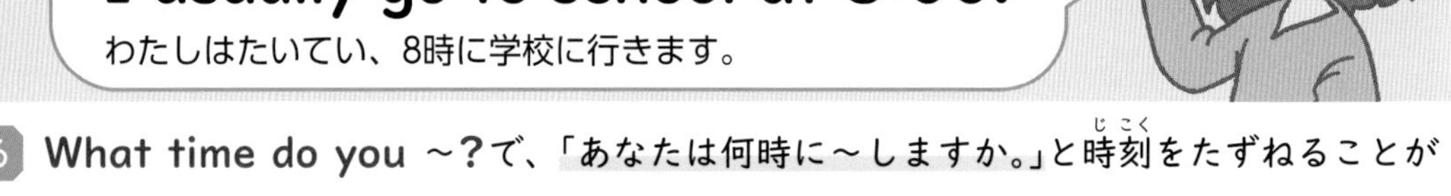

せつめい

たずねる　What time do you ～?で、「あなたは何時に～しますか。」と時刻(じこく)をたずねることができます。「～」には、(日常生活で)する動作を表す言葉が入ります。

こたえる　I ～ go to school at 8:00.で、「わたしは～8時に学校に行きます。」と、(「いつも」、「たまに」など)どのくらい8時に学校に行っているかを伝えることができます。「～」には、くり返しを表す言葉が入ります。

ききトリ 音声を聞き、英語の言葉を言いかえて、文を読んでみましょう。　トラック69～70

What time do you go to school?

I usually go to school at 8:00.

いいかえよう　くり返しを表す英語

□always(いつも)

日	月	火	水	木	金	土
○	○	○	○	○	○	○

□usually(たいてい)

日	月	火	水	木	金	土
○		○	○		○	○

□sometimes(ときどき)

日	月	火	水	木	金	土
○			○		○	

□never(一度も～ない)

日	月	火	水	木	金	土

ワンポイント

always、usually、sometimes、neverなどは、ふつう、動作を表す言葉の前にきて、その動作をするのが「どのくらいか」を表すよ。

これを知ったらワンダフル!

sometimesは文によっては動作を表す言葉の前ではなく、文の初めや文の終わりにくることもあるよ。
(例：Sometimes, I get up at 6:00.)

ぴったり2

練習

学習日　　月　　日

?ぴったりクイズ 答えはこのページの下にあるよ！

アメリカの小学生の多くが登校に利用するスクールバスは何色かな？
①　赤色　　②　青色　　③　黄色

教科書　34～43ページ

英語をなぞり、声に出してみましょう。

できたらチェック！

□いつも
always

□たいてい
usually

□ときどき
sometimes

□一度も～ない
never

ヒント

always は［**オ**ールウェイズ］と発音し、初めの“a”の文字を［オ］のように発音するよ。また sometimes は［**サ**ムタイムズ］と発音し、“so”が［サ］の音になるよ。英語の単語はローマ字と読み方がちがうので注意しよう。

□あなたは何時に学校に行きますか。
What time do you go to school?

□わたしはたいてい８時に学校に行きます。
I usually go to school at 8:00.

▶読み方が分からないときは、左のページにもどって音声を聞いてみましょう。

やりトリ

学校に何時に、どのくらい行くのかを書いて、声に出してみましょう。

できたらチェック！

What time do you go to school?

I ＿＿＿＿ go to school at ＿＿＿＿.

つたえるコツ

「どのくらいか」を表す語と「時刻」を、強く大きく発音すると伝わるよ。

▶あてはめる英語は、左のページや付録の小冊子（しょうさっし）、教科書や辞書などから探（さが）してみましょう。

答える練習ができたら、次はだれかに質問してみよう！

ぴったりクイズの答え　③　黄色だとバスが目立つから安心だし、書かれた黒い文字もはっきり見えるので、どの学区のバスかがすぐ分かるよ。

ぴったり3

確かめのテスト

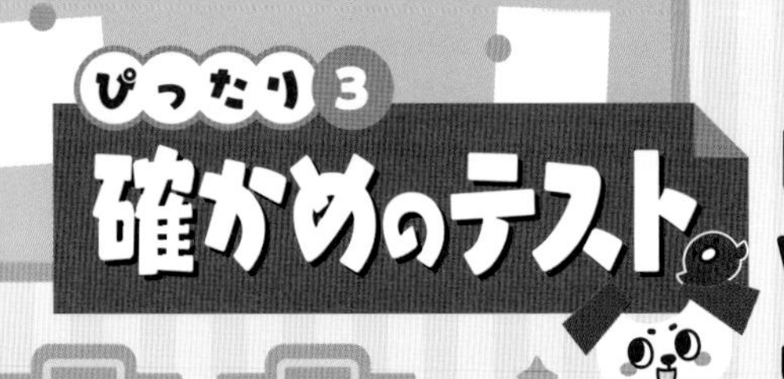

Lesson 3−① What time do you get up?

時間 30 分

／100

合格 80 点

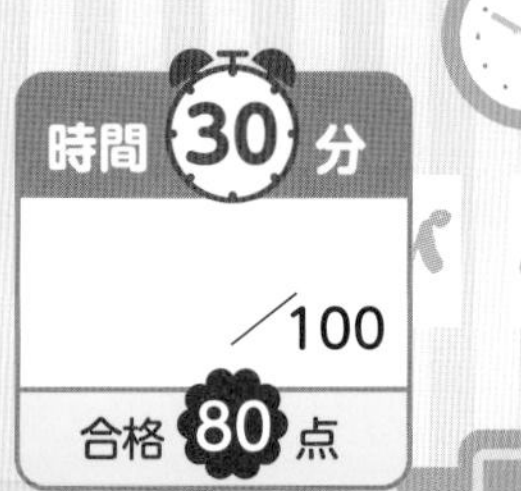

教科書 34〜43ページ　答え 6ページ

1 音声を聞き、内容に合う時刻(じこく)の絵を下の㋐〜㋓から選び、(　　)に記号を書きましょう。

トラック71

技能　1問10点(20点)

㋐

㋑

㋒

㋓

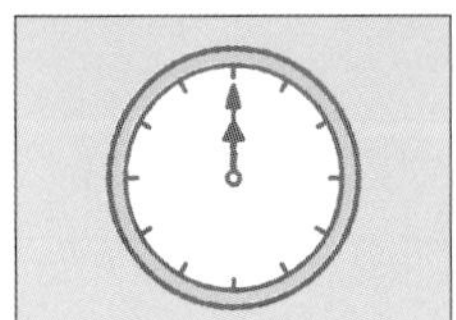

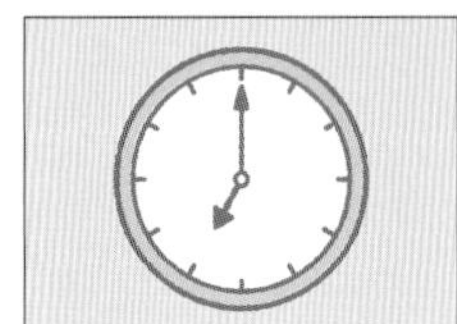

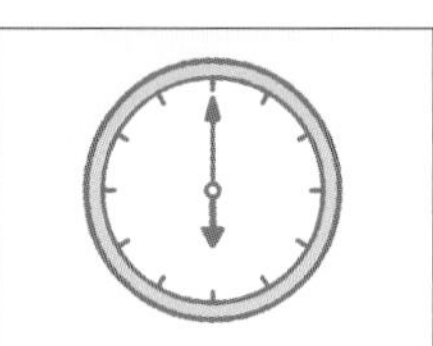

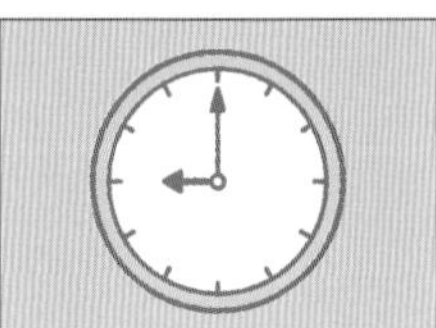

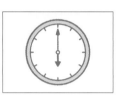

(1) (　　　　)　(2) (　　　　)

2 音声を聞き、内容に合う絵を、線で結びましょう。

トラック72

技能　1問完答10点(30点)

(1)

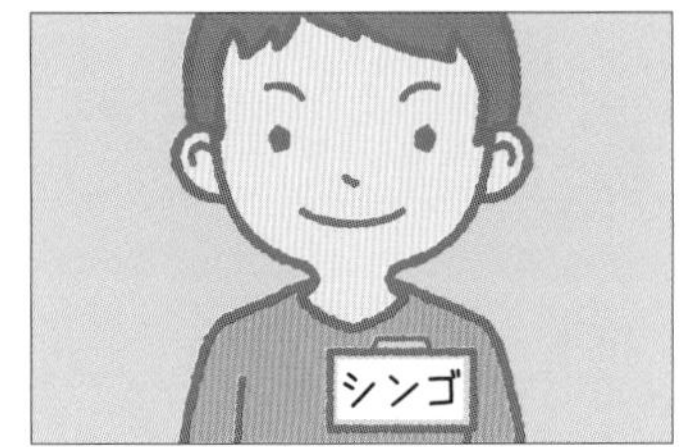

(2)

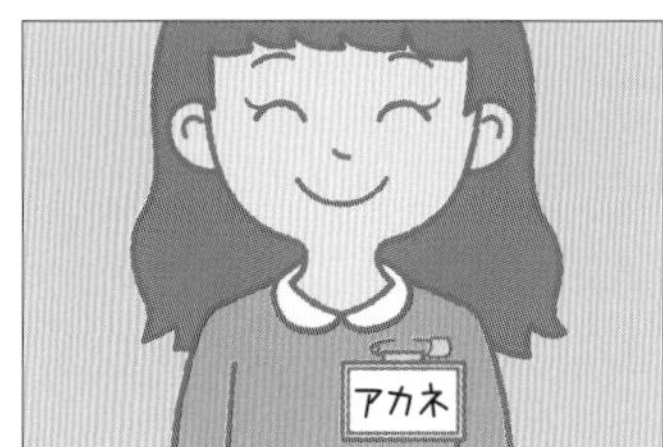

(3)

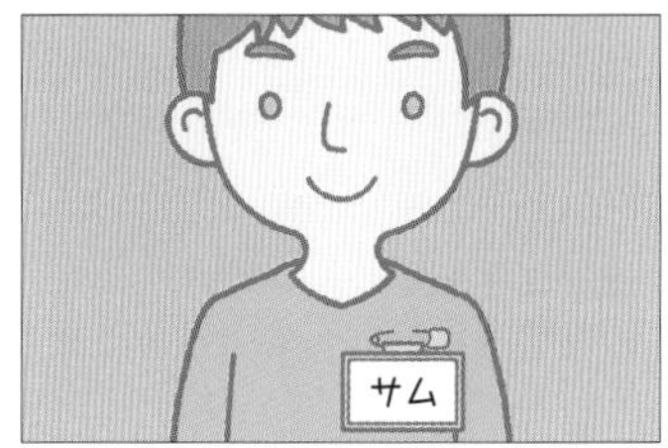

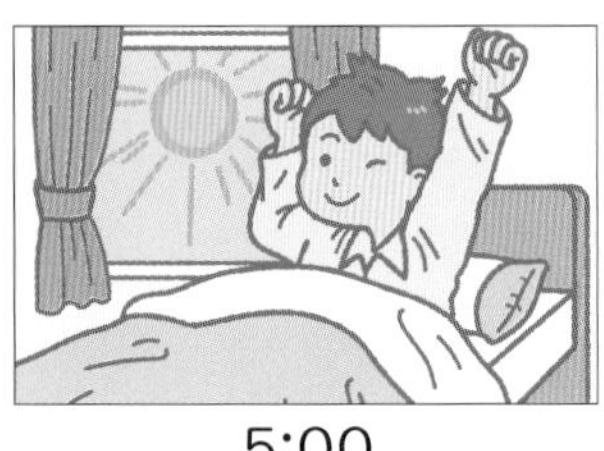

5:00

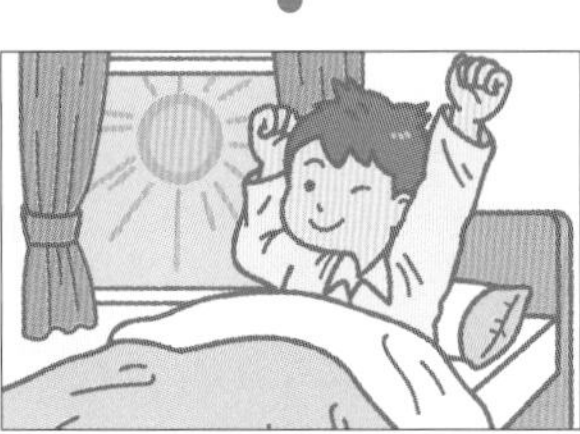

6:00

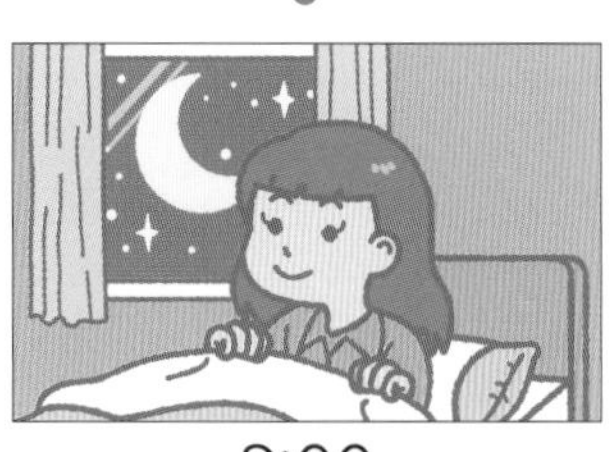

8:00

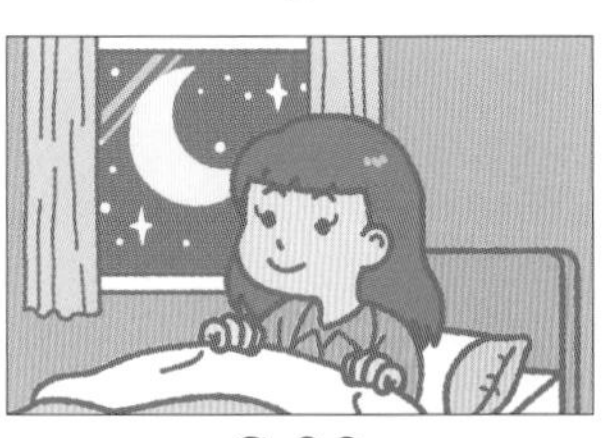

9:00

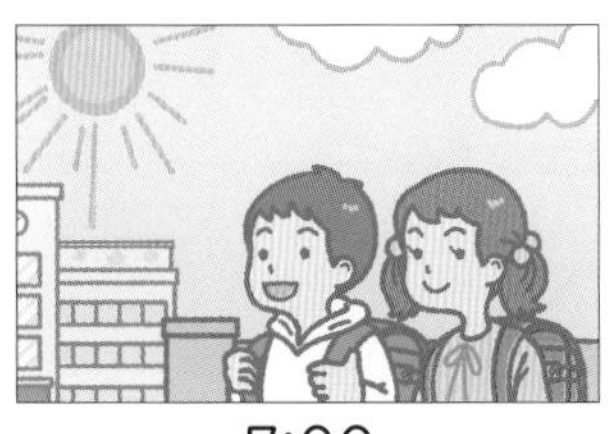

7:00

8:00

5:00

6:00

ふりかえり　1が分からないときは、36ページにもどって確認(かくにん)しよう。

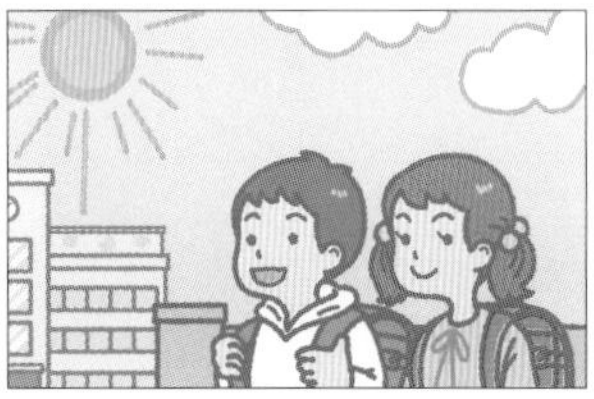

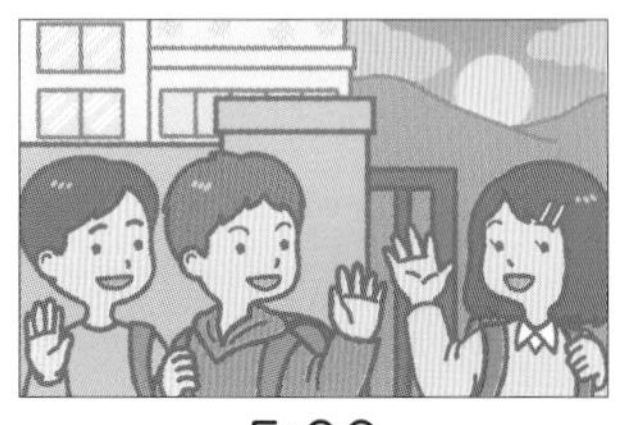

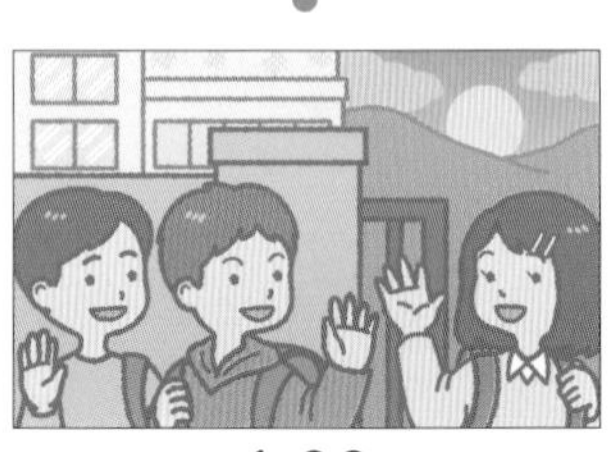

3

日本文の意味を表す英語の文になるように、[ ]の中から語句を選んで[ ]に書き、全体をなぞりましょう。２回使う語句もあります。文の最初の文字は大文字で書きましょう。

1つ4点(20点)

(1) あなたは何時に(あなたの)イヌの散歩をしますか。

[ ] do you [ ]
your dog?

(2) わたしは、たいてい４時30分に(私の)イヌの散歩をします。

I [ ] [ ] my dog
[ ] 4:30.

where　what time　wash　walk
for　at　usually　sometimes

4

男の子が教室で日常生活についてスピーチをします。絵の内容に合うように、[ ]の中から正しい語句を選んで[ ]に書き、全体をなぞりましょう。

思考・判断・表現　1問完答15点(30点)

50%

(1) I [ ] clean [ ].

100%

(2) I [ ] take [ ]
at 9:00.

usually　sometimes　always　my dog
my room　a bath　breakfast

3分でまとめ

Lesson 3 What time do you get up? ④

学習日　月　日

めあて
食生活についてたずねたり、答えたりすることができる。

教科書　34～43ページ

食生活についてのたずね方 / 答え方

音声を聞き、声に出してみましょう。　トラック73～74

(フ)ワット　タイム　ドゥ　ユー　イート　ブレックファスト
What time do you eat breakfast?
あなたは何時に朝食を食べますか。

アイ ユージュ(ア)リィ　イート　ブレックファスト　アット セヴン サーティ
I usually eat breakfast at 7:30.
わたしはたいてい、7時30分に朝食を食べます。

せつめい

たずねる　What time do you ～?で、「あなたは何時に～しますか。」と時刻(じこく)をたずねることができます。「～」には、(食生活について)する動作を表す言葉が入ります。

こたえる　I ～ eat breakfast at 7:30.で、「わたしは～7時30分に朝食を食べます。」と、(「いつも」、「たまに」など)どのくらい7時30分に朝食を食べるかを伝えることができます。「～」には、くり返しを表す言葉が入ります。

音声を聞き、英語の言葉を言いかえて、文を読んでみましょう。　トラック75～78

What time do you eat **breakfast**?

いいかえよう　食事を表す英語

□lunch(昼食)

□dinner(夕食)

□a snack(軽食)

eatのほかにhaveも「食べる」という意味でよく使われるよ。

I usually eat breakfast at **7:30**.

いいかえよう　時刻を表す英語

□6:50(six fifty)
(6時50分)

□8:00(eight) (8時)

□12:15(twelve fifteen)
(12時15分)

□12:40(twelve forty)
(12時40分)

□3:20(three twenty)
(3時20分)

□4:30(four thirty)
(4時30分)

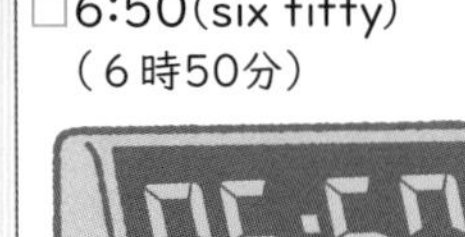
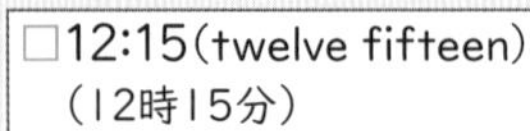

これを知ったらワンダフル!

時刻は数字を言うだけで伝わるけれど、「○時きっかり」ということを強調したい場合はo'clock(～時)という単語をつけて言ったりするよ。

ぴったり2

練習

学習日　月　日

?ぴったりクイズ

答えはこのページの下にあるよ！

欧米(おうべい)で朝食によく出されるワッフルが最初に作られた国はどこかな？
① トルコ　② ベルギー　③ オランダ

教科書 34〜43ページ

かきトリ 英語をなぞり、声に出してみましょう。

できたらチェック！ 書く 話す

□朝食
breakfast

□昼食
lunch

□夕食
dinner

□軽食
a snack

□６時50分
six fifty

□12時15分
twelve fifteen

□３時20分
three twenty

□８時
eight

□12時40分
twelve forty

□４時30分
four thirty

ヒント
fifty と fifteen は発音が似ているから注意しよう。

□あなたは何時に朝食を食べますか。
What time do you eat breakfast?

□わたしはたいてい７時30分に朝食を食べます。
I usually eat breakfast at 7:30.

▶読み方が分からないときは、左のページにもどって音声を聞いてみましょう。

やりトリ 相手に、ある食事を何時にとるかをたずねる文を書いて、声に出してみましょう。

できたらチェック！ 書く 話す

What time do you eat ＿＿＿＿＿＿＿＿＿＿?

つたえるコツ
timeという語と、eatのあとの「食事」を表す言葉を大きくはっきり言おう。

▶あてはめる英語は、左のページや付録の小冊子(しょうさっし)、教科書や辞書などから探(さが)してみましょう。

たずねる練習ができたら、次はだれかの質問に答えてみよう！

ぴったりクイズの答え　②　もとは古代ギリシャで似たようなものが生まれて、ベルギーで発展したとされているよ。

Lesson 3 What time do you get up? ⑤

学習日　　月　　日

めあて
自分の食生活について伝えることができる。

教科書 34～43ページ

自分の食生活についての伝え方

ききトリ 音声を聞き、声に出してみましょう。　トラック79～80

アイ　サムタイムズ　イート　ウドン　フォー　ブレックファスト
I sometimes eat *udon* for breakfast.
わたしはときどき、朝食にうどんを食べます。

せつめい **つたえる** I ～ eat ... for breakfast.で、「わたしは～朝食に…を食べます。」と伝えることができます。「～」には、(「いつも」、「たまに」などの)くり返しを表す言葉が入り、「...」には食べ物を表す言葉が入ります。

ききトリ 音声を聞き、英語の言葉を言いかえて、文を読んでみましょう。　トラック81～82

I sometimes eat ***udon*** for breakfast.

いいかえよう 食べ物を表す英語

□rice(ごはん、米) 	□*miso* soup(みそしる) 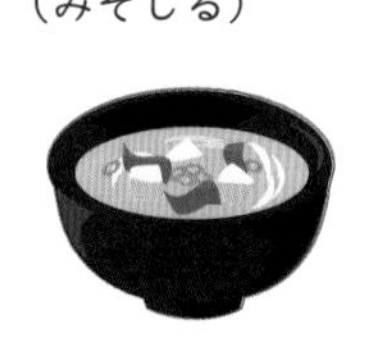	□grilled fish(焼き魚) 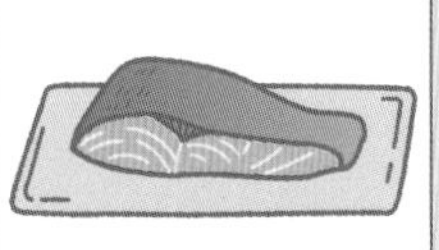	□bread(パン) 
□corn soup(コーンスープ)	□an omelet(オムレツ)	□salad(サラダ) 	□a pancake(パンケーキ)
□a sandwich(サンドイッチ) 	□a banana(バナナ) 	□an apple(リンゴ) 	□an orange(オレンジ)

ワンポイント
みそしるやコーンスープなど、具の入ったスープを「飲む」と言うときは、英語では drink(飲む)ではなくて、eat(食べる)を使って言うよ。

これを知ったらワンダフル！
母音(ア・イ・ウ・エ・オのどれかの発音)で始まる単語(omelet、apple、orange)につける「1つの」を意味する言葉は“a”ではなくて“an”だよ。

ぴったり2

練習

学習日　　月　　日

?ぴったりクイズ　答えはこのページの下にあるよ！

「朝食」という意味の英語breakfastのもともとの意味は何かな？
① 朝日を拝(おが)む　② 断食(だんじき)を破る　③ 速く食べる

教科書　34〜43ページ

かきトリ　英語をなぞり、声に出してみましょう。

できたらチェック！　書く　話す

□ごはん、米
rice

□みそしる
miso soup

□焼き魚
grilled fish

□パン
bread

□コーンスープ
corn soup

□オムレツ
an omelet

□サラダ
salad

□パンケーキ
a pancake

□サンドイッチ
a sandwich

□バナナ
a banana

□リンゴ
an apple

□オレンジ
an orange

ヒント
miso soup、corn soupは、2つの単語の間をはなして書くよ。また、appleのpが2回続くことに注意しよう。

□わたしはときどき、朝食にうどんを食べます。
I sometimes eat udon for breakfast.

▶読み方が分からないときは、左のページにもどって音声を聞いてみましょう。

やりトリ　朝食にときどき何を食べるかを書いて、声に出してみましょう。

できたらチェック！　書く　話す

I sometimes eat ＿＿＿＿＿＿ for breakfast.

つたえるコツ
sometimesとeatのあとの「食べ物」を表す言葉を強く大きく発音すると、伝えたいことが伝わるよ。

▶あてはめる英語は、左のページや付録の小冊子(しょうさっし)、教科書や辞書などから探(さが)してみましょう。

練習ができたら、次はだれかに伝えてみよう！

ぴったりクイズの答え
② 英語のbreakには「こわす、破る」、fastには「断食」という意味があるよ。夕食のあとから朝食までの間は食事を食べない「断食」のような状態なので、それを朝食によって「破る」ということから「朝食」という意味の言葉として使われるようになったんだよ。

Lesson 3 What time do you get up? ⑥

学習日　月　日

めあて
相手に好きかどうかをたずねたり、自分が好きかどうかを答えたりできる。

教科書 34～43ページ

「～が好きですか。」というたずね方 / 「～が好きですか。」への答え方

ききトリ 音声を聞き、声に出してみましょう。　トラック83～84

Do you like video games?（ドゥ ユー ライク ヴィディオ ゲイムズ）
あなたはテレビゲームが好きですか。

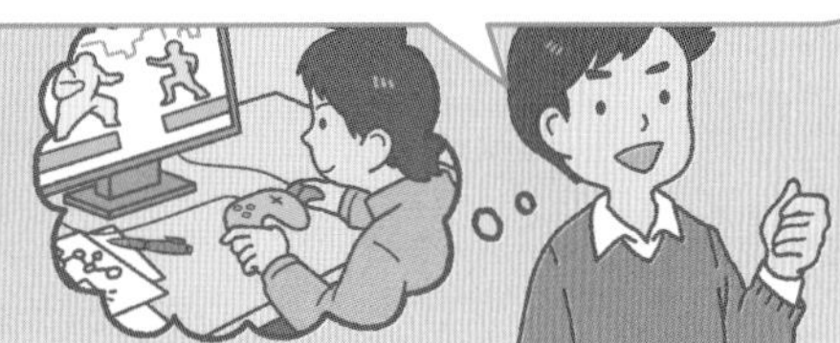

Yes, I do.（イエス アイ ドゥー）
はい、好きです。

No, I don't.（ノウ アイ ドウント）
いいえ、好きではありません。

せつめい
たずねる　Do you like ～?で「あなたは～が好きですか。」とたずねることができます。「～」には、好きなもの(遊び・スポーツなど)を表す言葉が入ります。
こたえる　Yes, I do.で「はい、好きです。」、または、No, I don't.で「いいえ、好きではありません。」と答えることができます。

ききトリ 音声を聞き、英語の言葉を言いかえて、文を読んでみましょう。　トラック85～86

Do you like video games ?

いいかえよう　遊びなどを表す英語

□cycling（サイクリング）	□jumping rope（なわとびをすること）	□*shogi*（将棋）	□comic books（マンガ）
□movies（映画）	□festivals（祭り）	□shopping（買い物）	□singing（歌うこと）
□skating（スケートをすること）	□skiing（スキーをすること）	□playing cards（トランプをすること）	□watching basketball games（バスケットボールの試合を見ること）

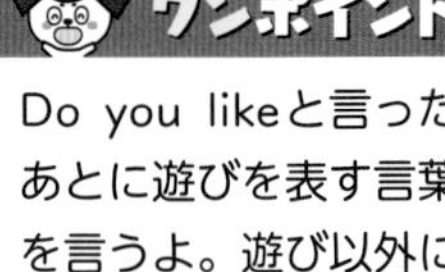

ワンポイント
Do you likeと言ったあとに遊びを表す言葉を言うよ。遊び以外にもスポーツ・食べ物・教科などを表す言葉を入れて、相手に好きかどうかをたずねることができるよ。

Yes, I do.

No, I don't.

これを知ったらワンダフル！
comic books、movies、festivalsなどは、2つ以上あることを表すsがつくことに注意しよう。

ぴったり2 練習

学習日　月　日

ぴったりクイズ　答えはこのページの下にあるよ！

プロのeスポーツ大会もあるほど盛(さか)んなFPS。FPSはどんな意味かな？
①　自分自身の目線のシューティングゲーム　②　未来感覚プレイヤーのシューティングゲーム　③　フルプレイ可能なシューティングゲーム

教科書　34〜43 ページ

かきトリ　英語をなぞり、声に出してみましょう。　できたらチェック！　書く　話す

□サイクリング
cycling

□なわとびをすること
jumping rope

□マンガ
comic books

□映画
movies

□祭り
festivals

□買い物
shopping

□歌うこと
singing

ヒント
shopping は p が 2 回続いて、skiing は i が 2 回続くことに注意しよう。

□スケートをすること
skating

□スキーをすること
skiing

□あなたはテレビゲームが好きですか。
Do you like video games?

□はい、好きです。
Yes, I do.

□いいえ、好きではありません。
No, I don't.

▶読み方が分からないときは、左のページにもどって音声を聞いてみましょう。

やりトリ　自分はどうたずねるかを書いて、声に出してみましょう。　できたらチェック！　書く　話す

Do you like ______________?

Yes, I do.

つたえるコツ
Do you like 〜?でたずねるときは、文の最後を上げて言おう。

▶あてはめる英語は、左のページや付録の小冊子(しょうさっし)、教科書や辞書などから探(さが)してみましょう。

たずねる練習ができたら、次はだれかの質問に答えてみよう！

ぴったりクイズの答え　①　英語のFirst-Person Shooterを省略したものだよ。

Lesson 3－② What time do you get up?

教科書 34～43ページ　答え 7ページ

1 音声を聞き、内容に合う時刻(じこく)の絵を下の㋐～㋓から選び、(　　)に記号を書きましょう。

トラック87

技能　1問10点(20点)

㋐ 
㋑ 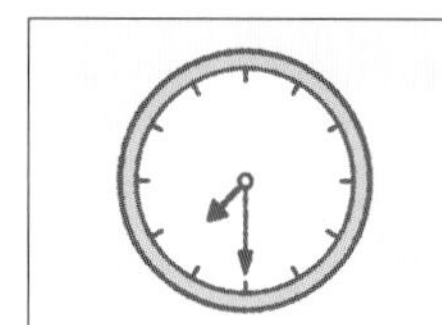
㋒ 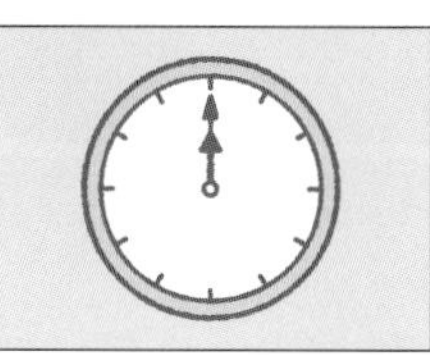
㋓ 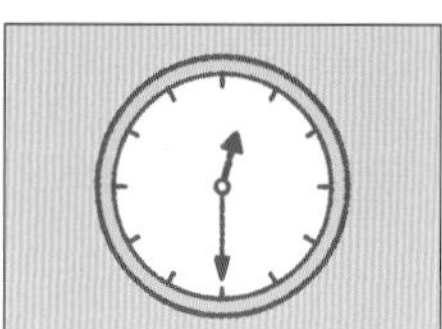

(1) (　　　　)　(2) (　　　　)

2 音声を聞き、内容に合う絵を、線で結びましょう。

トラック88

技能　1問完答10点(30点)

(1) 
Rio

(2) 
Ken

(3) 
Luna

6:30

7:00

7:30

8:00

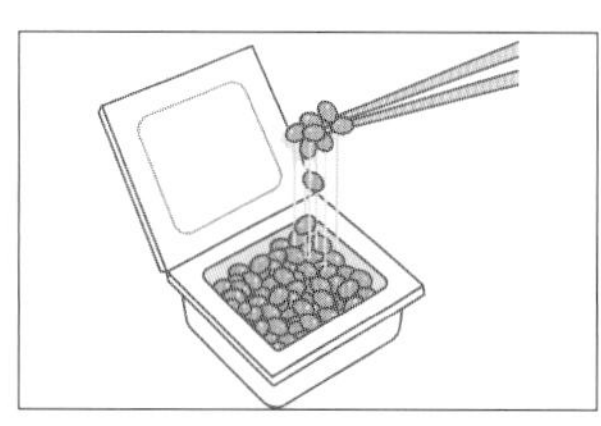

ふりかえり　❶が分からないときは、44ページにもどって確認(かくにん)しよう。

学習日　　月　　日

3 日本文の意味を表す英語の文になるように、□の中から語を選んで□に書き、全体をなぞりましょう。２回使う語もあります。文の最初の文字は大文字で書きましょう。

1つ4点(20点)

(1) あなたはテレビゲームが好きですか。

□ you □ video games?

(2) はい、好きです。わたしはたいてい、８時30分にテレビゲームをします。

Yes, I □. I □

□ video games at 8:30.

sometimes　usually　always　do　play　like

4 女の子が休日の過ごし方についてスピーチをします。絵の内容に合うように、□の中から正しい語を選んで□に書き、全体をなぞりましょう。

思考・判断・表現　1問完答10点(30点)

(1) I □ □ at 12:30.

(2) I □ □ at 2:00.

(3) I □ to □ at 10:00.

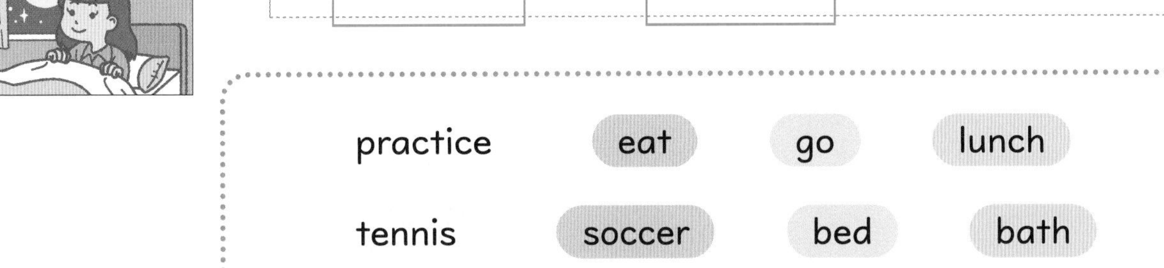

practice　eat　go　lunch

tennis　soccer　bed　bath

この本の終わりにある「夏のチャレンジテスト」をやってみよう！

ぴったり1 準備

3分でまとめ

Lesson 4 My Summer Vacation ①

学習日 月 日

めあて 夏休みに行ったところと楽しんだことを伝えることができる。

教科書 50～59ページ

夏休みに行ったところと楽しんだことの伝え方

ききトリ 音声を聞き、声に出してみましょう。 トラック89～90

アイ ウェント トゥー ザ リヴァ
I went to the river.
わたしは川へ行きました。

アイ インヂョイド フィッシング
I enjoyed fishing.
わたしは魚つりを楽しみました。

せつめい つたえる I went to ～.で「わたしは～へ行きました。」と、自分が行った場所を伝えることができます。「～」には、自然や建物を表す言葉や、地名などが入ります。I enjoyed ～.で「わたしは～を楽しみました。」と、楽しんだことを伝えることができます。「～」には、遊びを表す言葉などが入ります。

ききトリ 音声を聞き、英語の言葉を言いかえて、文を読んでみましょう。 トラック91～94

I went to the river.

いいかえよう 自然・建物などを表す英語

□the mountain(山) 	□the sea(海) 	□the zoo(動物園) 	□the aquarium(水族館) 
□the swimming pool (プール)	□the museum (博物館、美術館)	□the amusement park(遊園地)	□my grandfather's house(おじいさんの家) 

I enjoyed fishing.

いいかえよう 遊びなどを表す英語

□camping(キャンプ) 	□climbing(登山) 	□diving(ダイビング) 	□swimming(泳ぐこと) 
□watching the fish (魚を見ること)	□watching the animals (動物を見ること)	□riding a roller coaster (ジェットコースターに乗ること)	

ワンポイント
「行く」はgoで「行った」はwentと言うよ。自然や建物などを表す言葉は、特定しないで、「ある1つの～」と言うときは、theではなくてaをつけるよ。

これを知ったらワンダフル!
「～へ行く」は、wentのあとにto(～へ)をつけて表すよ。

▶ 小冊子(しょうさっし)のp.4～5、14～15で、もっと言葉や表現を学ぼう！

ぴったり2

練習

学習日　　月　　日

？ぴったりクイズ 答えはこのページの下にあるよ！

アメリカの小学校は夏休みが２～３か月もあるけれど、多くの小学生は何をして過ごすかな？　①　宿題をする　②　学校の部活動をする　③　サマーキャンプに参加する

教科書　50～59ページ

かきトリ　英語をなぞり、声に出してみましょう。

できたらチェック！　書く　話す

□山
the mountain

□海
the sea

□動物園
the zoo

□水族館
the aquarium

□プール
the swimming pool

□遊園地
the amusement park

□博物館、美術館
the museum

□おじいさんの家
my grandfather's house

□キャンプ
camping

□登山
climbing

□ダイビング
diving

□わたしは川へ行きました。
I went to the river.

□わたしは魚つりを楽しみました。
I enjoyed fishing.

ヒント
「おばあさんの家」は my grandmother's house と言うよ。

▶読み方が分からないときは、左のページにもどって音声を聞いてみましょう。

やりトリ　自分が行ったところと楽しんだことを書いて、声に出してみましょう。

できたらチェック！　書く　話す

I went to ＿＿＿＿＿＿.

I enjoyed ＿＿＿＿＿＿.

つたえるコツ
wentと「行ったところ」、enjoyedと「楽しんだこと」を大きくはっきり発音しよう。

▶あてはめる英語は、左のページや付録の小冊子、教科書や辞書などから探してみましょう。

練習ができたら、次はだれかに伝えてみよう！

ぴったりクイズの答え　③　一般的なキャンプだけでなく、水泳、乗馬、テニス、カヌーなどのスポーツ系、演劇、ピアノなどの芸術系、実験などの科学系などいろいろなサマーキャンプがあるよ。

Lesson 4 My Summer Vacation ②

学習日　月　日

めあて
夏休みに楽しんだことと、それがどうだったかを伝えることができる。

教科書　50〜59ページ

夏休みに楽しんだことと、それがどうだったかの伝え方

ききトリ　音声を聞き、声に出してみましょう。　トラック95〜96

アイ　インヂョイド　ハイキング
I enjoyed hiking.
わたしはハイキングを楽しみました。

イット　ワズ　ファン
It was fun.
それは楽しかったです。

せつめい　つたえる　I enjoyed ～.で「わたしは～を楽しみました。」と、自分が楽しんだことを伝えることができます。「～」には、遊びなどを表す言葉が入ります。It was ～.で「それは～でした。」と、楽しんだことがどうだったかを伝えることができます。「～」には、様子を表す言葉が入ります。

ききトリ　音声を聞き、英語の言葉を言いかえて、文を読んでみましょう。　トラック97〜100

I enjoyed hiking.

いいかえよう　遊びなどを表す英語

□watching stars（星を見ること）

□watching a baseball game（野球の試合を見ること）

□seeing a movie（映画を見ること）

□riding a boat（ボートに乗ること）

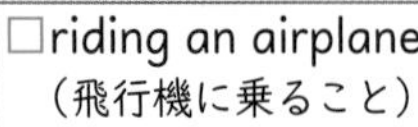

□riding an airplane（飛行機に乗ること）

□playing soccer（サッカーをすること）

□going to hot springs（温泉に行くこと）

□playing in the river（川で遊ぶこと）

ワンポイント
「楽しむ」はenjoyで「楽しんだ」はenjoyedと言うよ。

It was fun.

いいかえよう　様子などを表す英語

□exciting（わくわくする）

□fantastic（すばらしい）

□amazing（おどろくべき）

□interesting（おもしろい）

これを知ったらワンダフル！
It is fun.は「それは楽しいです。」という意味で、It was fun.にすると「それは楽しかったです。」という意味になるよ。

ぴったり 2

練習

学習日　月　日

?ぴったりクイズ　答えはこのページの下にあるよ！

picnic［ピクニック］は英語ではどういう意味かな？　① 公園で軽い運動をすること　② 家の外で食事をすること　③ 自然の中を歩き回ること

教科書　50～59ページ

かきトリ　英語をなぞり、声に出してみましょう。

できたらチェック！　書く　話す

□星を見ること
watching stars

□映画を見ること
seeing a movie

□野球の試合を見ること
watching a baseball game

□ボートに乗ること
riding a boat

□飛行機に乗ること
riding an airplane

□温泉に行くこと
going to hot springs

□おどろくべき
amazing

□わたしはハイキングを楽しみました。
I enjoyed hiking.

□それは楽しかったです。
It was fun.

ヒント
「見ること」「乗ること」「行くこと」など、「～こと」を表す語はingで終わっているね。

▶読み方が分からないときは、左のページにもどって音声を聞いてみましょう。

やりトリ　自分が楽しんだことと、それがどうだったかを書いて、声に出してみましょう。

できたらチェック！　書く　話す

I enjoyed ＿＿＿＿.

It was ＿＿＿＿.

つたえるコツ
enjoyedと「楽しんだこと」、そしてそれが「どうだったか」を表す言葉を大きくはっきり発音するとよく伝わるよ。

▶あてはめる英語は、左のページや付録の小冊子、教科書や辞書などから探してみましょう。

練習ができたら、次はだれかに伝えてみよう！

ぴったりクイズの答え　②　外で食事をすることのほかに、その食事そのものをpicnicと言うこともあるよ。

Lesson 4－① My Summer Vacation

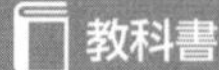

教科書 50～59 ページ　答え 8 ページ

1 音声を聞き、内容に合う絵を下の㋐～㋓から選び、（　）に記号を書きましょう。

トラック101

技能　1問10点（20点）

㋐ 

㋑ 

㋒ 

㋓ 

(1)（　　　　）　(2)（　　　　）

2 音声を聞き、内容に合う絵を、線で結びましょう。

トラック102

技能　1問完答10点（30点）

(1)

Naoto

(2)

Kana

(3)

Jim

ふりかえり　❷が分からないときは、52ページにもどって確認(かくにん)しよう。

3 日本文の意味を表す英語の文になるように、［　］の中から語句を選んで［　］に書き、全体をなぞりましょう。

1つ4点(20点)

(1) わたしは山へ行きました。

I ＿＿＿ to ＿＿＿＿＿.

(2) わたしは星を見ることを楽しみました。それは楽しかったです。

I ＿＿＿ ＿＿＿ stars.

It was ＿＿＿.

enjoyed　went　the mountain　the museum
watching　riding　beautiful　fun

4 女の子が夏休みにしたことについてスピーチをします。メモの内容に合うように、［　］の中から正しい語句を選んで［　］に書き、全体をなぞりましょう。

思考・判断・表現　1問完答15点(30点)

・お祭りに行った
・花火を楽しんだ

(1) I ＿＿＿ to ＿＿＿＿＿.

(2) I ＿＿＿ ＿＿＿＿＿.

enjoyed　went　a festival
the aquarium　fireworks　dancing

Lesson 4 My Summer Vacation ③

学習日　月　日

めあて
夏休みに見たものについてと、それがどうだったかを伝えることができる。

教科書 50〜59ページ

夏休みに見たものについてと、それがどうだったかの伝え方

ききトリ 音声を聞き、声に出してみましょう。　トラック103〜104

アイ ソー ヒメジ キャスル
I saw Himeji Castle.
わたしは姫路城(ひめじじょう)を見ました。

イット ワズ ビューティフル
It was beautiful.
それは美しかったです。

せつめい つたえる　I saw 〜.で「わたしは〜を見ました。」と、自分が見たものを伝えることができます。「〜」には、動物・建物・自然など、見たものを表す言葉が入ります。It was 〜.で「それは〜でした。」と、見たものがどうだったかを伝えることができます。「〜」には、様子を表す言葉などが入ります。

ききトリ 音声を聞き、英語の言葉を言いかえて、文を読んでみましょう。　トラック105〜106

I saw Himeji Castle.

いいかえよう　動物・建物などを表す英語

□a dolphin（イルカ）

□a giraffe（キリン）

□a penguin（ペンギン）

□a fish（魚）

□a whale（クジラ）

□a bird（鳥）

□an elephant（ゾウ）

□a monkey（サル）

□a beetle（カブトムシ）

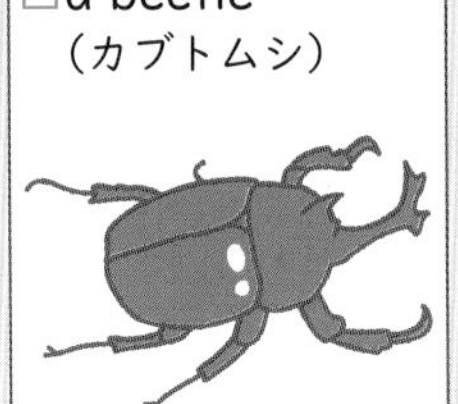

□a butterfly（チョウ）

□a bridge（橋）

□a shrine（神社）

□a tower（タワー）

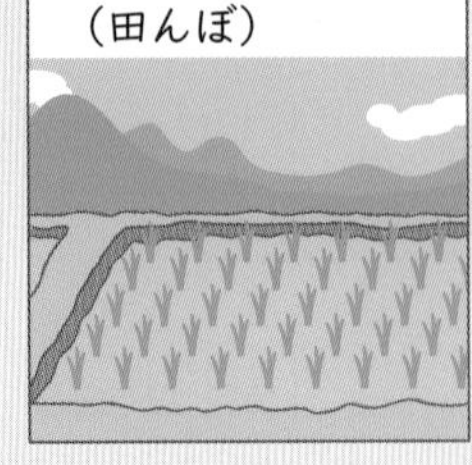

□a castle（城(しろ)）

□a rice field（田んぼ）

□a lake（湖）

ワンポイント
「見る」はseeで「見た」はsawと言うよ。

これを知ったらワンダフル！
It is beautiful.は「それは美しいです。」という意味で、It was beautiful.にすると「それは美しかったです。」という意味になるよ。

It was beautiful.

小冊子(しょうさっし)のp.26〜27で、もっと言葉や表現を学ぼう！

ぴったり2

練習

学習日　月　日

?ぴったりクイズ　答えはこのページの下にあるよ！

英語のcastleは「城」という意味だけど、もともとは「城」以外にどういう意味があったかな？　① 神殿　② 議事堂　③ 要塞

教科書　50〜59ページ

かきトリ　英語をなぞり、声に出してみましょう。

できたらチェック！　書く　話す

□イルカ
a dolphin

□キリン
a giraffe

□ペンギン
a penguin

□クジラ
a whale

□鳥
a bird

□ゾウ
an elephant

□サル
a monkey

□カブトムシ
a beetle

ヒント
クワガタ、コガネムシなども、beetleと言うんだよ。

□橋
a bridge

□田んぼ
a rice field

□わたしは姫路城を見ました。
I saw Himeji Castle.

□それは美しかったです。
It was beautiful.

▶読み方が分からないときは、左のページにもどって音声を聞いてみましょう。

やりトリ　自分が見たものと、それがどうだったかを書いて、声に出してみましょう。

できたらチェック！　書く　話す

I saw ______.

It was ______.

つたえるコツ
sawと「見たもの」、そしてそれが「どうだったか」を表す言葉を大きくはっきり発音するとよく伝わるよ。

▶あてはめる英語は、左のページや付録の小冊子、教科書や辞書などから探してみましょう。

練習ができたら、次はだれかに伝えてみよう！

ぴったりクイズの答え　③　防御のための大きな建物という意味で、要塞、砦の意味があったよ。

ぴったり1 準備

Lesson 4 My Summer Vacation ④

学習日 月 日

めあて 夏休みに食べたものと、それがどうだったかを伝えることができる。

教科書 50〜59ページ

夏休みに食べたものと、それがどうだったかの伝え方

ききトリ 音声を聞き、声に出してみましょう。 トラック107〜108

アイ エイト アイス クリーム
I ate ice cream.
わたしはアイスクリームを食べました。

イット ワズ ディリシャス
It was delicious.
それはおいしかったです。

せつめい つたえる I ate 〜.で「わたしは〜を食べました。」と、自分が食べたものを伝えることができます。「〜」には、食べ物を表す言葉が入ります。It was 〜.で「それは〜でした。」と、食べたものがどうだったかを伝えることができます。「〜」には、味を表す言葉などが入ります。

ききトリ 音声を聞き、英語の言葉を言いかえて、文を読んでみましょう。 トラック109〜112

I ate **ice cream**.

いいかえよう 食べ物を表す英語

□curry and rice（カレーライス）	□*sushi*（すし）	□*soba*（そば）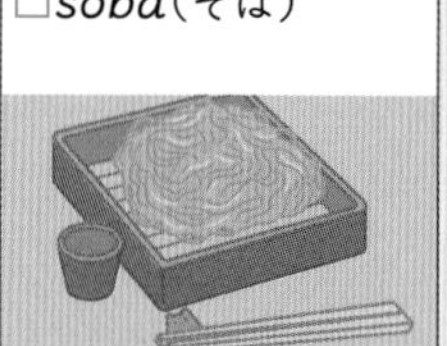	□a hot dog（ホットドッグ）
□a mango（マンゴー）	□popcorn（ポップコーン）	□cotton candy（わたあめ）	□shaved ice（かき氷）

ワンポイント
「食べる」はeatで「食べた」はateと言うよ。[**エ**イト]と発音するよ。

It was **delicious**.

いいかえよう 味などを表す英語

□hot（からい、熱い）	□cold（冷たい）	□fresh（新鮮な）
□sweet（あまい）	□bitter（苦い）	□salty（しょっぱい）

これを知ったらワンダフル！
It is delicious.は「それはおいしいです。」という意味で、It was delicious.にすると「それはおいしかったです。」という意味になるよ。

小冊子のp.26〜27で、もっと言葉や表現を学ぼう！

ぴったり2
練習

学習日　　月　　日

ぴったりクイズ 答えはこのページの下にあるよ！

世界で最初にアイスクリームが食べられたのはどの国でかな？
① アメリカ　② イタリア　③ 中国

教科書 50～59ページ

かきトリ 英語をなぞり、声に出してみましょう。　できたらチェック！ 書く 話す

□カレーライス curry and rice
□すし sushi
□そば soba
□ホットドッグ a hot dog
□マンゴー a mango
□ポップコーン popcorn
□わたあめ cotton candy
□かき氷 shaved ice
□からい、熱い hot
□冷たい cold
□新鮮な fresh
□わたしはアイスクリームを食べました。 I ate ice cream.
□それはおいしかったです。 It was delicious.

ヒント
「カレーライス」は英語では curry と rice の間に and が入るので注意しよう。また、cotton は「わた」で、candy は「あめ」という意味だから、「わたあめ」の英語は2つの語をそのまま訳した形だね。

▶読み方が分からないときは、左のページにもどって音声を聞いてみましょう。

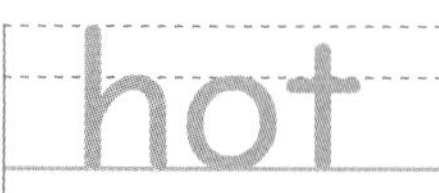

やりトリ 自分が食べたものと、それがどうだったかを書いて、声に出してみましょう。　できたらチェック！ 書く 話す

I ate ＿＿＿＿＿＿＿＿.

It was ＿＿＿＿＿＿＿＿.

つたえるコツ
ateと「食べたもの」、そしてそれが「どうだったか」を表す言葉を大きくはっきり発音するとよく伝わるよ。

▶あてはめる英語は、左のページや付録の小冊子、教科書や辞書などから探(さが)してみましょう。

練習ができたら、次はだれかに伝えてみよう！

ぴったりクイズの答え ③ もっとも古い記録は紀元前200年ごろの中国にあるよ。当時、牛乳と氷を混ぜてこおらせたものを食べていたんだよ。

Lesson 4－② My Summer Vacation

教科書 50～59ページ　答え 9ページ

1 音声を聞き、内容に合う絵を下の㋐～㋓から選び、（　　）に記号を書きましょう。

トラック113

技能　1問10点（20点）

㋐ 

㋑ 

㋒ 

㋓ 

(1)（　　　　）　(2)（　　　　）

2 音声を聞き、内容に合う絵を、線で結びましょう。

トラック114

技能　1問完答10点（30点）

(1)

(2)

(3)

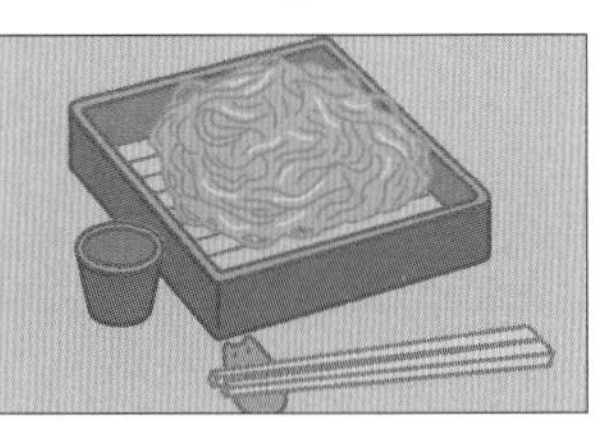

からい

美しい

冷たい

わくわくする

ふりかえり　❶が分からないときは、58、60ページにもどって確認しよう。

3

日本文の意味を表す英語の文になるように、[ ]の中から語を選んで[ ]に書き、全体をなぞりましょう。

1つ5点(20点)

(1) わたしはおすしを食べました。それはおいしかったです。

I [ ] sushi.

It was [ ].

(2) わたしは映画(えいが)を見ました。それは楽しかったです。

I [ ] a movie.

It was [ ].

enjoyed saw ate sweet
delicious beautiful fun

4

男の子が夏休みのできごとについて話します。男の子になったつもりで、[ ]の中から正しい語句を選んで[ ]に書き、全体をなぞりましょう。

思考・判断・表現 1問完答10点(30点)

(1) I [ ] to [ ].

(2) I [ ] [ ].

(3) It was [ ].

すばらしい

ate went saw the sea the river
a whale a bird fantastic beautiful

Lesson 5
Where do you want to go? ①

学習日　月　日

めあて
相手の行きたい国をたずねたり、自分の行きたい国を答えたりすることができる。

教科書　60〜69ページ

相手の行きたい国のたずね方 / 自分の行きたい国の答え方

ききトリ　音声を聞き、声に出してみましょう。　トラック115〜116

(フ)ウェア　ドゥ　ユー　ワ(ー)ント　トゥー　ゴウ
Where do you want to go?
あなたはどこに行きたいですか。

アイ　ワ(ー)ント　トゥー　ゴウ　トゥー　イタリィ
I want to go to Italy.
わたしはイタリアに行きたいです。

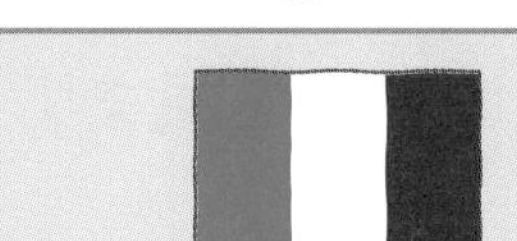

せつめい
たずねる　Where do you want to go?で、「あなたはどこに行きたいですか。」と相手の行きたい場所をたずねることができます。

こたえる　I want to go to ～.で「わたしは～に行きたいです。」と自分の行きたい場所を伝えることができます。「～」には、自分が行きたい場所を表す言葉が入ります。

ききトリ　音声を聞き、英語の言葉を言いかえて、文を読んでみましょう。　トラック117〜118

Where do you want to go?

I want to go to Italy.

いいかえよう　世界の国々を表す英語

□Canada(カナダ)

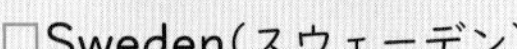

□Sweden(スウェーデン)

□Kenya(ケニア)

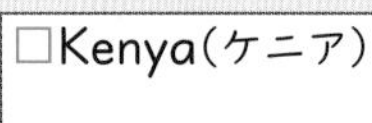
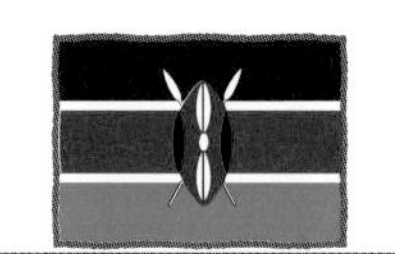

□the U.S.A.(アメリカ合衆国)

□South Africa(南アフリカ共和国)

□the U.K.(イギリス)

□Korea(韓国・朝鮮)

□New Zealand(ニュージーランド)

□Malaysia(マレーシア)

□India(インド)

□China(中国)

□Australia(オーストラリア)

□Spain(スペイン)

□Mexico(メキシコ)

□Peru(ペルー)

□Egypt(エジプト)

□Turkey(トルコ)

ワンポイント
whereは場所をたずねるときに使うよ。

これを知ったらワンダフル!
「～に行く」と言うときはgoのあとにto(～に)がつくので注意しよう。

小冊子のp.4～5で、もっと言葉や表現を学ぼう！

ぴったり2
練習

学習日　　月　　日

ぴったりクイズ
答えはこのページの下にあるよ！

「パスタ」はイタリア語でどういう意味かな？
① 1日3度の食事　② おいしいご飯　③ 小麦粉を使った生地

教科書 60〜69ページ

かきトリ 英語をなぞり、声に出してみましょう。
できたらチェック！ 書く 話す

□カナダ Canada
□ケニア Kenya
□韓国・朝鮮 Korea
□南アフリカ共和国 South Africa
□マレーシア Malaysia
□中国 China
□スペイン Spain
□ペルー Peru
□トルコ Turkey

ヒント
「南アフリカ共和国」は South と Africa の間をはなして書くよ。South は「南の」という意味だよ。

□あなたはどこに行きたいですか。
Where do you want to go?

□わたしはイタリアに行きたいです。
I want to go to Italy.

▶読み方が分からないときは、左のページにもどって音声を聞いてみましょう。

やりトリ 自分はどう答えるかを書いて、声に出してみましょう。
できたらチェック！ 書く 話す

Where do you want to go?

つたえるコツ
Where 〜?の文を発音するときは文の最後を下げて言おう。

I want to go to ＿＿＿＿＿＿＿＿.

▶あてはめる英語は、左のページや付録の小冊子、教科書や辞書などから探してみましょう。

答える練習ができたら、次はだれかに質問してみよう！

ぴったりクイズの答え
③ スパゲッティのめんやマカロニなど、小麦粉を水や卵で練ったものを全部まとめてパスタと言うよ。

Lesson 5 Where do you want to go? ②

学習日　月　日

めあて
自分の行きたい国と、そこで見たいものを伝えることができる。

教科書 60〜69ページ

自分の行きたい国の伝え方 / そこで見たいものの伝え方

ききトリ　音声を聞き、声に出してみましょう。　トラック119〜120

I want to go to Egypt.（アイ ワ(ー)ント トゥー ゴウ トゥー イーヂプト）
わたしはエジプトに行きたいです。

I want to see the Pyramids.（アイ ワ(ー)ント トゥー スィー ザ ピラミッズ）
わたしはピラミッドを見たいです。

せつめい　つたえる　I want to go to ～.で、「わたしは～に行きたいです。」と自分の行きたい場所を伝えることができます。「～」には、自分の行きたい場所を表す言葉が入ります。I want to see ～.で「わたしは～を見たいです。」と伝えることができます。「～」には、自分が見たいものを表す言葉が入ります。

ききトリ　音声を聞き、英語の言葉を言いかえて、文を読んでみましょう。　トラック121〜122

I want to go to Egypt.

I want to see the Pyramids .

いいかえよう　名所などを表す英語

□the Sagrada Familia（サグラダ・ファミリア教会）	□the Colosseum（コロッセオ）	□the Merlion（マーライオン）	□the Eiffel Tower（エッフェル塔）
□Mt. Kilimanjaro（キリマンジャロ山）	□the aurora（オーロラ）	□the Leaning Tower of Pisa（ピサの斜塔）	□the Great Wall（万里の長城）

Mt. Kilimanjaro（キリマンジャロ山）のMt.はMountainを省略した言葉だよ。

これを知ったらワンダフル！
名所の名前にはtheがつくことが多いよ。

小冊子のp.4〜5で、もっと言葉や表現を学ぼう！

ぴったり2

練習

学習日　　月　　日

?ぴったりクイズ

答えはこのページの下にあるよ！

エジプトにあるピラミッドは、だれがつくっていたでしょうか？
① どれい　② 農民　③ 商人

教科書 60〜69ページ

かきトリ 英語をなぞり、声に出してみましょう。

できたらチェック！ 書く 話す

□サグラダ・ファミリア教会
the Sagrada Familia

□コロッセオ
the Colosseum

□マーライオン
the Merlion

□オーロラ
the aurora

□エッフェル塔
the Eiffel Tower

□キリマンジャロ山
Mt. Kilimanjaro

□ピサの斜塔
the Leaning Tower of Pisa

□万里の長城
the Great Wall

ヒント
the のあとに続く世界各地の有名な場所の名前は人の名前みたいに大文字で始まるよ。

□わたしはエジプトに行きたいです。
I want to go to Egypt.

□わたしはピラミッドを見たいです。
I want to see the Pyramids.

▶読み方が分からないときは、左のページにもどって音声を聞いてみましょう。

やりトリ 自分が見たいものをどう伝えるかを書いて、声に出してみましょう。

できたらチェック！ 書く 話す

I want to see ______.

つたえるコツ
wantという語と、自分の見たいものをはっきりと大きく発音すると、相手によく伝わるよ。

▶あてはめる英語は、左のページや付録の小冊子、教科書や辞書などから探(さが)してみましょう。

練習ができたら、次はだれかに伝えてみよう！

ぴったりクイズの答え
② どれいによってつくられたと言われたこともあったけど、ナイル川がはんらんして、農作業をできない時期に農民がつくったという説が有力だよ。

Lesson 5－① Where do you want to go?

教科書 60〜69ページ　答え 10ページ

1 音声を聞き、内容に合う絵を下の㋐〜㋓から選び、(　　)に記号を書きましょう。　トラック123

技能　1問10点(20点)

㋐ 
イギリス

㋑ 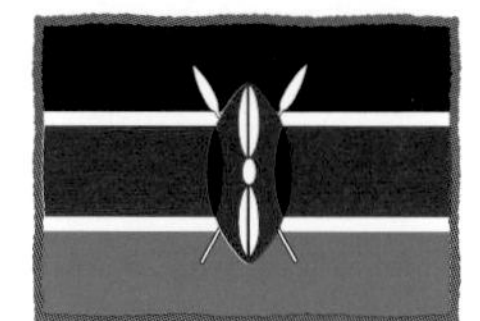
ケニア

㋒ 
アメリカ合衆国（がっしゅうこく）

㋓ 
韓国（かんこく）・朝鮮（ちょうせん）

(1) (　　　　)　(2) (　　　　)

2 音声を聞き、内容に合う絵を、線で結びましょう。　トラック124

技能　1問10点(30点)

(1) 
Judy

(2) 
Masa

(3) 
Aya

ふりかえり　❶が分からないときは、64ページにもどって確認（かくにん）しよう。

3

日本文の意味を表す英語の文になるように、□の中から語を選んで□に書き、全体をなぞりましょう。２回以上使う語もあります。文の最初の文字は大文字で書きましょう。

1つ5点(30点)

(1) あなたはどこに行きたいですか。

＿＿＿ do you ＿＿＿ to go?

(2) わたしはイタリアに行きたいです。

I ＿＿＿ to go to ＿＿＿.

(3) わたしはコロッセオを見たいです。

I ＿＿＿ to ＿＿＿ the Colosseum.

what　where　want　see
China　Italy

4

男の子が(1)行きたい場所と(2)したいことを伝えています。絵の内容に合うように、□の中から正しい語句を選んで□に書き、全体をなぞりましょう。２回使う語もあります。

思考・判断・表現　1問完答10点(20点)

(1) I ＿＿＿ to go to ＿＿＿.

(2) I ＿＿＿ to ＿＿＿.

eat　want　Egypt　Kenya
see Mt. Kilimanjaro　see the Pyramids

ぴったり1 準備

3分でまとめ

Lesson 5 Where do you want to go? ③

学習日　　月　　日

めあて
どの国がどんな国かを伝え、そこで何ができるかを伝えることができる。

教科書 60〜69ページ

どの国がどんな国かの伝え方 / そこで何ができるかの伝え方

ききトリ 音声を聞き、声に出してみましょう。　トラック125〜126

キャナダ イズ ア ナイス カントゥリィ
Canada is a nice country.
カナダはいい国です。

ユー キャン インヂョイ ハイキング
You can enjoy hiking.
あなたはハイキングを楽しむことができます。

せつめい つたえる　~ is a[an] ... country.で、「~は…(な)国です。」とどの国がどんな国かを伝えることができます。「~」には国の名前が入り、「...」には様子を表す言葉などが入ります。You can ~.で「あなたは~することができます。」とその国でできることを伝えることができます。「~」には、できることが入ります。

ききトリ 音声を聞き、英語の言葉を言いかえて、文を読んでみましょう。　トラック127〜128

Canada is a nice country.

You can **enjoy hiking**.

いいかえよう 動作を表す英語

□visit a famous building （有名な建物を訪れる） 	□visit museums （博物館[美術館]を訪れる） 	□visit Machu Picchu （マチュピチュを訪れる） 
□see wild animals （野生の動物を見る） 	□watch a soccer game （サッカーの試合を見る） 	□enjoy samba dancing （サンバダンスを楽しむ）
□enjoy diving （ダイビングを楽しむ） 	□enjoy fresh fruits （新鮮なくだものを楽しむ） 	□enjoy seafood （シーフードを楽しむ） 

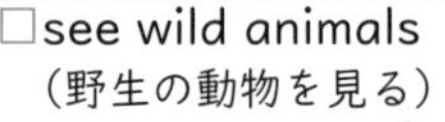

ワンポイント
canのあとの動作を表す言葉の意味のちがいに注意しよう。

これを知ったらワンダフル!
You can ~.は、「あなた(たち)」に限らず「人は~ができます。」という意味にもなるよ。

ぴったり2

練習

学習日　　月　　日

?ぴったりクイズ　答えはこのページの下にあるよ！

カナダでは、英語とは別にもう１つの言葉が公用語として使われているよ。何語かな？

①　フィンランド語　②　フランス語　③　ギリシャ語

教科書　60〜69ページ

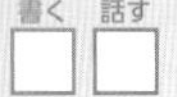

かきトリ　英語をなぞり、声に出してみましょう。　できたらチェック！　書く　話す

□有名な建物を訪れる

visit a famous building

□博物館[美術館]を訪れる

visit museums

□マチュピチュを訪れる

visit Machu Picchu

□野生の動物を見る

see wild animals

□シーフードを楽しむ

enjoy seafood

□サッカーの試合を見る

watch a soccer game

□サンバダンスを楽しむ

enjoy samba dancing

ヒント

同じ「見る」でも see と watch には、ちがいがあるよ。see は「自然に目に入る」ときに使って、watch は「注意して見る」ときに使うよ。

□カナダはいい国です。

Canada is a nice country.

□あなたはハイキングを楽しむことができます。

You can enjoy hiking.

▶読み方が分からないときは、左のページにもどって音声を聞いてみましょう。

やりトリ　行きたい国でできることを伝える文を完成させて、声に出してみましょう。　できたらチェック！　書く　話す

You can ＿＿＿＿＿＿＿＿.

つたえるコツ

canのあとにくる「できること」を伝える言葉をはっきり強く言おう。

▶あてはめる英語は、左のページや付録の小冊子、教科書や辞書などから探してみましょう。

練習ができたら、次はだれかに伝えてみよう！

ぴったりクイズの答え　②　17世紀にフランスからカナダに移住したフランス人から広まったよ。

ぴったり1 準備

Lesson 5 Where do you want to go? ④

学習日　　月　　日

めあて
自分のしたいことを伝えることができる。

教科書 60〜69ページ

自分のしたいことの伝え方

音声を聞き、声に出してみましょう。　トラック129〜130

アイ　ワ(ー)ント　トゥー　イート　スウィーツ
I want to eat sweets.
わたしはあまいお菓子(かし)を食べたいです。

アイ　ワ(ー)ント　トゥー　スィー　ズィ　アイフェル　タウア
I want to see the Eiffel Tower.
わたしはエッフェル塔(とう)を見たいです。

せつめい　つたえる　I want to ～.で、「わたしは～したいです。」と自分のしたいことを伝えることができます。「～」には、自分のしたいことが入ります。また、**eat**は「～を食べる」、**see**は「～を見る」という意味です。

音声を聞き、英語の言葉を言いかえて、文を読んでみましょう。　トラック131〜132

I want to eat sweets.

I want to see the Eiffel Tower.

いいかえよう　動作を表す英語

□eat pizza（ピザを食べる）	□eat curry（カレーを食べる）	□eat Korean food（韓国(かんこく)料理を食べる）
□eat steak（ステーキを食べる）	□eat cheese（チーズを食べる）	□see the Merlion（マーライオンを見る）
□see the Pyramids（ピラミッドを見る）	□see a panda（パンダを見る）	□see a koala（コアラを見る）

ワンポイント
Eiffel Towerの発音は[ア]という母音(ア・イ・ウ・エ・オのどれかの発音)で始まっているから、その前につくtheは[ザ]ではなくて[ズィ]と発音するよ。

これを知ったらワンダフル！
Koreaは「韓国・朝鮮(ちょうせん)」の意味で、国の名前を表し、Koreanは「韓国の、朝鮮の」という意味になるよ。

ぴったり2
練習

学習日　月　日

ぴったりクイズ　答えはこのページの下にあるよ！

エッフェル塔の設計者ギュスターヴ・エッフェルはほかにも世界的に有名な建造物を設計したよ。何かな？
① 自由の女神像　② ルーブル美術館　③ ロンドン橋

教科書　60〜69ページ

かきトリ　英語をなぞり、声に出してみましょう。

できたらチェック！　書く　話す

□ピザを食べる
eat pizza

□カレーを食べる
eat curry

□ステーキを食べる
eat steak

□韓国料理を食べる
eat Korean food

□チーズを食べる
eat cheese

□マーライオンを見る
see the Merlion

□ピラミッドを見る
see the Pyramids

□パンダを見る
see a panda

□コアラを見る
see a koala

ヒント
[イー]という発音は see, cheese, sweets のように ee と書いたり、eat のように ea と書いたり、いろいろあるんだね。

□わたしはあまいお菓子を食べたいです。
I want to eat sweets.

□わたしはエッフェル塔を見たいです。
I want to see the Eiffel Tower.

▶読み方が分からないときは、左のページにもどって音声を聞いてみましょう。

やりトリ　自分がしたいことを伝える文を完成させて、声に出してみましょう。

できたらチェック！　書く　話す

I want to ______________.

つたえるコツ
wantという語と、「自分のしたいこと」をはっきりと大きく言うと、相手によく伝わるよ。

▶あてはめる英語は、左のページや付録の小冊子、教科書や辞書などから探してみましょう。

練習ができたら、次はだれかに伝えてみよう！

ぴったりクイズの答え　① 自由の女神像はフランスからアメリカにプレゼントされたんだよ。

Lesson 5－② Where do you want to go?

教科書 60～69ページ　答え 11ページ

1 音声を聞き、内容に合う絵を下の㋐～㋓から選び、（　）に記号を書きましょう。

トラック133

技能 1問10点（20点）

㋐ 
カナダ

㋑ 
中国

㋒ 

㋓ 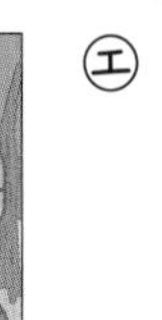

(1)（　　　）　(2)（　　　）

2 音声を聞き、内容に合う絵を、線で結びましょう。

トラック134

技能 1問完答10点（30点）

(1) 
Minato

(2) 
Yuki

(3) 
Henry

メキシコ

マレーシア

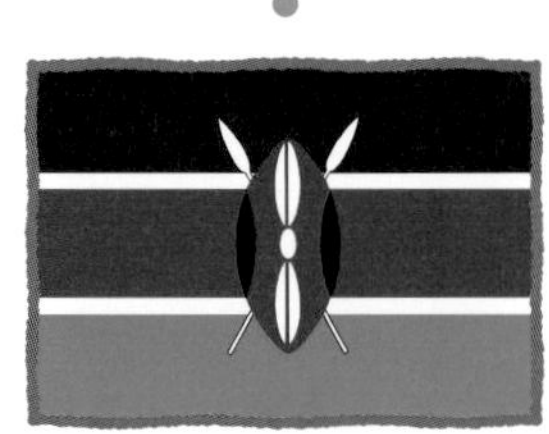
ケニア

イタリア

ふりかえり ①が分からないときは、70ページにもどって確認しよう。

学習日　月　日

3 日本文の意味を表す英語の文になるように、［　］の中から語句を選んで［　］に書き、全体をなぞりましょう。

1つ5点(20点)

(1) わたしはおいしいあまいお菓子(かし)を食べたいです。

I want to ＿＿＿ ＿＿＿.

(2) わたしはパンダを見たいです。

I want to ＿＿＿ ＿＿＿.

go to　eat　see　penguins
pandas　delicious seafood　delicious sweets

4 女の子がしたいことを伝えています。絵の内容に合うように、［　］の中から正しい語を選んで［　］に書き、全体をなぞりましょう。それぞれの語は1回しか使えません。

思考・判断・表現　1問10点(30点)※(3)は完答

(1) I want to go to ＿＿＿.

(2) I want to ＿＿＿ seafood.

(3) I want to ＿＿＿ ＿＿＿.

Australia　Korea　eat　see
visit　koalas　elephants

Lesson 6 My Best Memory ①

学習日　月　日

めあて
いちばんの思い出が何かをたずねたり、答えたりできる。また、それがどうだったかを伝えることができる。

教科書　70〜79 ページ

いちばんの思い出が何かのたずね方と答え方 / それがどうだったかの伝え方

ききトリ 音声を聞き、声に出してみましょう。　トラック135〜136

(フ)ワット　イズ　ユア　ベスト　メモリィ
What is your best memory?
あなたのいちばんの思い出は何ですか。

イット　ワズ　ファン
It was fun.
それは楽しかったです。

マイ　ベスト　メモリィ　イズ　ザ　スウィミング　ミート
My best memory is the swimming meet.
わたしのいちばんの思い出は水泳大会です。

せつめい
たずねる　What is your best memory?で、「あなたのいちばんの思い出は何ですか。」とたずねることができます。
こたえる　My best memory is ～.で「わたしのいちばんの思い出は～です。」と答えることができます。「～」にはいちばんの思い出の行事などを表す言葉が入ります。また、It was ～.でそれがどうだったかを伝えることができます。「～」には様子を表す言葉が入ります。

ききトリ 音声を聞き、英語の言葉を言いかえて、文を読んでみましょう。　トラック137〜138

What is your best memory?

My best memory is **the swimming meet**.

いいかえよう　学校行事を表す英語

□the entrance ceremony（入学式）

□the volunteer day（ボランティア活動の日）

□the hiking（ハイキング）

□sports day（運動会）

□the music festival（音楽祭）

□the field trip（社会科見学、校外学習）

□the school trip（修学旅行）

□the graduation ceremony（卒業式）

It was fun.

ワンポイント
It is fun.は「それは楽しいです。」の意味で、It was fun.は「それは楽しかったです。」と、以前にしたことについて言うときに使うんだったね。

これを知ったらワンダフル!
bestは「最高の」とか「いちばんの」という意味だよ。

小冊子(しょうさっし)のp.18〜19、26〜27で、もっと言葉や表現を学ぼう！

ぴったり2

練習

学習日　月　日

ぴったりクイズ　答えはこのページの下にあるよ！

アメリカやイギリスは、何月に学校が始まるかな？

教科書　70～79ページ

かきトリ　英語をなぞり、声に出してみましょう。

できたらチェック！　書く　話す

□入学式
the entrance ceremony

□ボランティア活動の日
the volunteer day

□運動会
sports day

□音楽祭
the music festival

□社会科見学、校外学習
the field trip

□修学旅行
the school trip

□卒業式
the graduation ceremony

□あなたのいちばんの思い出は何ですか。
What is your best memory?

□わたしのいちばんの思い出は水泳大会です。
My best memory is the swimming meet.

□それは楽しかったです。
It was fun.

ヒント
行事の名前には the がつくことが多いんだね。

▶読み方が分からないときは、左のページにもどって音声を聞いてみましょう。

やりトリ　自分はどう答えるかを書いて、声に出してみましょう。

できたらチェック！　書く　話す

つたえるコツ
bestという語と、「いちばんの思い出」を強く大きく言おう。

What is your best memory?

My best memory is ＿＿＿＿＿＿＿＿.

▶あてはめる英語は、左のページや付録の小冊子、教科書や辞書などから探してみましょう。

答える練習ができたら、次はだれかに質問してみよう！

ぴったりクイズの答え
9月だよ。入学式はなく、どちらの国もクラス発表や学校生活のガイダンスだけで初日は終わるよ。

ぴったり1 準備

Lesson 6 My Best Memory ②

学習日 月 日

めあて
いちばんの思い出を伝えたり、その理由が何かをたずねたり、答えたりすることができる。

教科書 70〜79ページ

いちばんの思い出の伝え方 / その理由のたずね方 / 理由の答え方

ききトリ 音声を聞き、声に出してみましょう。 トラック139〜140

マイ ベスト メモリィ イズ ザ ミュージック フェスティヴァル
My best memory is the music festival.
わたしのいちばんの思い出は音楽祭です。

(フ)ワイ
Why?
なぜですか。

アイ インヂョイド スィンギング
I enjoyed singing.
わたしは歌うことを楽しみました。

せつめい

つたえる My best memory is ～.で「わたしのいちばんの思い出は～です。」と伝えることができます。「～」にはいちばんの思い出の行事などを表す言葉が入ります。

たずねる Why?で、「なぜですか。」とたずねることができます。

こたえる I enjoyed ～.で「わたしは～を楽しみました。」と、楽しんだことを答えることができます。「～」には、遊びなどの動作を表す言葉などが入ります。

ききトリ 音声を聞き、英語の言葉を言いかえて、文を読んでみましょう。 トラック141〜142

My best memory is the music festival.

Why?

I enjoyed singing.

いいかえよう 動作を表す英語

□running (走ること) 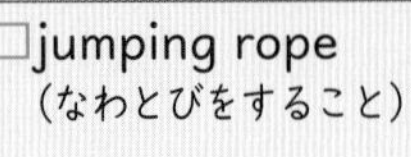	□eating a *bento* (弁当を食べること) 	□camping (キャンプ[をすること]) 	□playing the recorder (リコーダーをふくこと) 
□jumping rope (なわとびをすること)	□dancing (ダンスをすること)	□playing the piano (ピアノをひくこと)	□playing the drum (太鼓をたたくこと)
□visiting temples (寺を訪れること) 	□cooking curry and rice (カレーライスを料理すること) 	□cleaning the beach (浜辺をそうじすること) 	□visiting a police station (警察署を訪れること) 
□visiting a shrine (神社を訪れること)	□watching stars (星を見ること)	□cleaning the park (公園をそうじすること)	□visiting a museum (博物館[美術館]を訪れること)

ワンポイント
Why?と聞かれたら「理由」を答えるよ。

これを知ったらワンダフル!
「弁当」は英語でboxed lunchやlunchと言ったりするけれど、日本のお弁当に当たるものは、最近は日本語をそのまま英語にした*bento*という言葉が使われることもあるよ。

小冊子のp.18〜19で、もっと言葉や表現を学ぼう！

ぴったり2
練習

学習日　　月　　日

？ぴったりクイズ
答えはこのページの下にあるよ！

アメリカやイギリスの「パジャマデー」という学校行事は、何をする行事かな？　① パジャマパーティーを開催する　② パジャマで授業を受ける　③ パジャマのまま昼寝をする

教科書　70～79ページ

かきトリ　英語をなぞり、声に出してみましょう。

できたらチェック！　書く　話す

□弁当を食べること
eating a bento

□寺を訪れること
visiting temples

□走ること
running

□リコーダーをふくこと
playing the recorder

□カレーライスを料理すること
cooking curry and rice

□浜辺をそうじすること
cleaning the beach

□警察署を訪れること
visiting a police station

□わたしのいちばんの思い出は音楽祭です。
My best memory is the music festival.

□なぜですか。
Why?

□わたしは歌うことを楽しみました。
I enjoyed singing.

ヒント
動作を表す言葉に ing をつけると「～すること」という意味になるよ。例えば eating (eat + ing) は「食べること」、visiting (visit + ing) は「訪れること」という意味になるよ。

▶読み方が分からないときは、左のページにもどって音声を聞いてみましょう。

やりトリ　いちばんの思い出で楽しんだことを書いて、声に出してみましょう。

できたらチェック！　書く　話す

I enjoyed ＿＿＿＿＿＿＿＿.

つたえるコツ
enjoyed のあとの楽しんだことを表す言葉を大きくはっきり言おう。

▶あてはめる英語は、左のページや付録の小冊子、教科書や辞書などから探してみましょう。

答える練習ができたら、次はだれかにいちばんの思い出を聞いて、「なぜですか。」と英語で質問してみよう！

ぴったりクイズの答え　②　学校にパジャマで登校して、いつもとはちがう雰囲気を楽しむんだよ。

Lesson 6 My Best Memory

教科書 70〜79ページ　答え 12ページ

1 音声を聞き、内容に合う絵を下のㇳ〜㊞から選び、(　　)に記号を書きましょう。　トラック143

技能　1問10点(20点)

㋐ 
㋑ 
㋒ 
㋓ 

(1) (　　　　)　(2) (　　　　)

2 音声を聞き、内容に合う絵を、線で結びましょう。　トラック144

技能　1問完答10点(30点)

(1) 
Yuto

(2) 
Rio

(3) 
David

ふりかえり　1が分からないときは、76ページにもどって確認しよう。

3

日本文の意味を表す英語の文になるように、□の中から語句を選んで□に書き、全体をなぞりましょう。2回使う語もあります。文の最初の文字は大文字で書きましょう。

1つ5点(20点)

(1) あなたのいちばんの思い出は何ですか。

______ is your best ______?

(2) わたしのいちばんの思い出はボランティア活動の日です。

My best ______ is the volunteer day.

(3) わたしは浜辺(はまべ)をそうじすることを楽しみました。

I enjoyed ______.

what　where　why　memory
sport　cleaning the beach　camping

4

男の子が思い出について話しています。絵の内容に合うように、□の中から正しい語句を選んで□に書き、全体をなぞりましょう。

思考・判断・表現　1つ10点(30点)

(1) I enjoyed ______.

(2) I ______.

It was ______.

dancing　camping　saw beautiful stars
ate a bento　fantastic　delicious

この本の終わりにある「冬のチャレンジテスト」をやってみよう！

3分でまとめ

Lesson 7 My Dream ①

学習日　月　日

めあて
相手がつきたい職業をたずねたり、自分がつきたい職業を伝えたりすることができる。

教科書　86〜95ページ

相手がつきたい職業のたずね方 / 自分がつきたい職業の伝え方

ききトリ　音声を聞き、声に出してみましょう。　トラック145〜146

(フ)ワット　ドゥ　ユー　ワ(ー)ント　トゥー　ビー
What do you want to be?
あなたは何になりたいですか。

アイ　ワ(ー)ント　トゥー　ビー　ア　スィンガァ
I want to be a singer.
わたしは歌手になりたいです。

せつめい
たずねる　What do you want to be?で、「あなたは何になりたいですか。」と相手がなりたいもの[つきたい職業]をたずねることができます。
こたえる　I want to be a[an] 〜.で、「わたしは〜になりたいです。」と伝えることができます。「〜」には、自分のなりたいもの[つきたい職業]が入ります。

ききトリ　音声を聞き、英語の言葉を言いかえて、文を読んでみましょう。　トラック147〜148

What do you want to be?

I want to be a singer.

いいかえよう　職業を表す英語

□a nurse(看護師)

□a cook(コック、料理人)

□an actor(俳優)

□a baker(パン職人)

□a firefighter(消防士)

□a doctor(医師)

□a carpenter(大工)

□a comedian(お笑い芸人)

□a flight attendant(客室乗務員)

ワンポイント
a singerは「(ひとりの)歌手」の意味でaがついているよ。ほかもすべて自分ひとりがなるものなので、「ひとり」を表すaやanがつくよ。

これを知ったらワンダフル!
actorのactは「演じる」、bakerのbakeは「焼く」、firefighterのfightは「戦う」という意味だよ。orやerがつくことで、その動作をする人を表す言葉になることがあるんだ。

小冊子のp.22〜23で、もっと言葉や表現を学ぼう!

ぴったり2

練習

学習日　　月　　日

?ぴったりクイズ 答えはこのページの下にあるよ！

インドのスラム街で貧しい人々への奉仕(ほうし)活動(かつどう)を行ったことで有名な修道女のマザー・テレサが最初についた職業は何かな？
① 看護師　② 教師　③ 科学者

教科書 86〜95ページ

かきトリ 英語をなぞり、声に出してみましょう。　できたらチェック！ 書く 話す

□看護師
a nurse

□コック、料理人
a cook

□俳優
an actor

□パン職人
a baker

□消防士
a firefighter

□医師
a doctor

□大工
a carpenter

□お笑い芸人
a comedian

□客室乗務員
a flight attendant

ヒント
パン店は bakery と言うよ。カタカナ語でベーカリーと言ったりするね。

□あなたは何になりたいですか。
What do you want to be?

□わたしは歌手になりたいです。
I want to be a singer.

▶読み方が分からないときは、左のページにもどって音声を聞いてみましょう。

やりトリ 自分がなりたいもの［つきたい職業］を答える文を完成させて、声に出してみましょう。　できたらチェック！ 書く 話す

What do you want to be?

つたえるコツ
wantという語と、「自分のなりたいもの［つきたい職業］」をはっきりと大きく言おう。

I want to be ＿＿＿＿＿＿＿＿.

▶あてはめる英語は、左のページや付録の小冊子、教科書や辞書などから探(さが)してみましょう。

答える練習ができたら、次はだれかに質問してみよう！

ぴったりクイズの答え ② 地理と歴史の先生だったんだよ。マザー・テレサは1979年にノーベル平和賞を受賞したよ。

Lesson 7 My Dream ②

学習日　　月　　日

めあて
自分がつきたい職業と、その職業につきたい理由を伝えることができる。

教科書　86～95ページ

自分がつきたい職業の伝え方 / その職業につきたい理由の伝え方

ききトリ　音声を聞き、声に出してみましょう。　トラック149～150

アイ　ワ(ー)ント　トゥー　ビー　ア　ペイストリィ　シェフ
I want to be a pastry chef.
わたしはパティシエになりたいです。

アイ　ライク　スウィーツ
I like sweets.
わたしはあまいお菓子(かし)が好き(なの)です。

せつめい　つたえる　I want to be ～.で、「わたしは～になりたいです。」と伝えることができます。「～」には、自分のなりたいもの[つきたい職業]が入ります。I like ～.で、「わたしは～が好き(なの)です。」と、なぜその職業につきたいのか、理由を伝えることができます。「～」には、自分の好きなもの[こと]を表す言葉が入ります。

ききトリ　音声を聞き、英語の言葉を言いかえて、文を読んでみましょう。　トラック151～154

I want to be **a pastry chef**.

いいかえよう　職業を表す英語

□a vet (じゅう医師) 	□a game creator (ゲームクリエイター) 	□a soccer player (サッカー選手) 	□a scientist (科学者) 
□a pilot (パイロット) 	□a teacher(先生) 	□a comic book artist(マンガ家)  	□a farmer (農家) 

ワンポイント
vetはveterinarianを省略した形だよ。

これを知ったらワンダフル!
creator、player、scientistのor、er、istには「～する人」の意味があるよ。

I like **sweets**.

いいかえよう　動物・遊び・スポーツ・教科・乗り物・食べ物を表す英語

□animals(動物) 	□drawing pictures(絵をかくこと) 	□soccer(サッカー) 	□science(理科) 
□airplanes(飛行機)	□games(ゲーム)	□tennis(テニス)	□English(英語)
□vegetables(野菜)	□comics(マンガ)	□baseball(野球)	□math(算数)

小冊子(しょうさっし)のp.6～7、22～23で、もっと言葉や表現を学ぼう！

ぴったり2

練習

学習日　　月　　日

ぴったりクイズ　答えはこのページの下にあるよ！

フランスの代表的なお菓子として有名なマカロンの名前の由来はイタリアのある食べ物だよ。何かな？

教科書　86～95ページ

かきトリ　英語をなぞり、声に出してみましょう。　できたらチェック！　書く　話す

□じゅう医師 a vet

□ゲームクリエイター a game creator

□科学者 a scientist

□サッカー選手 a soccer player

□パイロット a pilot

□先生 a teacher

□マンガ家 a comic book artist

□農家 a farmer

□動物 animals

□絵をかくこと drawing pictures

□サッカー soccer

□理科 science

ヒント

a game creator の creator は「作る人」という意味だよ。

□わたしはパティシエになりたいです。 I want to be a pastry chef.

□わたしはあまいお菓子が好きなのです。 I like sweets.

▶読み方が分からないときは、左のページにもどって音声を聞いてみましょう。

やりトリ　自分が好きなもの[こと]を伝える文を書いて、声に出してみましょう。　できたらチェック！　書く　話す

I like ＿＿＿＿＿＿＿＿.

つたえるコツ

「自分の好きなもの(こと)」をはっきりと大きく言うと、相手によく伝わるよ。

▶あてはめる英語は、左のページや付録の小冊子、教科書や辞書などから探してみましょう。

練習ができたら、次はだれかに伝えてみよう！

ぴったりクイズの答え　パスタの一種、マカロニだよ。マカロンはイタリア発祥だという説もあるんだ。

Lesson 7 My Dream

教科書 86～95 ページ　答え 13 ページ

1 音声を聞き、内容に合う絵を下の㋐～㋓から選び、(　　)に記号を書きましょう。
トラック155

技能　1問10点(20点)

㋐ 
㋑ 
㋒ 
㋓ 

(1) (　　　　)　(2) (　　　　)

2 音声を聞き、それぞれの人物のなりたいものと好きな教科を選び、(　　)に記号を書きましょう。
 トラック156

技能　1問完答10点(30点)

(1) (　　　　) (　　　　)

(2) (　　　　) (　　　　)

(3) (　　　　) (　　　　)

㋐ 
㋑ 
㋒ 
㋓ 

㋔ 
㋕ 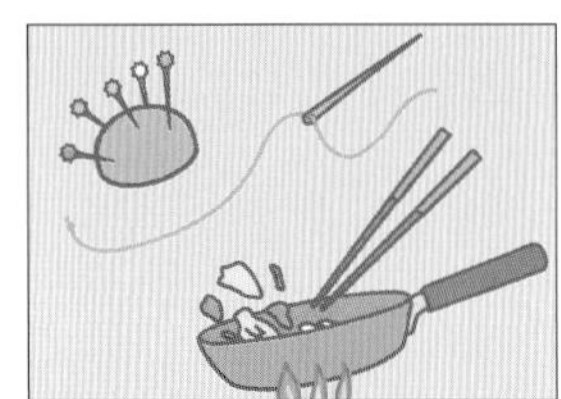
㋖ 

㋗ 

ふりかえり　**1**が分からないときは、82ページにもどって確認(かくにん)しよう。

3 日本文の意味を表す英語の文になるように、□の中から語句を選んで□に書き、全体をなぞりましょう。２回使う語句もあります。文の最初の文字は大文字で書きましょう。

1つ5点(20点)

(1) あなたは何になりたいですか。

______ do you ______ ?

(2) ((1)に答えて)わたしは消防士になりたいです。

I ______ a ______ .

what　where　want to be　want to go
firefighter　flight attendant

4 男の子が(1)なりたいものと(2)それになりたい理由を伝えています。絵の内容に合うように、□の中から正しい語句を選んで□に書き、全体をなぞりましょう。

思考・判断・表現　1問完答15点(30点)

(1) I ______ ______ .

(2) I ______ ______ .

want to be　want to see　an actor　a vet
like　see　animals　flowers

ぴったり1 準備

3分でまとめ

Lesson 8 My Junior High School Life ①

学習日　　月　　日

めあて
自分が入りたい部を伝えることができる。

教科書 96〜105ページ

自分が入りたい部の伝え方

ききトリ 音声を聞き、声に出してみましょう。　トラック157〜158

アイ ワ(ー)ント トゥー ヂョイン ザ サ(ー)カァ ティーム
I want to join the soccer team.
わたしはサッカー部に入りたいです。

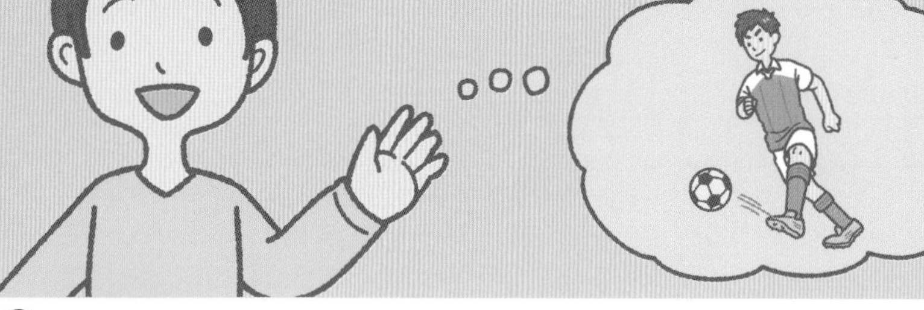

せつめい つたえる I want to join ～.で、「わたしは～に入りたいです。」と伝えることができます。「～」には、自分が入りたい部を表す英語が入ります。

ききトリ 音声を聞き、英語の言葉を言いかえて、文を読んでみましょう。　トラック159〜160

I want to join the soccer team.

いいかえよう　部を表す英語

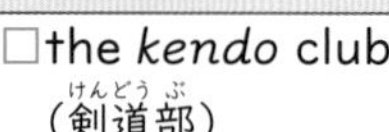

□the track and field team（陸上競技部）	□the *kendo* club（剣道部）	□the baseball team（野球部）	□the tennis team（テニス部）

□the basketball team（バスケットボール部）	□the *judo* club（柔道部）	□the volleyball team（バレーボール部）	□the badminton team（バドミントン部）
□the table tennis team（卓球部）	□the brass band（吹奏楽部）	□the chorus（合唱部）	□the science club（科学部）
	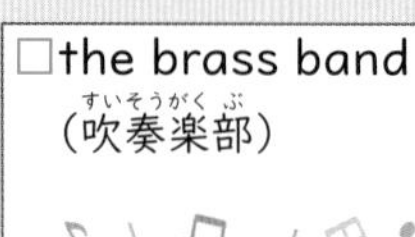		
□the swimming team（水泳部）	□the drama club（演劇部）	□the art club（美術部）	□the English club（英語部）

ワンポイント
joinは「参加する」や、「入る」という意味だよ。

これを知ったらワンダフル！
スポーツ系の部はclubではなくてteam（チーム）と言うことが多いよ。

小冊子のp.20〜21で、もっと言葉や表現を学ぼう！

ぴったり2

練習

学習日　月　日

?ぴったりクイズ　答えはこのページの下にあるよ！

白黒のサッカーボールが最初に作られたのは、どこの国かな？
① 日本　② ブラジル　③ イタリア

教科書　96〜105ページ

かきトリ　英語をなぞり、声に出してみましょう。

できたらチェック！　書く　話す

□陸上競技部
the track and field team

□野球部
the baseball team

□合唱部
the chorus

□剣道部
the kendo club

□テニス部
the tennis team

□卓球部
the table tennis team

□吹奏楽部
the brass band

□科学部
the science club

□わたしはサッカー部に入りたいです。
I want to join the soccer team.

ヒント
baseball の base は野球で使われる４つのベースのことだよ。

▶読み方が分からないときは、左のページにもどって音声を聞いてみましょう。

やりトリ　自分が入りたい部を伝える文を完成させて、声に出してみましょう。

できたらチェック！　書く　話す

I want to join ______.

つたえるコツ
wantは小さめで、joinと「自分が入りたい部」をはっきりと大きく言うと、相手によく伝わるよ。

▶あてはめる英語は、左のページや付録の小冊子、教科書や辞書などから探してみましょう。

練習ができたら、次はだれかに伝えてみよう！

ぴったりクイズの答え　①　最初は茶色だったんだけど、白黒のテレビでは見えにくかったので、日本のメーカーが1966年に白黒のボールを初めて作って、それが世界中で使われるようになったんだよ。

Lesson 8 My Junior High School Life ②

学習日　　月　　日

めあて
相手が中学校でしたいことをたずねたり、自分が中学校で勉強したいこと(教科など)を答えたりすることができる。

相手が中学校でしたいことのたずね方 / 自分が中学校で勉強したいこと(教科など)の答え方

ききトリ 音声を聞き、声に出してみましょう。 トラック161～162

(フ)ワット ドゥ ユー ワ(ー)ント トゥー ドゥー
What do you want to do?
あなたは何をしたいですか。

アイ ワ(ー)ント トゥー スタディ イングリッシ
I want to study English.
わたしは英語を勉強したいです。

せつめい

たずねる What do you want to do?で、「あなたは何をしたいですか。」と相手のしたいことをたずねることができます。

こたえる I want to study ～.で「私は～を勉強したいです。」と答えることができます。「～」には、自分の勉強したいこと(教科など)を表す言葉が入ります。

ききトリ 音声を聞き、英語の言葉を言いかえて、文を読んでみましょう。 トラック163～164

What do you want to do?

I want to study English.

いいかえよう 教科を表す英語

□math(数学)	□Japanese(国語)	□science(理科)	□social studies(社会)
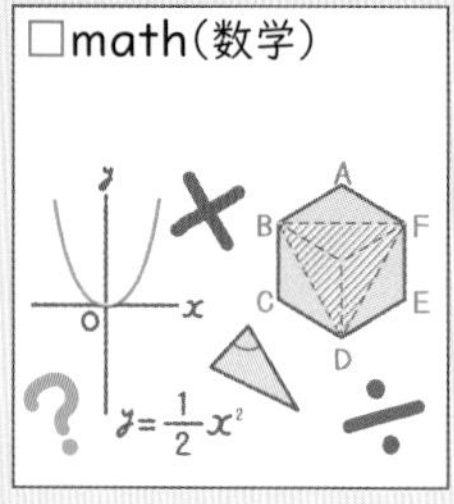			 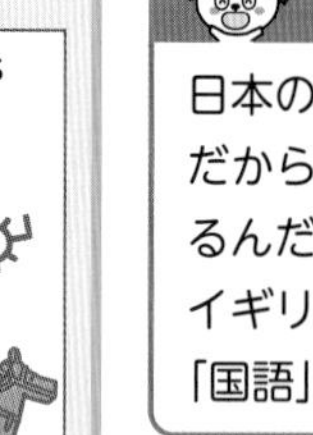
□music(音楽)	□P.E.(体育)	□industrial arts(技術)	□art(美術)
	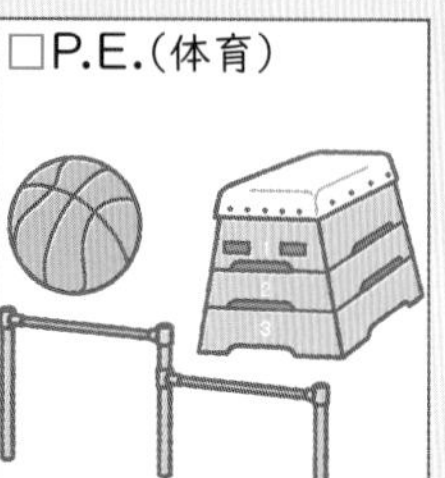	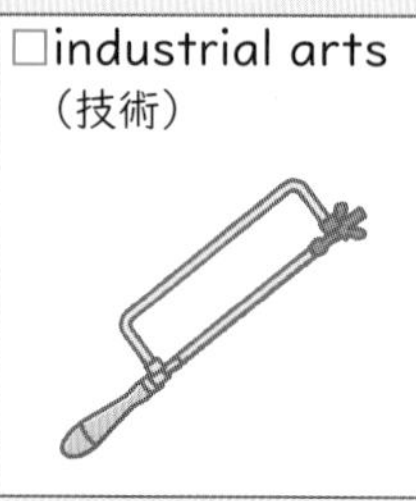	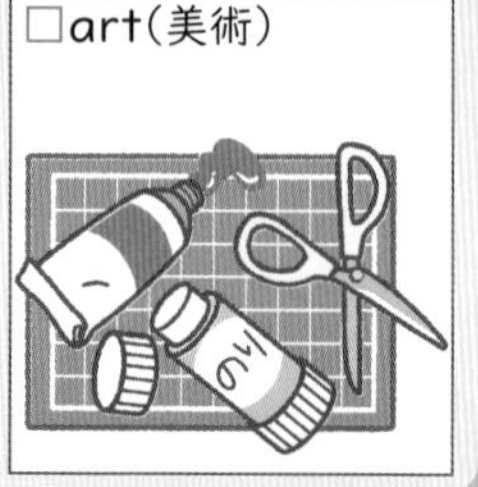

ワンポイント
日本の「国語」は日本語だからJapaneseになるんだよ。アメリカやイギリスなどは英語が「国語」になるよ。

これを知ったらワンダフル!
P.E.はphysical educationを略したものだよ。それぞれの単語の最初の文字を取ったんだ。physicalは「体の」という意味で、educationは「教育」という意味だよ。

小冊子のp.24～25で、もっと言葉や表現を学ぼう！

ぴったり2

練習

学習日　月　日

ぴったりクイズ　答えはこのページの下にあるよ！

中学校によっては技術の授業で、ブロックで建築物や町を作るパソコンゲームを取り入れているけれど、何を勉強するのかな？

① プログラミング　② デザイン力　③ 創造性

教科書　96～105ページ

かきトリ　英語をなぞり、声に出してみましょう。

できたらチェック！　書く　話す

□数学 math

□国語 Japanese

□理科 science

□技術 industrial arts

ヒント

"P.E."はアルファベットの間のピリオド(.)をつけるのを忘れないように注意しよう。

□社会 social studies

□音楽 music

□体育 P.E.

□美術 art

□あなたは何をしたいですか。

What do you want to do?

□わたしは英語を勉強したいです。

I want to study English.

▶読み方が分からないときは、左のページにもどって音声を聞いてみましょう。

やりトリ　自分が中学校で勉強したい教科を答える文を完成させて、声に出してみましょう。

できたらチェック！　書く　話す

What do you want to do?

I want to study ＿＿＿＿＿＿＿＿.

つたえるコツ

「自分の勉強したい教科」をはっきりと大きく言うと、相手によく伝わるよ。

▶あてはめる英語は、左のページや付録の小冊子、教科書や辞書などから探してみましょう。

答える練習ができたら、次はだれかに質問してみよう！

ぴったりクイズの答え　全部だよ。ブロックを使って自分だけの建物や地形を作ることで、いろいろなことが学べるんだ。

Lesson 8 My Junior High School Life ③

学習日　　月　　日

めあて
自分ができることを伝え、相手がどうかをたずねることができる。

教科書　96～105ページ

自分ができることの伝え方 / 相手がどうかのたずね方

ききトリ　音声を聞き、声に出してみましょう。　トラック165～166

アイ キャン ドゥロー ピクチャズ ウェル
I can draw pictures well.
わたしは絵を上手にかくことができます。

ハウ アバウト ユー
How about you?
あなたはどうですか。

せつめい

つたえる　I can ～.で、「わたしは～することができます。」と伝えることができます。「～」には、自分ができる動作を表す言葉が入ります。

たずねる　How about you?で、「あなたはどうですか。」と相手がどうかをたずねることができます。

ききトリ　音声を聞き、英語の言葉を言いかえて、文を読んでみましょう。　トラック167～168

I can **draw pictures well**.

いいかえよう　動作を表す英語

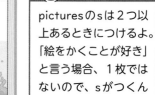

ワンポイント
picturesのsは2つ以上あるときにつけるよ。「絵をかくことが好き」と言う場合、1枚ではないので、sがつくんだね。

doは「～をする」という意味だよ。

How about you?

ぴったり2 練習

学習日　　月　　日

ぴったりクイズ 答えはこのページの下にあるよ！

フランスの多くの画家がえいきょうを受けた日本の絵画は何？

① 水墨画（すいぼくが）　② 浮世絵（うきよえ）　③ ふすま絵

教科書 96〜105 ページ

かきトリ 英語をなぞり、声に出してみましょう。　できたらチェック！ 書く 話す

□上手に歌う
sing well

□剣道をする
do kendo

□速く走る
run fast

□速く泳ぐ
swim fast

□野球を上手にする
play baseball well

□サッカーを上手にする
play soccer well

□将棋を上手にさす
play shogi well

□ピアノを上手にひく
play the piano well

ヒント
picture は「写真」という意味でもよく使われるよ。

□わたしは絵を上手にかくことができます。
I can draw pictures well.

□あなたはどうですか。
How about you?

▶読み方が分からないときは、左のページにもどって音声を聞いてみましょう。

やりトリ 自分ができることを伝える文を完成させて、声に出してみましょう。　できたらチェック！ 書く 話す

I can ______________.

つたえるコツ
I canは小さく言って、そのあとの自分ができることを表す言葉を大きくはっきり言おう。

▶あてはめる英語は、左のページや付録の小冊子（しょうさっし）、教科書や辞書などから探（さが）してみましょう。

伝える練習ができたら、次はだれかに「あなたはどうですか。」と英語で質問してみよう！

ぴったりクイズの答え ② クロード・モネやゴッホなど、多くの有名な画家が浮世絵のえいきょうを受けたよ。

Lesson 8 My Junior High School Life

教科書 96〜105ページ　答え 14ページ

1 音声を聞き、内容に合う絵を下の㋐〜㋓から選び、(　　)に記号を書きましょう。

トラック169

技能　1問10点(20点)

㋐ 

㋑ 

㋒ 

㋓ 

(1) (　　　　)　(2) (　　　　)

2 音声を聞き、それぞれの人物の勉強したい教科とその理由となっているものを選び、(　　)に記号を書きましょう。

トラック170

技能　1問完答10点(30点)

(1) (　　　　)(　　　　)

(2) (　　　　)(　　　　)

(3) (　　　　)(　　　　)

㋐ 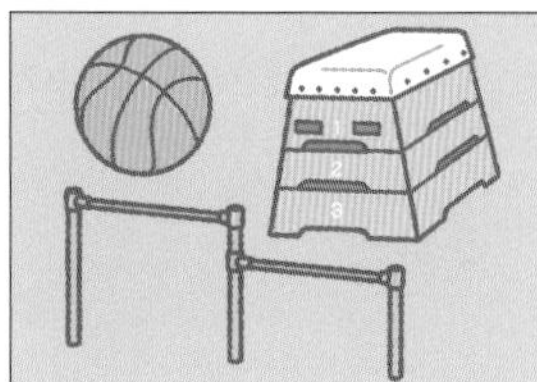

㋑ 

㋒ 

㋓ 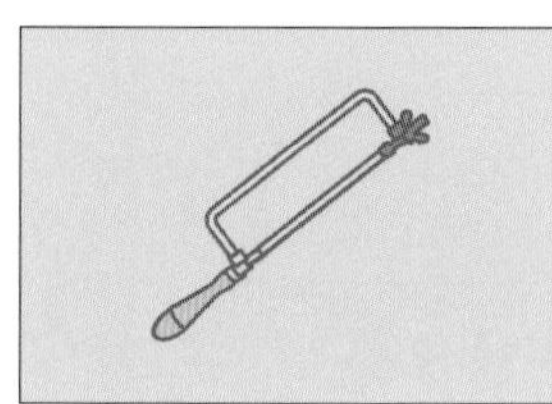

㋔ 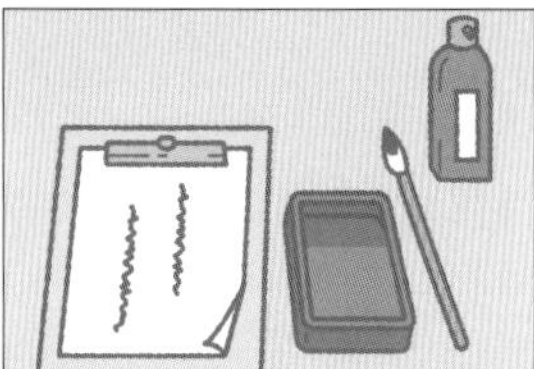

㋕ 

㋖ 

㋗ 

ふりかえり　❶が分からないときは、88ページにもどって確認しよう。

3 日本文の意味を表す英語の文になるように、[ ]の中から語句を選んで[ ]に書き、全体をなぞりましょう。２回使う語もあります。

1つ4点(20点)

(1) わたしは理科を勉強したいです。

I want to ＿＿＿＿ ＿＿＿＿.

(2) わたしは理科が大好きです。

I ＿＿＿＿ ＿＿＿＿ very much.

(3) あなたはどうですか。

How ＿＿＿＿?

like　study　enjoy　math　science
industrial arts　are you　about you

4 女の子が英語で、自分ができることと中学校でしたいことやがんばりたいことを発表します。日本語のメモを見て、[ ]の中から正しい語句を選んで[ ]に書き、全体をなぞりましょう。

思考・判断・表現　1問10点(30点)

・絵を上手にかける
・美術部に入りたい
・美術の勉強を一生懸命(いっしょうけんめい)にしたい

(1) I can ＿＿＿＿ well.

(2) I want to ＿＿＿＿.

(3) I want to ＿＿＿＿ hard.

play tennis　draw pictures　play the piano　join the art club
join the tennis team　study music　study art　study English

この本の終わりにある「春のチャレンジテスト」をやってみよう！

この本の終わりにある「学力診断(しんだん)テスト」をやってみよう！

学習日　　月　　日

パズルにチャレンジ！

1 絵に合う英語を３つ見つけて○でかこみましょう。

s	l	r	e	p	y	s	k
z	f	u	q	m	l	a	s
b	a	n	e	b	a	l	x
t	v	y	w	d	e	a	c
g	b	m	z	r	i	d	t
u	s	o	c	c	e	r	a

2 絵に合う英語になるように、□にアルファベットを書きましょう。

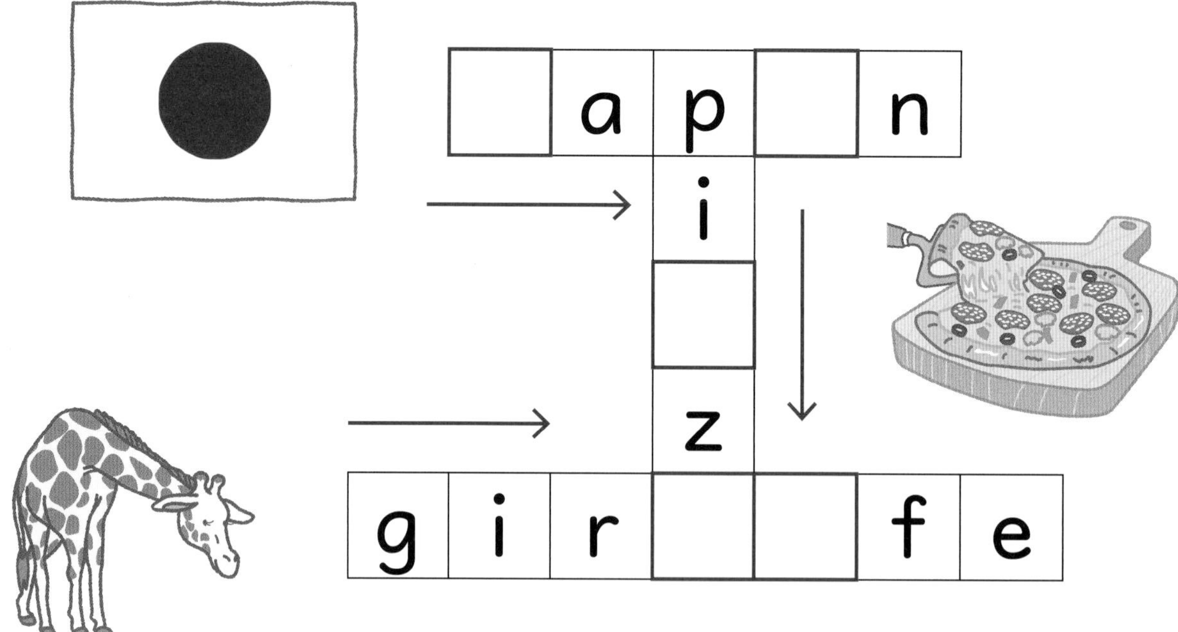

【こたえ】

1 soccer / salad / run

2 Japan / pizza / giraffe

スピーキングにチャレンジ

このマークがあるページで、アプリを使うよ！

はじめに

- この章は、ふろくの専用アプリ「ぴたトレスピーキング」を使用して学習します。
  以下のストアから「ぴたトレスピーキング」と検索、ダウンロードしてください。

- 学習する学年をえらんだら、以下のアクセスコードを入力してご利用ください。

675　※このアクセスコードは学年によって異なります。

- くわしい使い方は、アプリの中の「このアプリについて」をご確認ください。

アプリのせつめい

- このアプリでは、英語を話す練習ができます。
- 会話のときは、役になりきって、じっさいの会話のようにターンごとに練習することができます。
- スコアは「発音」「よくよう（アクセント）」をもとに判定されます。

スピーキング紙面のせつめい

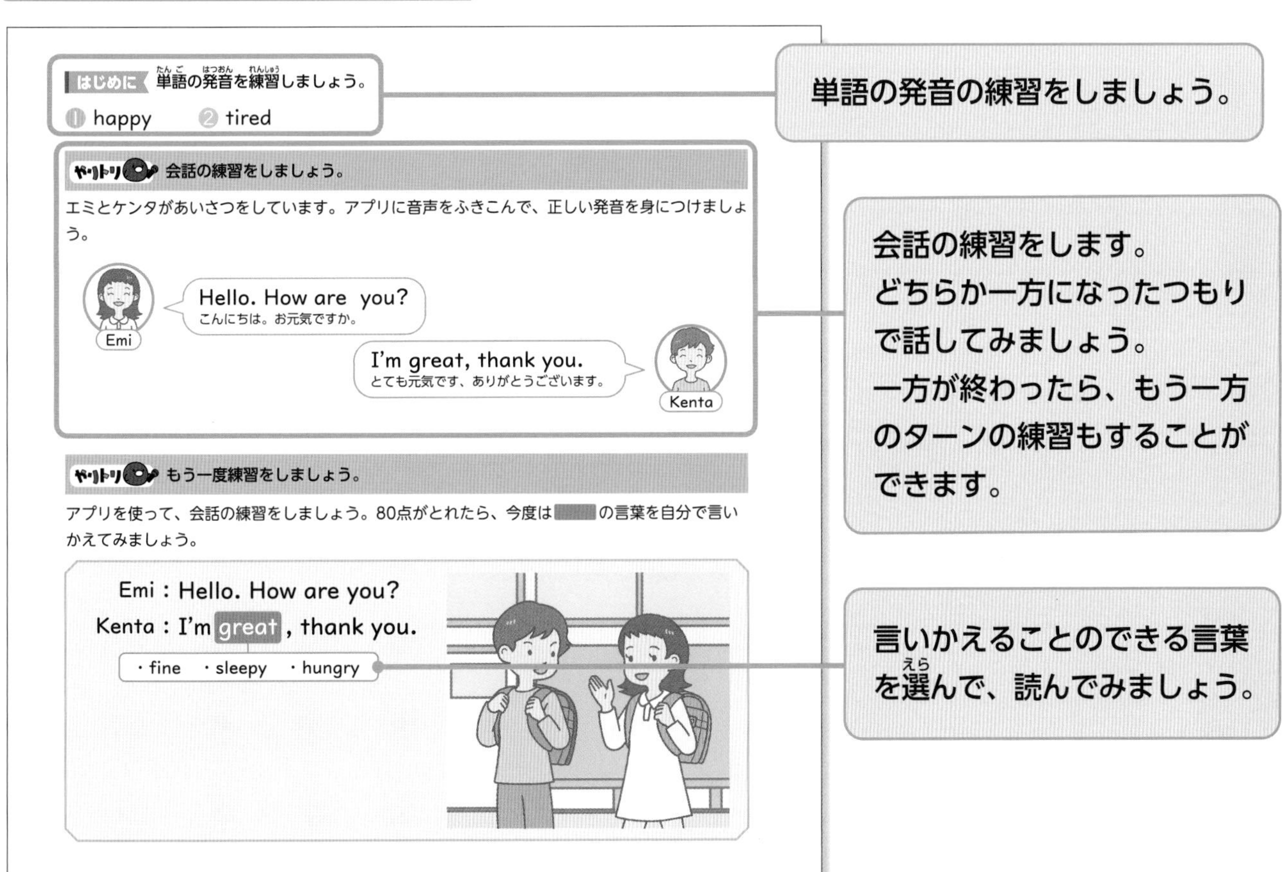

学習日　月　日

第1回　自分の大切なものについて言う

スピーキングアプリ

はじめに 単語の発音を練習しましょう。

1 fox　　2 xylophone　　3 box

ヤリトリ 会話の練習をしましょう。

エミとケンタがおたがいの宝物について話しています。アプリに音声をふきこんで、正しい発音を身につけましょう。

What is your treasure?
あなたの宝物はなんですか。

My treasure is this glove.
It's from my mother.
わたしの宝物はこのグローブです。わたしのお母さんからのものです。

I see. Are you good at playing baseball?
なるほど。あなたは野球をするのが得意ですか。

Yes, I am.
はい、そうです。

ヤリトリ 発表の練習をしましょう。

教室で行われている発表について、エミになったつもりでアプリを使って練習してみましょう。
80点がとれたら、今度は■■■の言葉を自分で言いかえてみましょう。

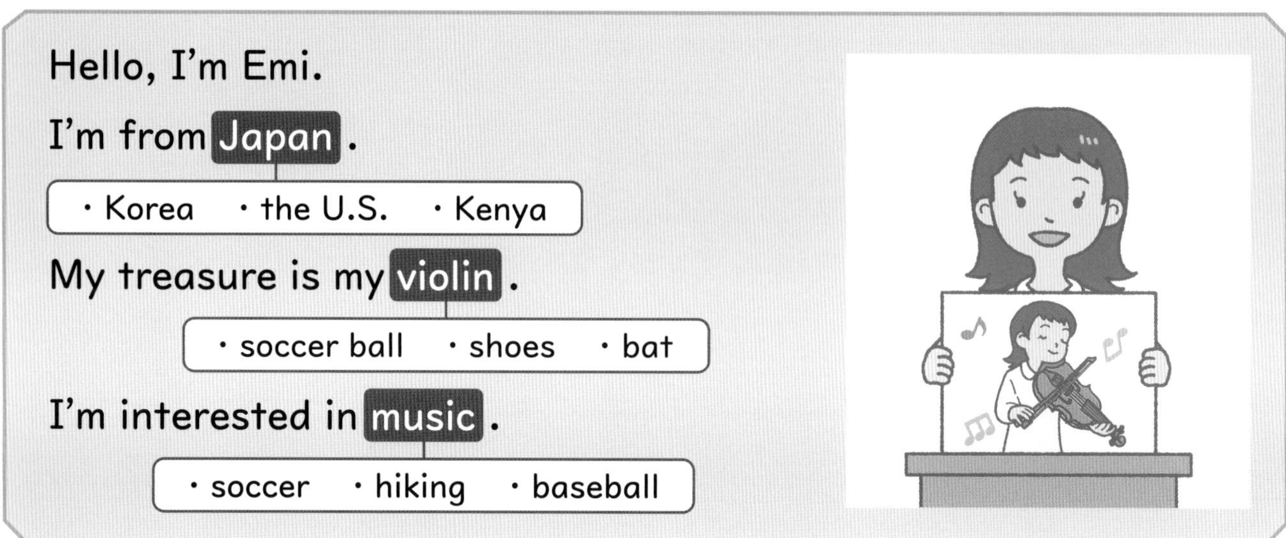

Hello, I'm Emi.
I'm from Japan.
・Korea　・the U.S.　・Kenya
My treasure is my violin.
・soccer ball　・shoes　・bat
I'm interested in music.
・soccer　・hiking　・baseball

学習日　　月　　日

第2回 毎日の日課について言う

はじめに 単語の発音を練習しましょう。

1 cards　2 desks　3 boxes　4 special

やりトリ 会話の練習をしましょう。

エミとケンタがいつもの日課について話しています。アプリに音声をふきこんで、正しい発音を身につけましょう。

Emi: What time do you usually go to bed?
あなたはふだん何時にねますか。

Kenta: I usually go to bed at 9:00.
What do you do at 5:00?
わたしはふだん9時にねます。あなたは5時に何をしますか。

Emi: I usually walk my dog.
わたしはたいていイヌを散歩させます。

Kenta: Oh, that's good.
わあ、それはいいですね。

やりトリ 発表の練習をしましょう。

教室で行われている発表について、エミになったつもりでアプリを使って練習してみましょう。80点がとれたら、今度は■の言葉を自分で言いかえてみましょう。

This is my daily schedule.

I always get up at **seven**.

・six　・seven thirty　・eight

I usually play tennis at **three**.

・one thirty　・five　・six

I **sometimes** go to bed at 9:30 p.m.

・always　・usually　・never

7:00　起きる
3:00　テニスをする
10:00　ねる
たまに　9:30にねる

学習日　　月　　日

第3回 過去にしたこととその感想を伝える

はじめに 単語の発音を練習しましょう。

1. favorite
2. enjoyed
3. watched

やりトリ 会話の練習をしましょう。

エミとケンタが週末したことについて話しています。アプリに音声をふきこんで、正しい発音を身につけましょう。

How was your weekend?
週末はどうでしたか。

It was great. I went to the beach.
とてもよかったです。わたしはビーチにいきました。

Sounds good!
いいですね！

I enjoyed swimming.
泳ぐのを楽しみました。

やりトリ 発表の練習をしましょう。

教室で行われている発表について、エミになったつもりでアプリを使って練習してみましょう。80点がとれたら、今度は■の言葉を自分で言いかえてみましょう。

I went to the **park** with my friends.

・restaurant　・department store　・aquarium

I **ate *takoyaki*** there.

・ate curry and rice　・enjoyed shopping　・saw fish

It was fun.

学習日　　月　　日

第4回 行きたい国とその理由を伝える

はじめに　単語の発音を練習しましょう。

① cool　② interesting　③ visit

やりトリ　会話の練習をしましょう。

エミとケンタが行きたい場所について話しています。アプリに音声をふきこんで、正しい発音を身につけましょう。

Where do you want to go?
あなたはどこにいきたいですか。

I want to go to Spain.
わたしはスペインに行きたいです。

Why?
なぜですか。

I can see soccer games.
わたしはサッカーの試合を見ることができます。

やりトリ　発表の練習をしましょう。

教室で行われている発表について、エミになったつもりでアプリを使って練習してみましょう。
80点がとれたら、今度は▀▀▀の言葉を自分で言いかえてみましょう。

Let's go to **the U.S.**

・Australia　・Brazil　・France

You can visit **the statue of liberty**.

・the Sydney Opera House　・the Rio Carnival　・museums

It's **beautiful**.

・amazing　・exciting　・great

第5回

生き物について伝える

学習日　　月　　日

はじめに 単語の発音を練習しましょう。

1 whale　　2 owl　　3 ant

やりトリ 会話の練習をしましょう。

エミとケンタがライオンについて話しています。アプリに音声をふきこんで、正しい発音を身につけましょう。

Where do lions live?
ライオンはどこにすんでいますか。

Lions live in savanna.
ライオンはサバンナにすんでいます。

What do lions eat?
ライオンは何を食べますか。

Lions eat zebras.
ライオンはシマウマを食べます。

 発表の練習をしましょう。

教室で行われている発表について、エミになったつもりでアプリを使って練習してみましょう。
80点がとれたら、今度は■■の言葉を自分で言いかえてみましょう。

Bears live
・Polar bears　・Sea turtles　・Elephants

in the forests.
・on the ice　・in the sea　・in savanna

Forest loss is a big problem.
・Global warming　・Plastics　・Hunting

第6回 一番の思い出を伝える

スピーキングアプリ

はじめに 単語の発音を練習しましょう。

1 volunteer　　2 evacuation drill

やりトリ 会話の練習をしましょう。

エミとケンタが学校生活の一番の思い出について話しています。アプリに音声をふきこんで、正しい発音を身につけましょう。

What's your best memory?
あなたの一番の思い出はなんですか。

My best memory is our school trip.
We went to Hokkaido.
We ate delicious seafood.
わたしの一番の思い出は修学旅行です。
わたしたちは北海道に行きました。
わたしたちはおいしい海鮮料理をたべました。

やりトリ 発表の練習をしましょう。

教室で行われている発表について、エミになったつもりでアプリを使って練習してみましょう。
80点がとれたら、今度は■■の言葉を自分で言いかえてみましょう。

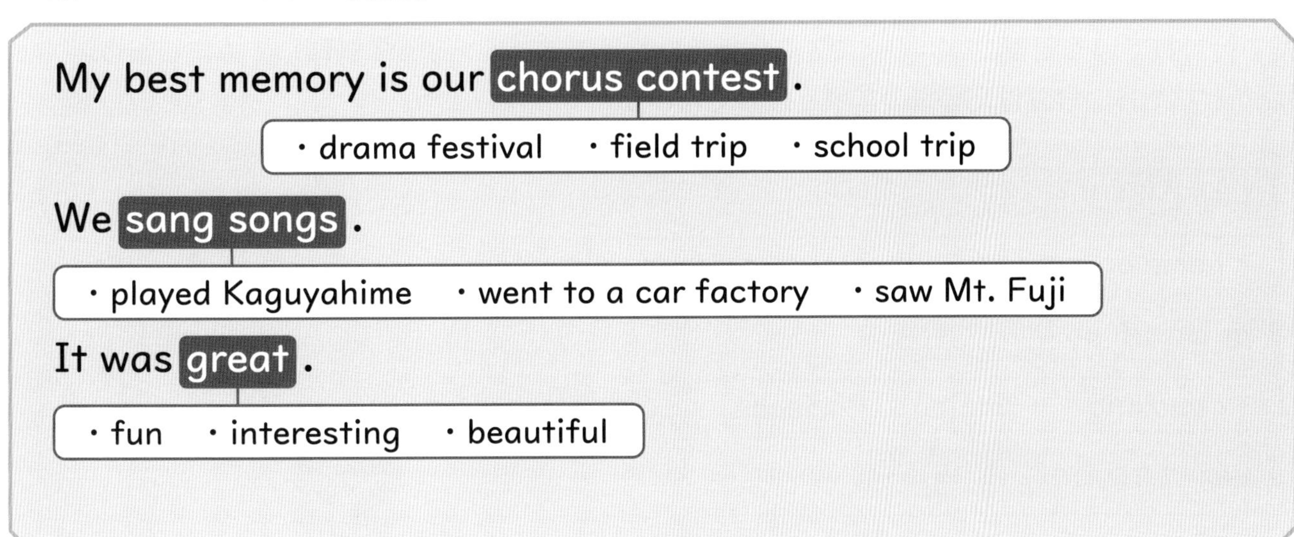

My best memory is our chorus contest .
・drama festival ・field trip ・school trip
We sang songs .
・played Kaguyahime ・went to a car factory ・saw Mt. Fuji
It was great .
・fun ・interesting ・beautiful

学習日　　月　　日

第7回 将来の夢を伝える

スピーキングアプリ

はじめに 単語の発音を練習しましょう。

1 journalist　2 researcher　3 astronaut

やりトリ 会話の練習をしましょう。

エミとケンタが中学で入りたい部活について話しています。アプリに音声をふきこんで、正しい発音を身につけましょう。

Emi: What club do you want to join?
あなたは何の部活にはいりたいですか。

Kenta: I want to join the baseball team.
わたしは野球チームにはいりたいです。

Emi: What do you want to be?
あなたは将来何になりたいですか。

Kenta: I want to be a baseball player.
わたしは野球選手になりたいです。

やりトリ 発表の練習をしましょう。

教室で行われている発表について、エミになったつもりでアプリを使って練習してみましょう。
80点がとれたら、今度はの言葉を自分で言いかえてみましょう。

I like **arts and crafts**.
・home economics　・music　・animals

I'm good at **drawing**.
・cooking　・singing　・science

I want to be **an artist**.
・a chef　・a singer　・a vet

夏のチャレンジテスト

教科書 14〜43ページ

月　日
名前

時間 40分

知識・技能	思考・判断・表現	合格80点
/50	/50	/100

答え 16〜17ページ

知識・技能

1 音声の内容に合う絵を下から選び、(　)に記号を書きましょう。

トラック171　1問4点(8点)

㋐ 日本　㋑ 中国　㋒ シンガポール

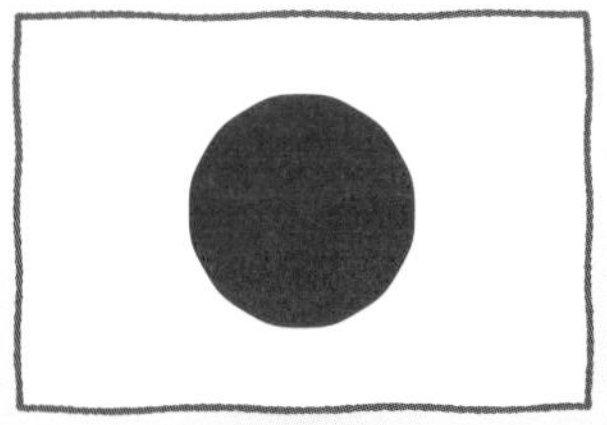

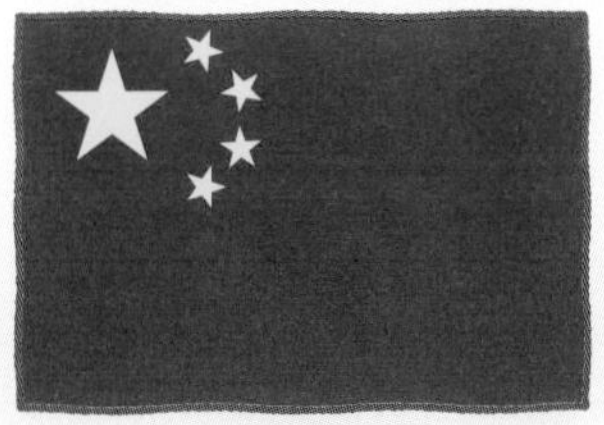

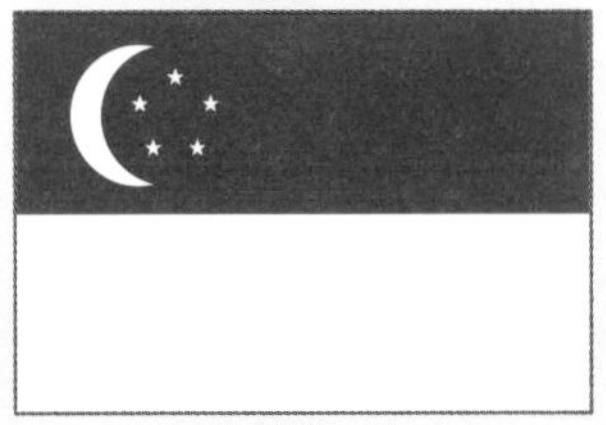

(1)(　　) (2)(　　)

2 会話の内容に合う絵を下から選び、(　)に記号を書きましょう。

トラック172　1問4点(12点)

(1) ㋐ ㋑ 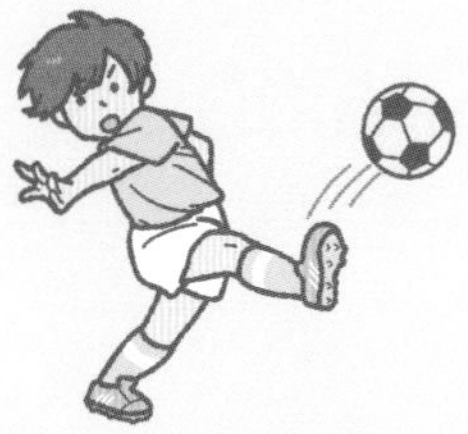 ㋒

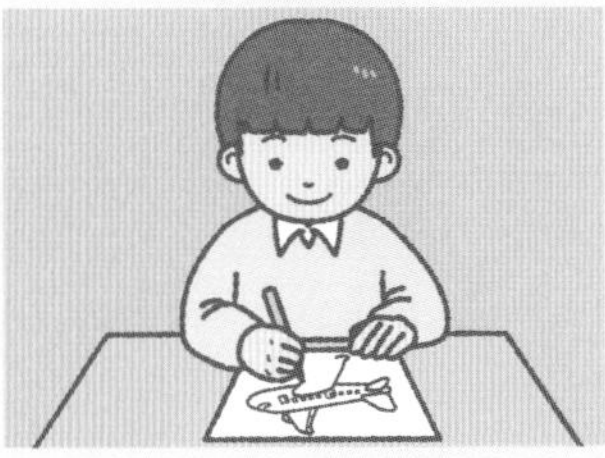

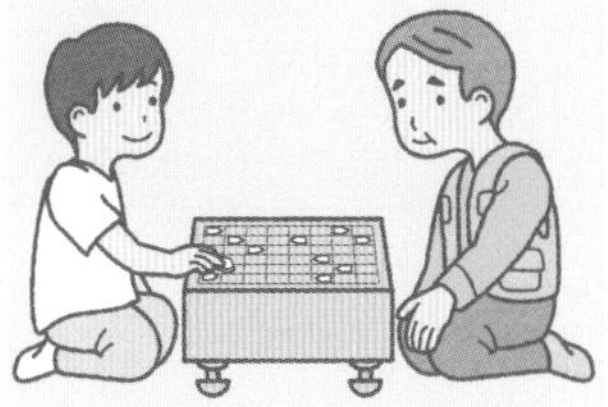

(2) ㋐ 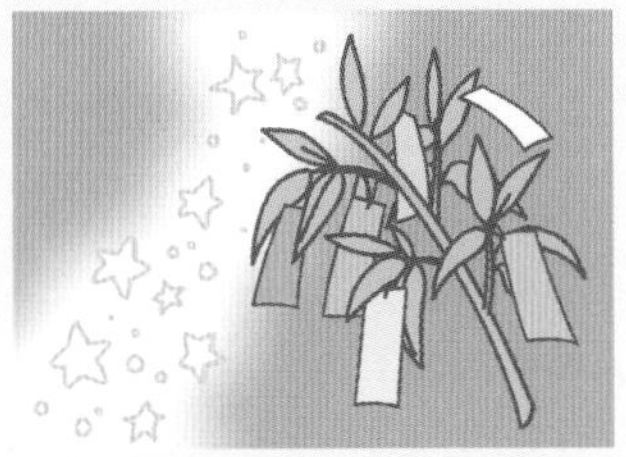 ㋑ 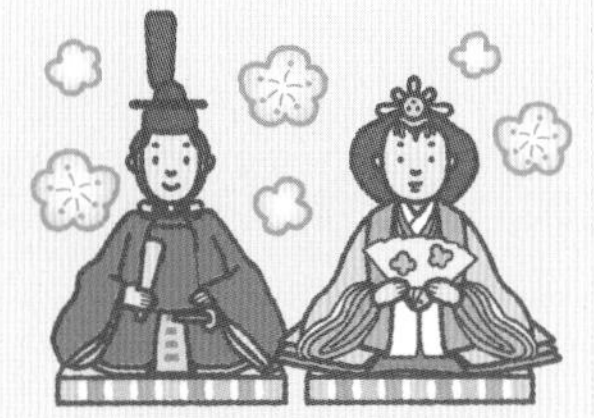 ㋒

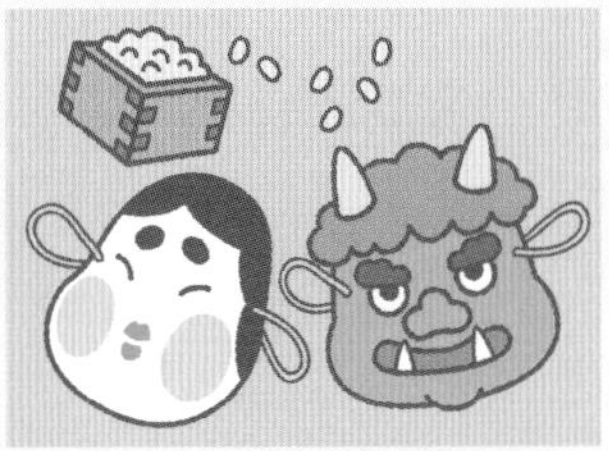

(3) ㋐ 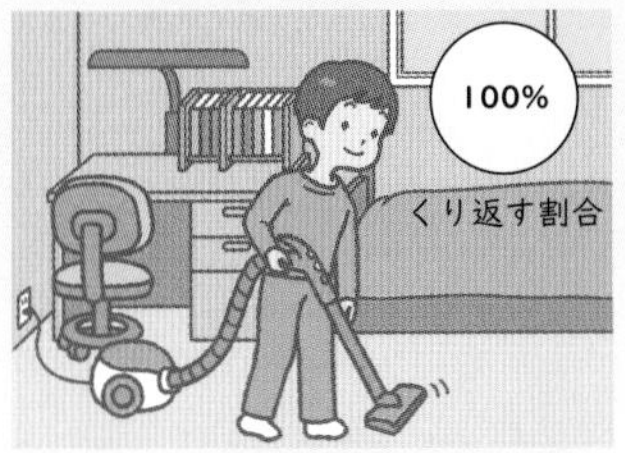 100% くり返す割合　㋑ 50% くり返す割合　㋒ 80% くり返す割合

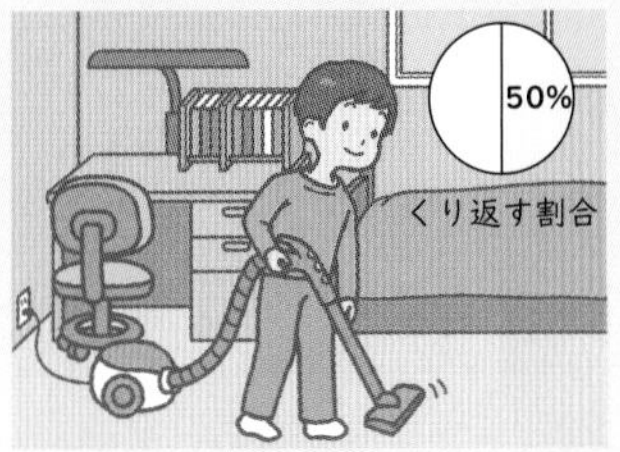

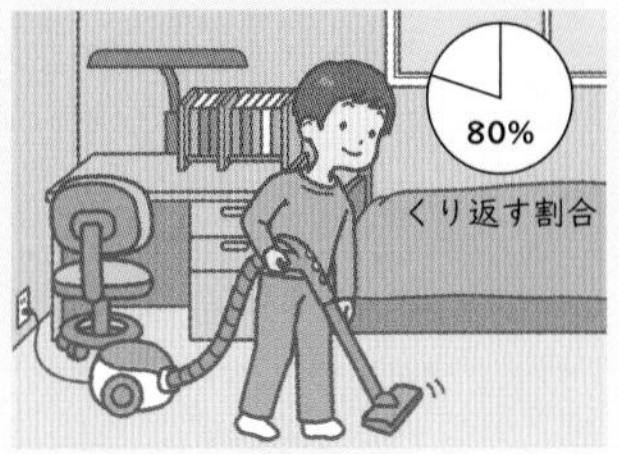

(1)(　　) (2)(　　) (3)(　　)

思考・判断・表現

3 音声の内容に合う絵をそれぞれ結びましょう。 トラック173　1問完答で5点(15点)

4 音声の内容に合うように(　)に日本語を書きましょう。

トラック174　1問5点(10点)

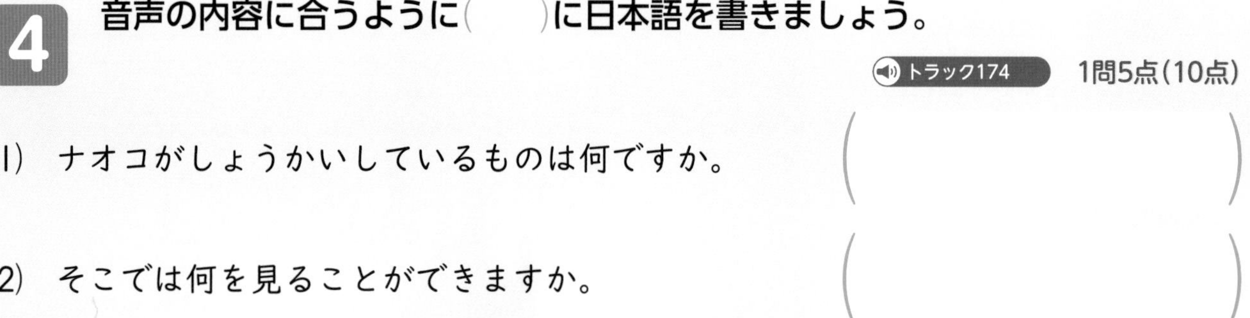

(1) ナオコがしょうかいしているものは何ですか。 (　　　　)

(2) そこでは何を見ることができますか。 (　　　　)

うらにも問題があります。

知識・技能

5 イラストの内容に合うことばを□の中から選び、□に書きましょう。

1問5点(15点)

(1) よい、りっぱな

(2) 

おいしい

(3) 

甘(あま)い

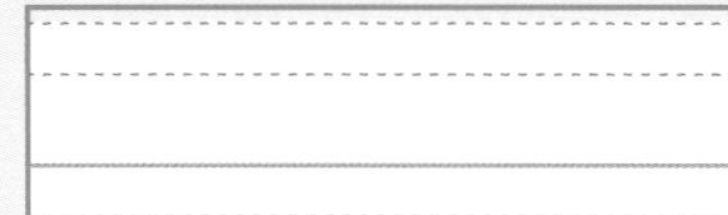

delicious　nice　sweet

6 日本文に合うように、グレーの部分はなぞり、□の中からことばを選び、□に書きましょう。

1問5点(15点)

(1) わたしはアメリカ出身です。

I'm ＿＿＿ the U.S.A.

(2) 日本にはたくさんのうどん店があります。

We ＿＿＿ many udon restaurants in Japan.

(3) わたしは、たいてい6時に起きます。

I ＿＿＿ get up at 6:00.

usually　have　from

思考・判断・表現

7 絵に合わせて、質問に答えましょう。グレーの部分はなぞり、□の中から正しいことばを選んで□に書きましょう。

1問5点(15点)

(1) Can you play the violin?

＿＿＿

(2) Do you like video games?

＿＿＿

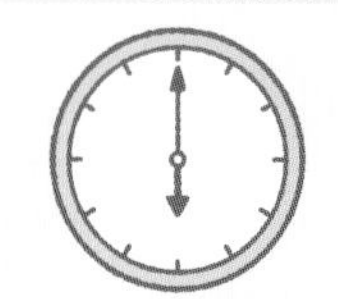

(3) What time do you eat dinner?

I eat dinner ＿＿＿.

Yes, I can.　No, I can't.
Yes, I do.　No, I don't.
at 6:00　at 7:00

8 日本文に合うように、グレーの部分はなぞり、□にことばを入れましょう。文の最初の文字は大文字で書きましょう。

1問5点(10点)※(1)は完答

(1) 日本には、たくさんの美しい浜辺(はまべ)があります。

We ＿＿＿ many beautiful beaches ＿＿＿.

(2) あなたは、新鮮(しんせん)な魚を食べることができます。

＿＿＿ fresh fish.

（切り取り線）

冬のチャレンジテスト

教科書 50〜79ページ

月　日

名前

時間 40分

知識・技能	思考・判断・表現	合格80点
/50	/50	/100

答え 18〜19ページ

知識・技能

1 音声の内容に合う絵を下から選び、(　　)に記号を書きましょう。

トラック175　1問4点(8点)

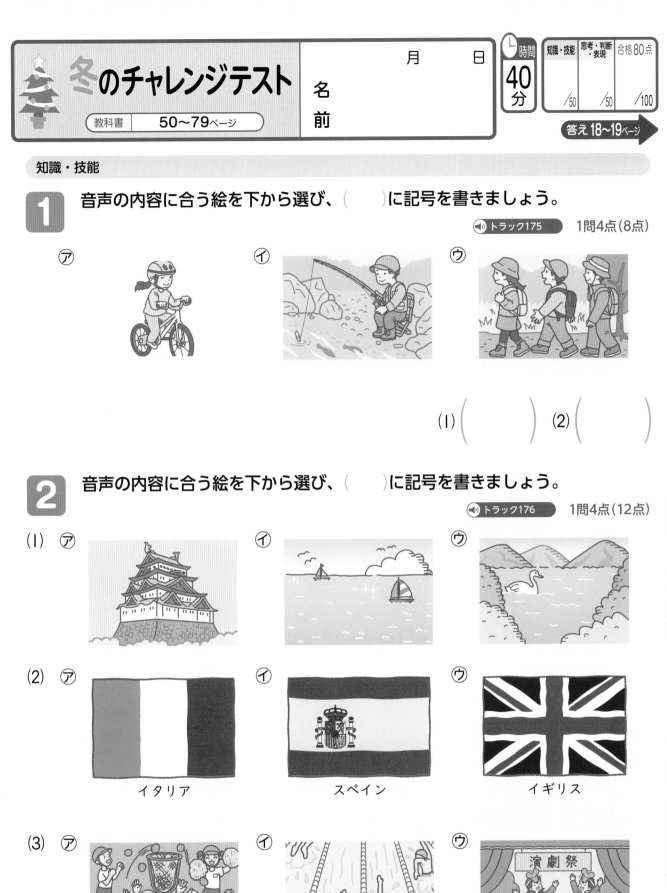

㋐ 　㋑ 　㋒

(1)(　　)　(2)(　　)

2 音声の内容に合う絵を下から選び、(　　)に記号を書きましょう。

トラック176　1問4点(12点)

(1)　㋐ 　㋑ 　㋒

(2)　㋐ 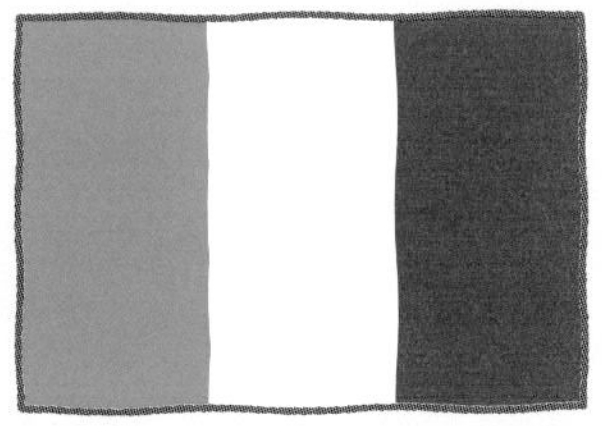　㋑　㋒

イタリア　スペイン　イギリス

(3)　㋐ 　㋑ 　㋒

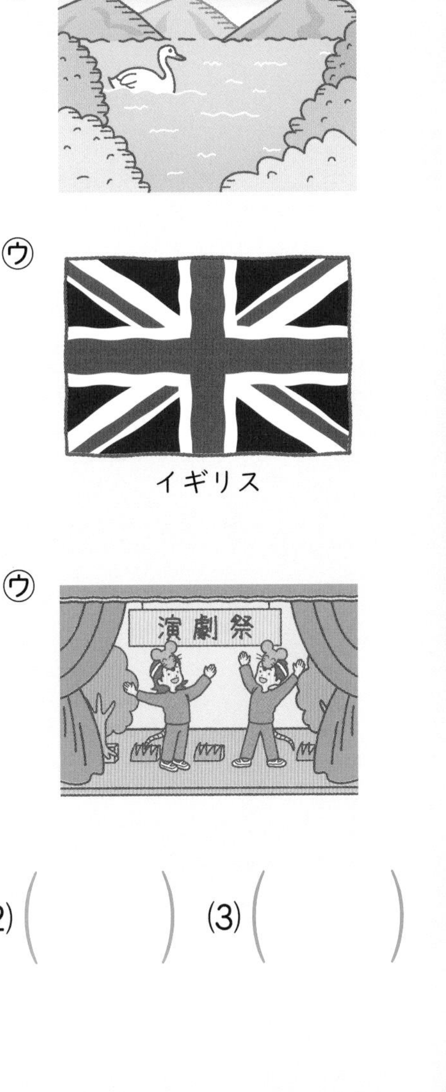

(1)(　　)　(2)(　　)　(3)(　　)

思考・判断・表現

3 音声の内容に合う絵を、下のふきだし内の絵からすべて選んで○で囲みましょう。

トラック177　1つ5点(15点)

4 音声の内容に合うように(　　)に日本語を書きましょう。

トラック178　1問5点(10点)

(1)　マヤのいちばんの思い出は何ですか。　(　　　　)

(2)　マヤは何を楽しみましたか。　(　　　　)

うらにも問題があります。

(切り取り線)

知識・技能

5 イラストの内容に合うことばを［　］の中から選び、［　］に書きましょう。

1問5点（15点）

(1) 

(2) 

(3)

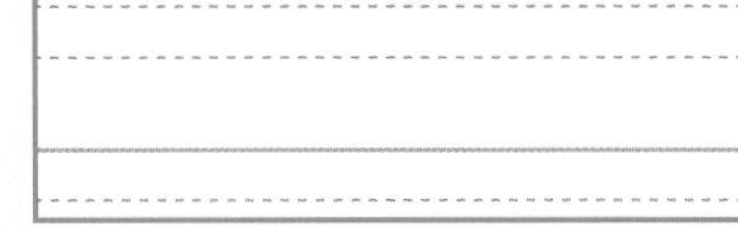

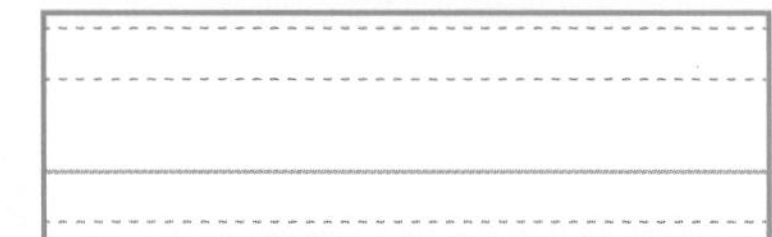

penguin　　pizza　　camping

6 日本文に合うように、グレーの部分はなぞり、［　］の中からことばを選び、［　］に書きましょう。

1問5点（15点）※(3)は完答

(1) わたしは遊園地に行きました。

I ［　　］ to an amusement park.

(2) わたしはジェットコースターに乗ることを楽しみました。

I ［　　］ riding a roller coaster.

(3) それは楽しかったです。

It ［　　］ ［　　］.

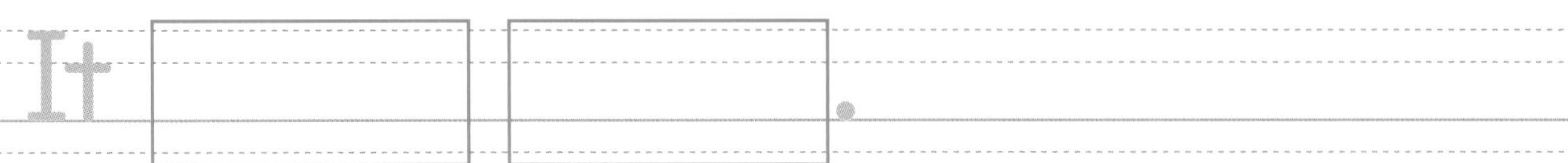

enjoyed　　fun　　went　　was

思考・判断・表現

7 絵に合わせて、質問に答えましょう。グレーの部分はなぞり、［　］の中から正しいことばを選んで［　］に書きましょう。

1問5点（15点）

ブラジル

(1) Where do you want to go?

I want to go to ［　　］.

(2) (1)に続けて　Why?

I want to ［　　］.

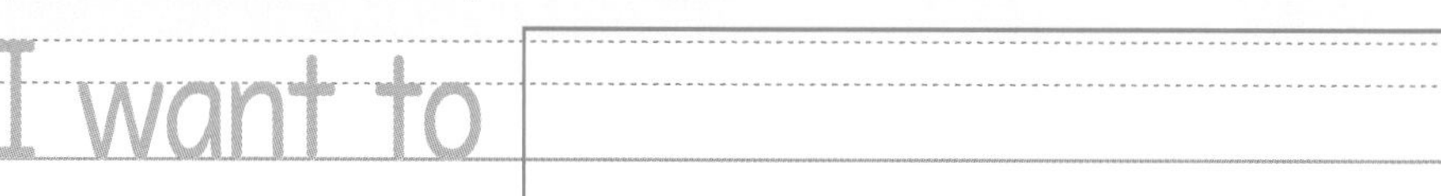

(3) What is your best memory?

My best memory is

［　　］.

Brazil	Egypt
see the castle	see the carnival
the school trip	the music festival

8 日本文に合うように、グレーの部分はなぞり、［　］にことばを入れましょう。文の最初の文字は大文字で書きましょう。

1問5点（10点）

(1) スペインはわくわくする国です。

Spain is an ［　　］ country.

(2) あなたは、新鮮（しんせん）なシーフードを楽しむことができます。

［　　］ fresh seafood.

（切り取り線）

春のチャレンジテスト

教科書 86～105ページ

月　日
名前

時間 40分

知識・技能	思考・判断・表現	合格80点
/50	/50	/100

答え20～21ページ

知識・技能

1 音声の内容に合う絵を下から選び、(　　)に記号を書きましょう。

トラック179　1問4点(8点)

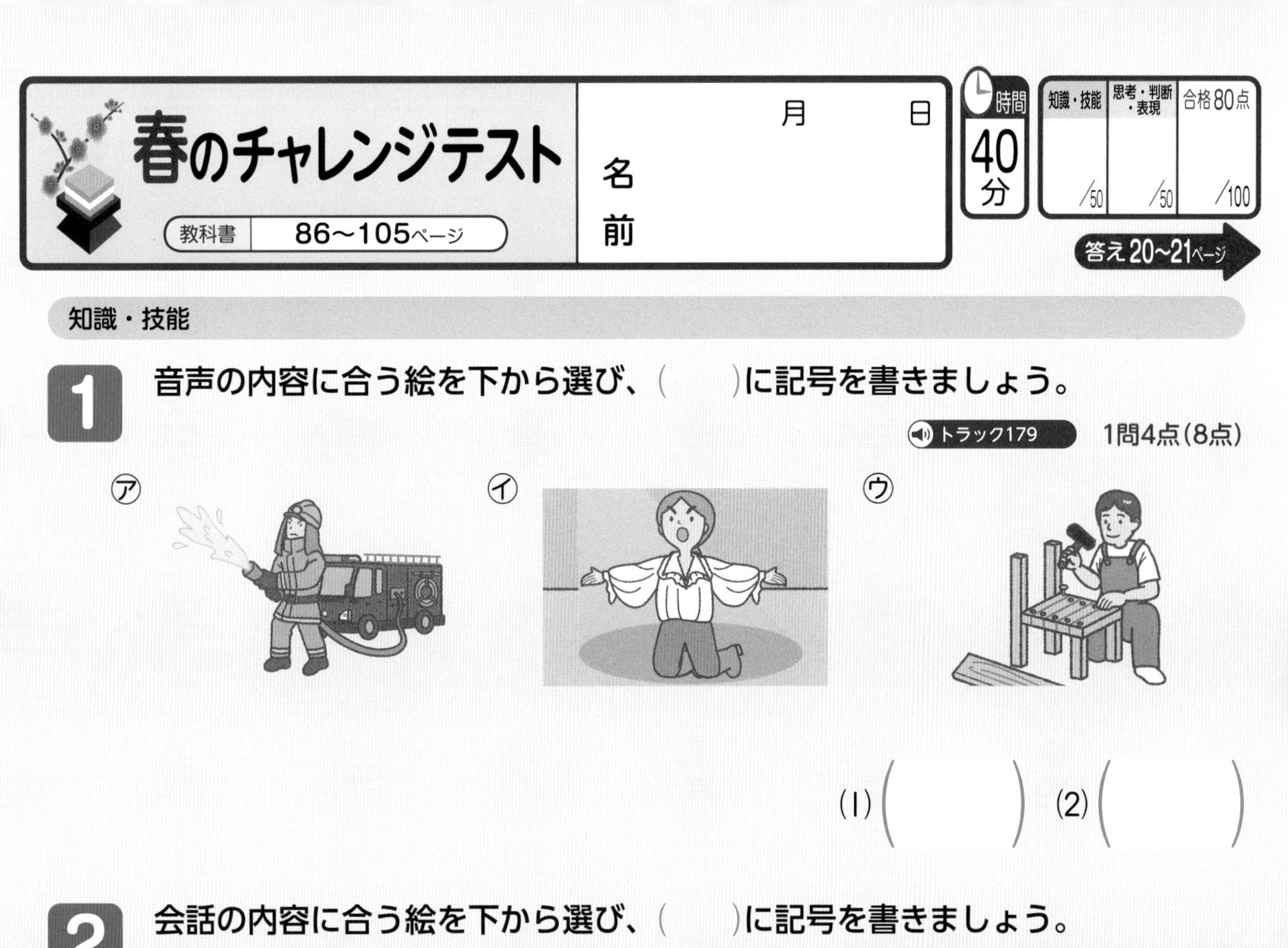

(1)(　　) (2)(　　)

2 会話の内容に合う絵を下から選び、(　　)に記号を書きましょう。

トラック180　1問4点(12点)

(1)(　　) (2)(　　) (3)(　　)

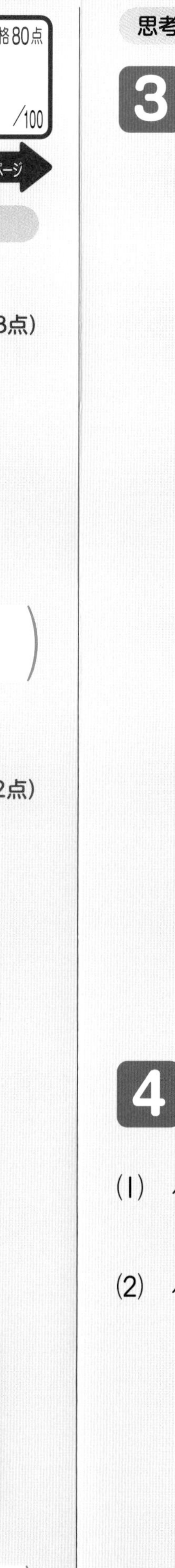

思考・判断・表現

3 音声の内容に合う絵を、下のふきだし内の絵からすべて選んで○で囲みましょう。

トラック181　1つ5点(15点)

4 音声の内容に合うように(　　)に日本語を書きましょう。

トラック182　1問5点(10点)

(1) ハルトは何部に入りたいですか。(　　　　)

(2) ハルトは何の教科を一生懸命(いっしょうけんめい)に勉強したいですか。(　　　　)

うらにも問題があります。

5 イラストの内容に合うことばを［　］の中から選び、［　］に書きましょう。

1問5点（15点）

(1) 

(2) 

(3) 

pilot　　doctor　　smile

6 日本文に合うように、グレーの部分はなぞり、［　］の中からことばを選び、［　］に書きましょう。

1問5点（15点）

(1) あなたは何になりたいですか。

What do you want ＿＿＿＿?

(2) わたしは人々を助けたいです。

I want to ＿＿＿＿ people.

(3) いいですね。

Sounds ＿＿＿＿.

good　　help　　to be

7 絵に合うように、［　］の中から正しいことばを選んで［　］に書き、全体をなぞりましょう。

1問5点（15点）

(1) I want to ＿＿＿＿.

(2) I want to join ＿＿＿＿.

(3) I want to study ＿＿＿＿.

be a teacher　　be a singer
the brass band　　the tennis team
Japanese　　industrial arts

8 日本文に合うように、グレーの部分はなぞり、［　］にことばを入れましょう。文の最初の文字は大文字で書きましょう。

1問5点（10点）

(1) わたしは絵をかくことが得意です。

＿＿＿＿ drawing pictures.

(2) あなたはどうですか。

＿＿＿＿?

（切り取り線）

6年 英語のまとめ 学力診断(しんだん)テスト

月　日
名前

時間 40分

知識・技能	思考・判断・表現	合格80点
/50	/50	/100

答え22～23ページ

知識・技能

1 音声の内容に合う絵を下から選び、(　　)に記号を書きましょう。

トラック183　1問4点(8点)

㋐ 
なし

㋑ 

あり

㋒ 
あり

(1)(　　　)　(2)(　　　)

2 会話の内容に合う絵を下から選び、(　　)に記号を書きましょう。

トラック184　1問4点(12点)

(1) ㋐ 
㋑ 
㋒ 

(2) ㋐ 
㋑ 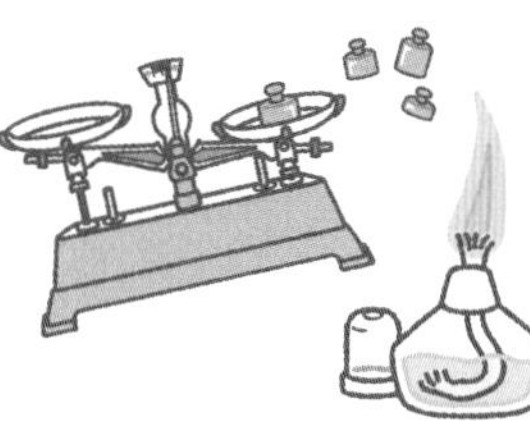
㋒ 

(3) ㋐ 
㋑ 
㋒ 

(1)(　　　)　(2)(　　　)　(3)(　　　)

思考・判断・表現

3 音声を聞き、それぞれが中学生になったらしたいことを結びましょう。

トラック185　1問5点(15点)

(1) Sophie　•

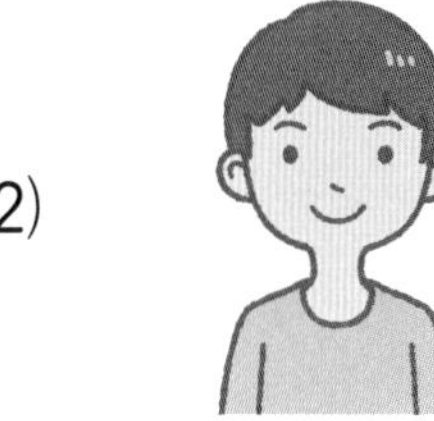

(2) Jiro　•

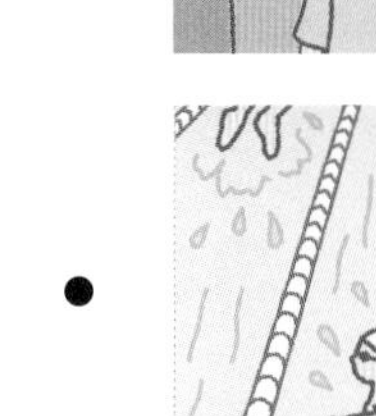

(3) Sakura　•

4 下のグラフを見ながら女の子の発表を聞き、質問に日本語で答えましょう。

トラック186　1問5点(10点)

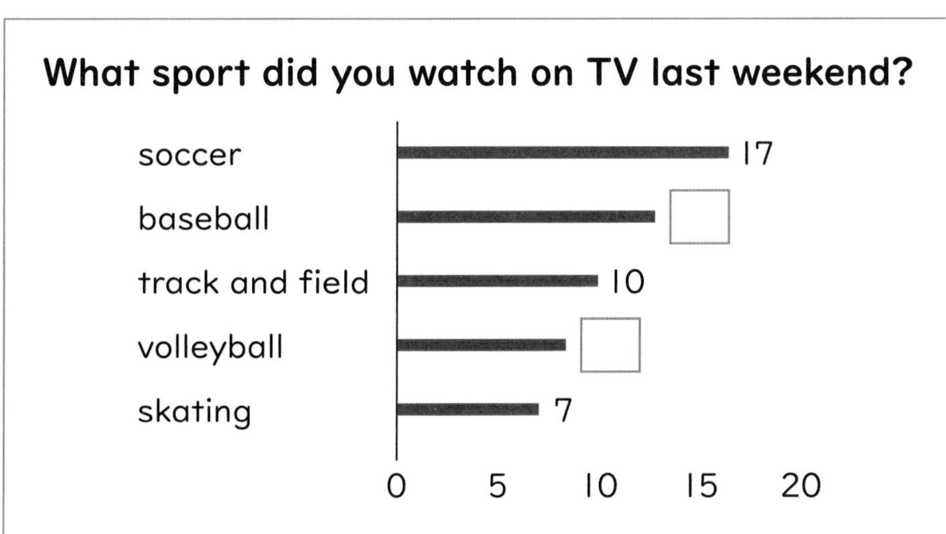

(1)　2位のbaseballは何人の生徒が見ましたか。(　　　)

(2)　4位のvolleyballは何人の生徒が見ましたか。(　　　)

うらにも問題があります。

知識・技能

5 絵を見て、その内容を示す英語を、[ ]の中から選んで[ ]に書きましょう。

1問5点（15点）

(1)

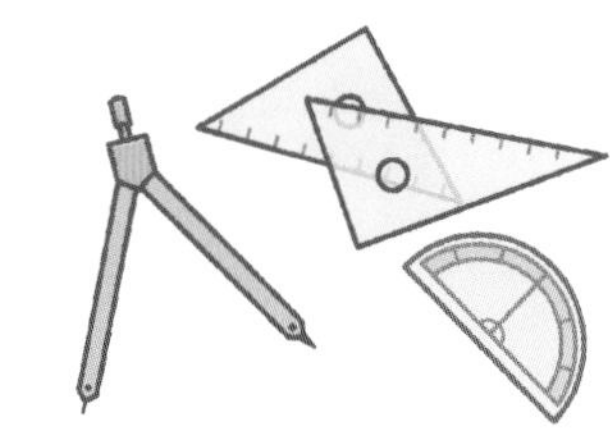

(2)

(3)

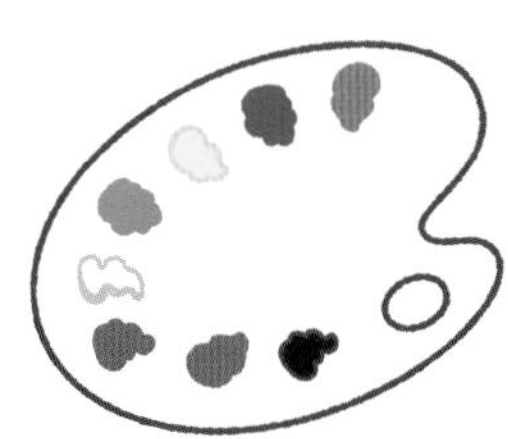

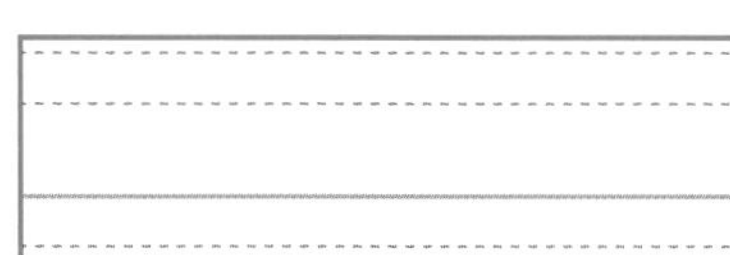

soccer　color　math

6 日本文に合うように、グレーの部分はなぞり、[ ]の中から英語を選び、[ ]に書きましょう。

1問完答で5点（15点）

(1) わたしはわたしたちの町に動物園がほしいです。

I [ ] a [ ] in our town.

(2) あなたはきのう何をしましたか。

What [ ] you [ ] yesterday?

(3) 〈(2)に答えて〉 わたしはきのう横浜（よこはま）に行きました。

I [ ] to Yokohama yesterday.

did　zoo　want　went　do

思考・判断・表現

7 絵の中の男の子になったつもりで、絵に合う英語になるよう、グレーの部分はなぞり、[ ]の中から正しい英語を選んで[ ]に書きましょう。 1問5点（15点）

(1) What is your favorite memory of school?

It's the [ ].

(2) I [ ].

(3) It was [ ].

enjoyed acting　wonderful

drama festival　music festival

8 日本文に合うように、グレーの部分はなぞり、[ ]に英語を入れましょう。

1問5点（10点）

(1) わたしは英語の先生になりたいです。

I want to [ ].

(2) わたしは上手に泳ぐことができます。

I can [ ].

（切り取り線）

付録 とりはずしてお使いください。

漢字せんもんドリル

5年生で習う漢字

テストによく出る問題をといてレベルアップしよう！

もくじ

5年　　組

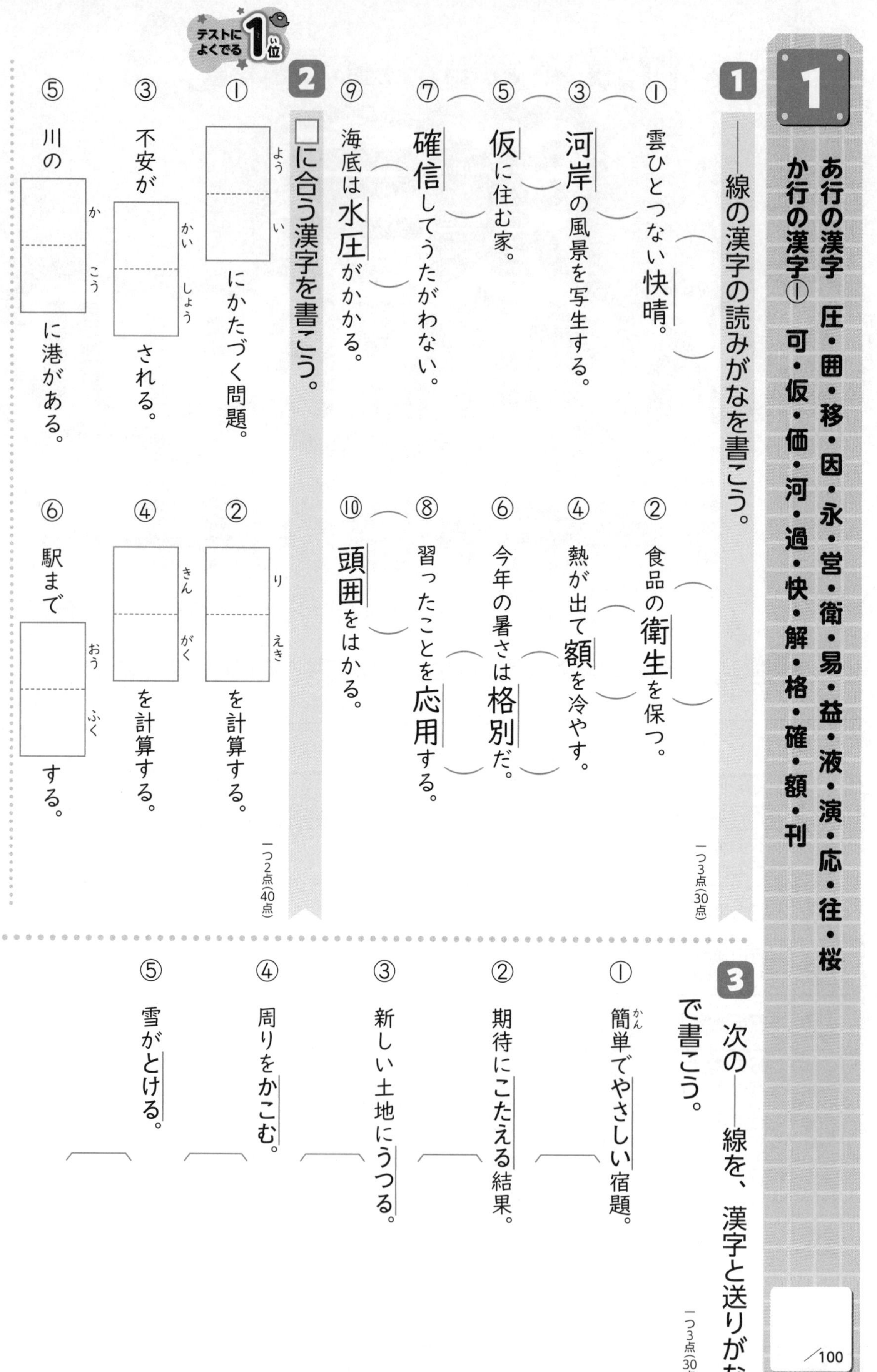

1 あ行の漢字 圧・囲・移・因・永・営・衛・易・益・液・演・応・往・桜 か行の漢字① 可・仮・価・河・過・快・解・格・確・額・刊

/100

1 ――線の漢字の読みがなを書こう。 一つ3点(30点)

① 雲ひとつない快晴。（　）
② 食品の衛生を保つ。（　）
③ 河岸の風景を写生する。（　）
④ 熱が出て額を冷やす。（　）
⑤ 仮に住む家。（　）
⑥ 今年の暑さは格別だ。（　）
⑦ 確信してうたがわない。（　）
⑧ 習ったことを応用する。（　）
⑨ 海底は水圧がかかる。（　）
⑩ 頭囲をはかる。（　）

2 □に合う漢字を書こう。 一つ2点(40点)

① □□（よう・い）にかたづく問題。
② □□（り・えき）を計算する。
③ 不安が□□（かい・しょう）される。
④ □□（きん・がく）を計算する。
⑤ 川の□□（か・こう）に港がある。
⑥ 駅まで□□（おう・ふく）する。

3 次の――線を、漢字と送りがなで書こう。 一つ3点(30点)

① 簡（かん）単でやさしい宿題。（　）
② 期待にこたえる結果。（　）
③ 新しい土地にうつる。（　）
④ 周りをかこむ。（　）
⑤ 雪がとける。（　）

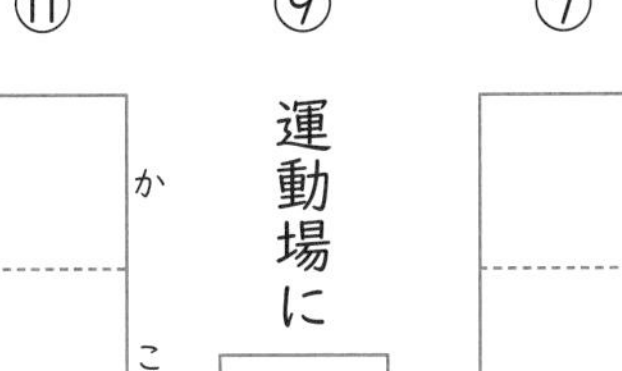

⑦ （えいえん）に変わらないもの。

⑧ 男子体そうの（えんぎ）。

⑨ 運動場に（いどう）する。

⑩ 失敗の（げんいん）を考える。

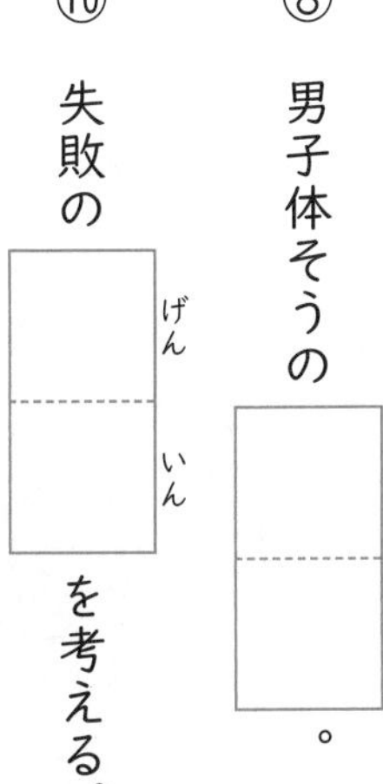

⑪ （かこ）をふり返る。

⑫ （かのうせい）の高い方法。

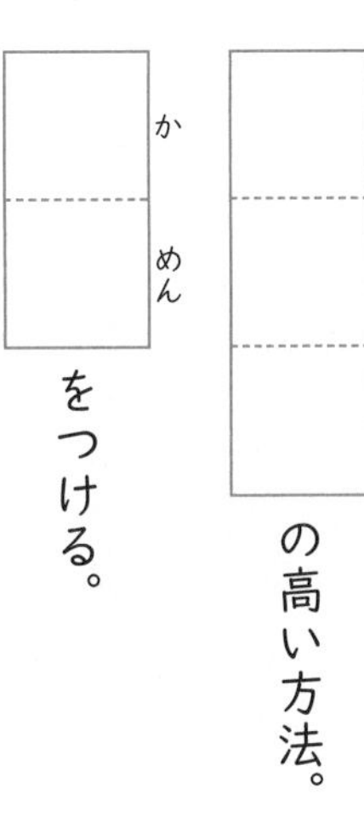

⑬ （えきたい）を器（うつわ）に入れる。

⑭ （かめん）をつける。

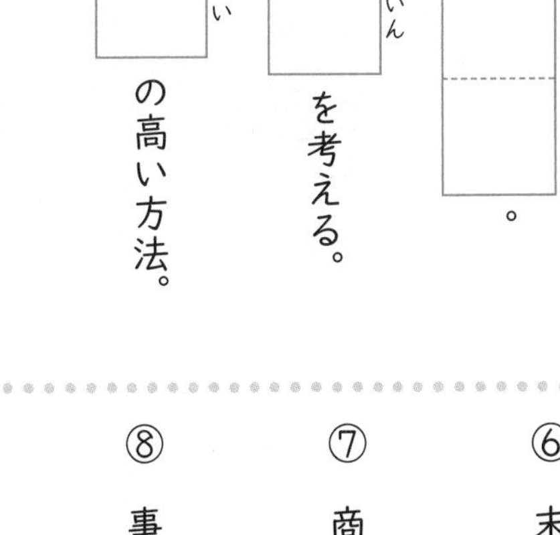

⑮ 二十四時間（えいぎょう）の店。

⑯ （か）値（ち）のある勝利。

⑰ 公園の（さくら）がさく。

⑱ 父が（ゆうかん）を読む。

⑲ 楽器を（ほんかくてき）に習う。

⑳ （こうえきひん）を運ぶ。

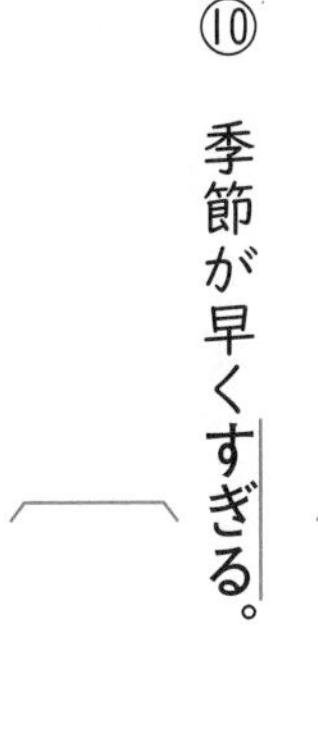

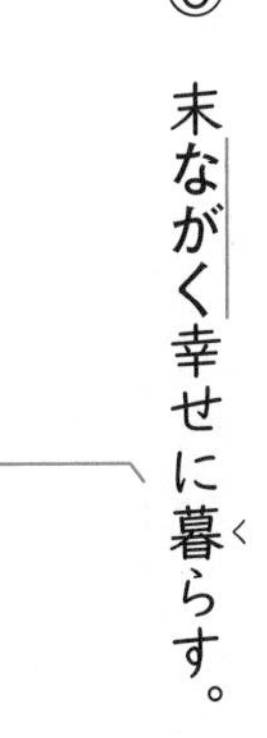

⑥ 末ながく幸せに暮（く）らす。（　　）

⑦ 商売をいとなむ。（　　）

⑧ 事実をたしかめる。（　　）

⑨ 海からこころよい風がふく。（　　）

⑩ 季節が早くすぎる。（　　）

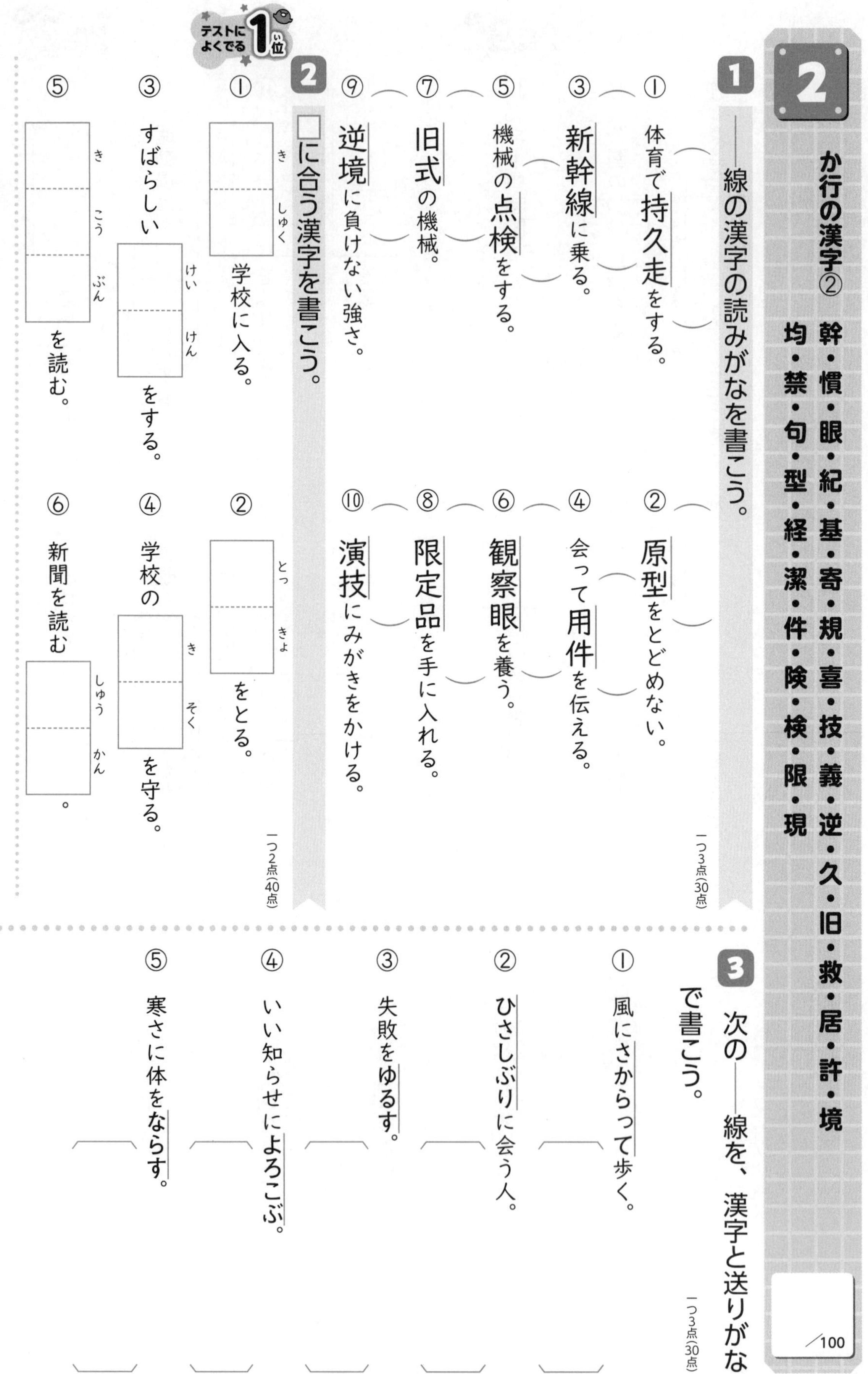

2 か行の漢字②

幹・慣・眼・紀・基・寄・規・喜・技・義・逆・久・旧・救・居・許・境・均・禁・句・型・経・潔・件・険・検・限・現

／100

1 ――線の漢字の読みがなを書こう。 一つ3点(30点)

① 体育で持久走をする。（　　）
② 原型をとどめない。（　　）
③ 新幹線に乗る。（　　）
④ 会って用件を伝える。（　　）
⑤ 機械の点検をする。（　　）
⑥ 観察眼を養う。（　　）
⑦ 旧式の機械。（　　）
⑧ 限定品を手に入れる。（　　）
⑨ 逆境に負けない強さ。（　　）
⑩ 演技にみがきをかける。（　　）

2 □に合う漢字を書こう。 一つ2点(40点)

テストによくでる1位

① □□（き・しゅく）学校に入る。
② □□（とっ・きょ）をとる。
③ すばらしい□□（けい・けん）をする。
④ 学校の□□（き・そく）を守る。
⑤ □□□（き・こう・ぶん）を読む。
⑥ 新聞を読む□□（しゅう・かん）。

3 次の――線を、漢字と送りがなで書こう。 一つ3点(30点)

① 風にさからって歩く。（　　）
② ひさしぶりに会う人。（　　）
③ 失敗をゆるす。（　　）
④ いい知らせによろこぶ。（　　）
⑤ 寒さに体をならす。（　　）

⑦ 国と国の□（さかい）の川。

⑨ □□（き・ほん）から学ぶ。

⑪ 進入□□（きん・し）の標識。

⑬ □□（せい・けつ）な服を着る。

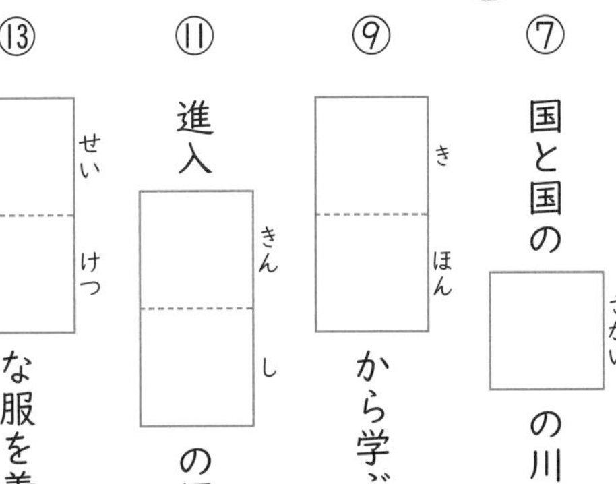

⑧ □□（せい・ぎ）の味方。

⑩ 高さを□□（きん・とう）にする。

⑫ 木の□（みき）から皮をとる。

⑭ 新学期の前に□□（てん・きょ）する。

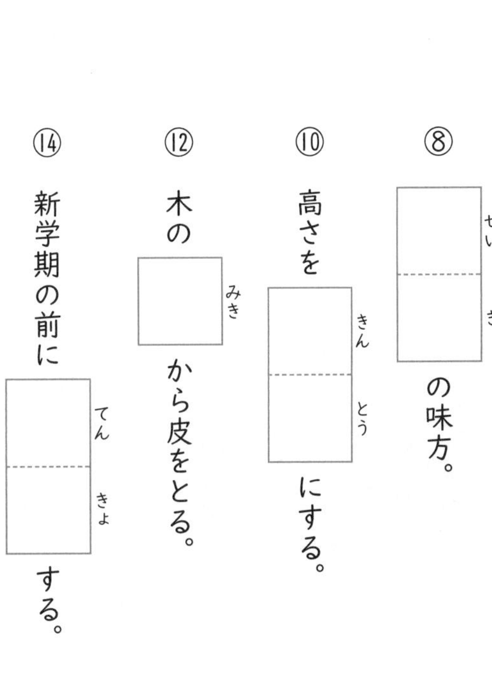

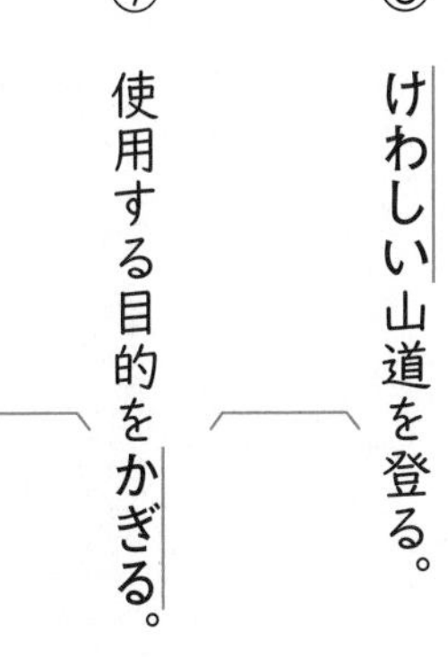

⑮ 生命□□（ほ・けん）に入る。

⑰ □□（き・げん）を定める。

⑲ 計画が□□（じつ・げん）する。

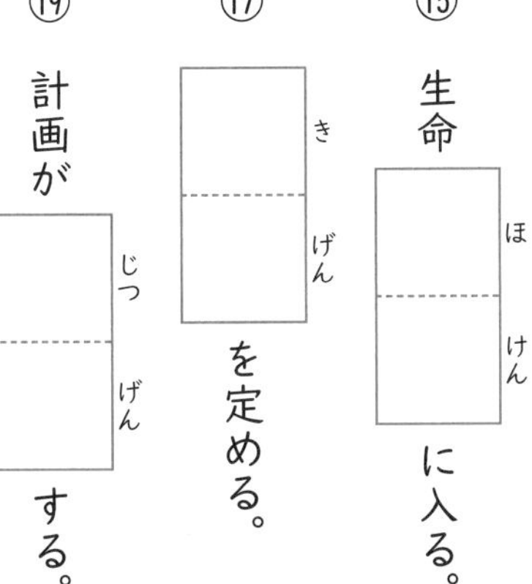

⑯ □□□（きゅう・きゅう・しゃ）をよぶ。

⑱ 試合に□□（ぎゃく・てん）勝ちした。

⑳ 文章に□□（く・てん）を打つ。

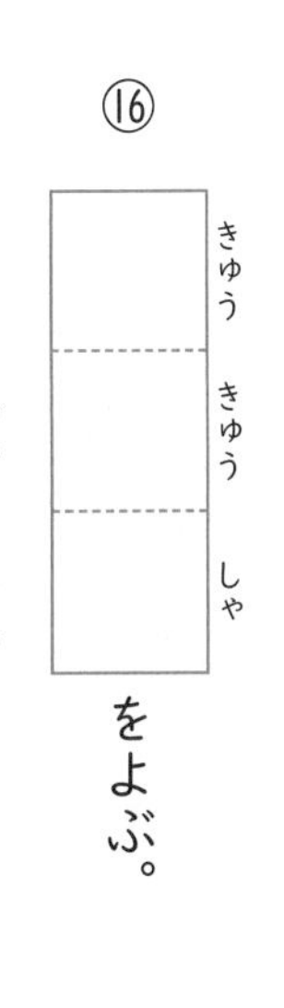

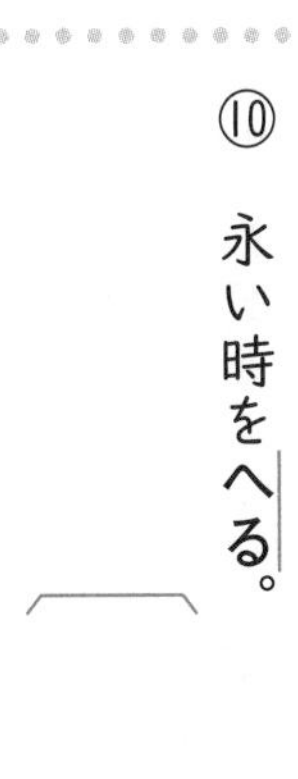

⑥ <u>けわしい</u>山道を登る。　〔　　　〕

⑦ 使用する目的を<u>かぎる</u>。　〔　　　〕

⑧ 信頼（らい）を<u>よせる</u>。　〔　　　〕

⑨ 雲から太陽が<u>あらわれる</u>。　〔　　　〕

⑩ 永い時を<u>へる</u>。　〔　　　〕

3 か行の漢字③ さ行の漢字①

減・故・個・護・効・厚・耕・航・鉱・構・興・講・告・混
査・再・災・妻・採・際・在・財・罪・殺・雑・酸・賛・士・支・史・志・枝

／100

テストによくでる1位

1 ――線の漢字の読みがなを書こう。　一つ3点（30点）

①雑木林を散歩する。（　）
②この町の名士。（　）
③講堂に集合する。（　）
④冷たい炭酸ジュース。（　）
⑤航海をはじめる。（　）
⑥息を殺して見守る。（　）
⑦史実にもとづく物語。（　）
⑧いたみが軽減される。（　）
⑨細い枝道に分かれる。（　）
⑩新興国の発展。（　）

2 □に合う漢字を書こう。　一つ2点（40点）

①男女□□（こんごう）のチーム。
②□□（ようご）学校の先生。
③□□（じつざい）の人物。
④テストの□□（さいてん）をする。
⑤朝顔に□□（しちゅう）を立てる。
⑥□□（いし）の強い人物。

3 次の――線を、漢字と送りがなで書こう。　一つ3点（30点）

①終わりの時間をつげる。（　）
②作家をこころざす。（　）
③私（わたし）はふたたび外出した。（　）
④予定より人数がへる。（　）
⑤良くきく薬を飲む。（　）

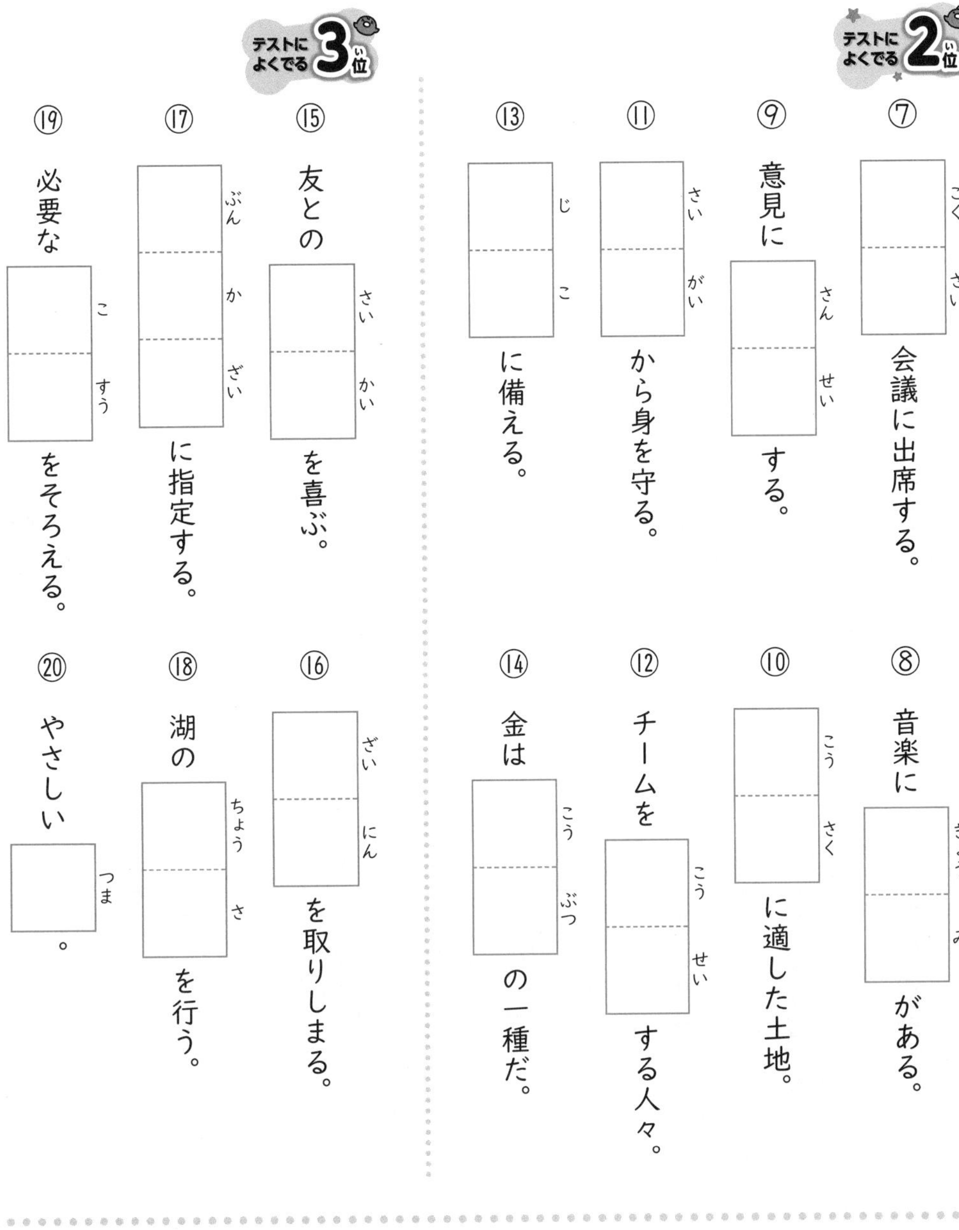

テストによくでる2位
⑦ 会議に出席する。(こくさい)
⑧ 音楽に　があがる。(きょうみ)
⑨ 意見に　する。(さんせい)
⑩ に適した土地。(こうさく)
⑪ から身を守る。(さいがい)
⑫ チームを　する人々。(こうせい)
⑬ に備える。(じこ)
⑭ 金は　の一種だ。(こうぶつ)
テストによくでる3位
⑮ 友との　を喜ぶ。(さいかい)
⑯ を取りしまる。(ざいにん)
⑰ に指定する。(ぶんかざい)
⑱ 湖の　を行う。(ちょうさ)
⑲ 必要な　をそろえる。(こすう)
⑳ やさしい　。(つま)

⑥ 山菜を**とり**に行く。

⑦ 絵の具を**まぜる**。

⑧ **あつい**本を読む。

⑨ 春に畑を**たがやす**。

⑩ 新しく店を**かまえる**。

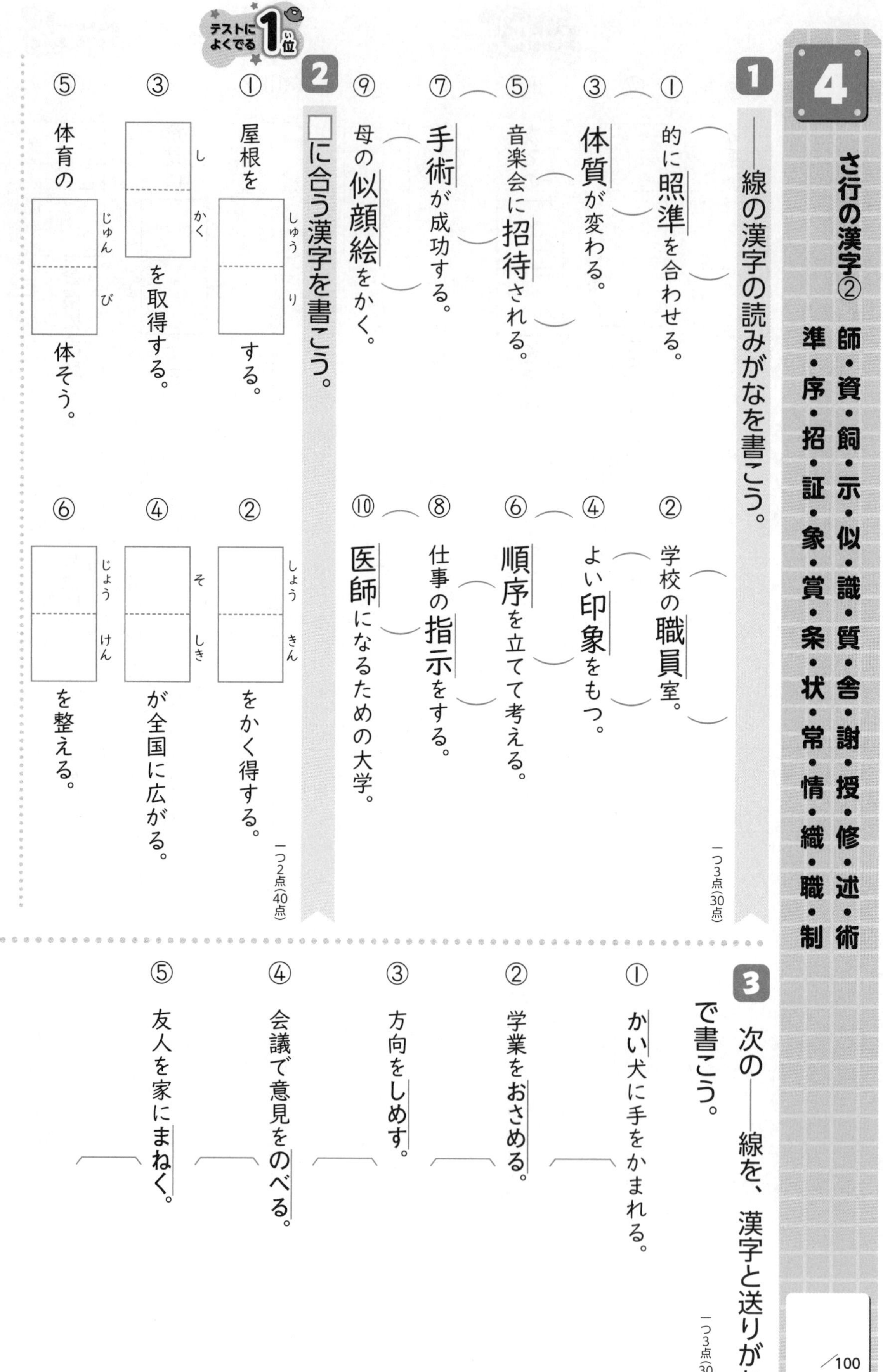

4 さ行の漢字②

師・資・飼・示・似・識・質・舎・謝・授・修・述・術
準・序・招・証・象・賞・条・状・常・情・織・職・制

テストによくでる1位

／100

1 ――線の漢字の読みがなを書こう。 一つ3点(30点)

① 的に照準を合わせる。（　　）
② 学校の職員室。（　　）
③ 体質が変わる。（　　）
④ よい印象をもつ。（　　）
⑤ 音楽会に招待される。（　　）
⑥ 順序を立てて考える。（　　）
⑦ 手術が成功する。（　　）
⑧ 仕事の指示をする。（　　）
⑨ 母の似顔絵をかく。（　　）
⑩ 医師になるための大学。（　　）

2 □に合う漢字を書こう。 一つ2点(40点)

① 屋根を□□(しゅうり)する。
② □□(しょうきん)をかく得する。
③ □□(しかく)を取得する。
④ □□(そしき)が全国に広がる。
⑤ 体育の□□(じゅんび)体そう。
⑥ □□(じょうけん)を整える。

3 次の――線を、漢字と送りがなで書こう。 一つ3点(30点)

① かい犬に手をかまれる。（　　）
② 学業をおさめる。（　　）
③ 方向をしめす。（　　）
④ 会議で意見をのべる。（　　）
⑤ 友人を家にまねく。（　　）

⑦ ［ひょう　じょう］が明るくなる。

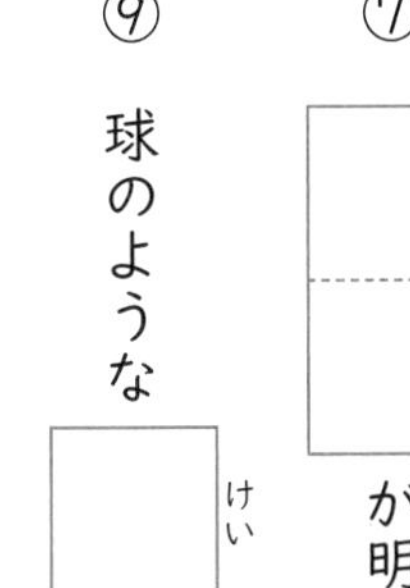

⑧ ［じゅ　ぎょう］では静かにする。

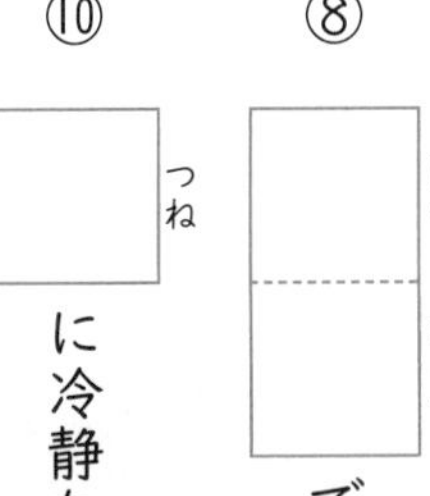

⑨ 球のような［けい　じょう］。

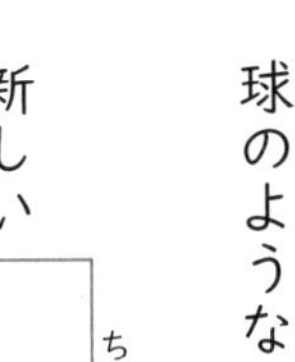

⑩ ［つね］に冷静な人。

⑪ 新しい［ち　しき］を得る。

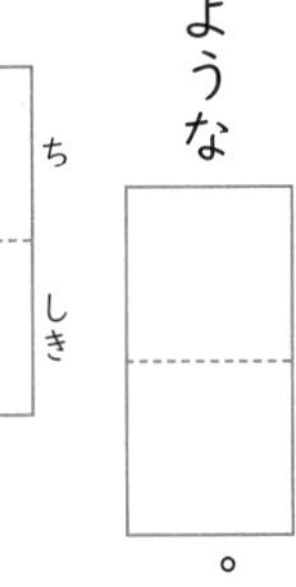

⑫ 先生に［しつ　もん］をする。

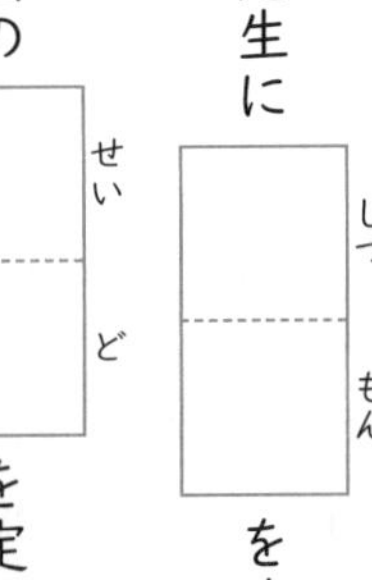
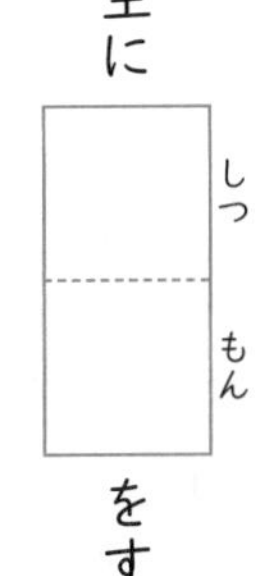

⑬ 身分を［しょう　めい］する。

⑭ 国の［せい　ど］を定める。

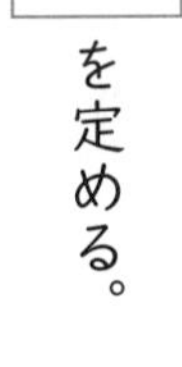

⑮ ［かん　しゃ］の気持ちを伝える。

⑯ 正門から［こう　しゃ］へ歩く。

⑰ 牛や馬を［し　いく］する。

⑱ 良い［きょう　し］になる。

⑲ あこがれの［しょく　ぎょう］。

⑳ 長い物語の［じょ　しょう］。

---

⑥ 家で犬を<u>かう</u>。（　　　）

⑦ <u>なさけ</u>深い人物。（　　　）

⑧ 子供（ども）は親に<u>にる</u>。（　　　）

⑨ かわった形の<u>まね</u>きねこ。（　　　）

⑩ 美しい布を<u>おる</u>。（　　　）

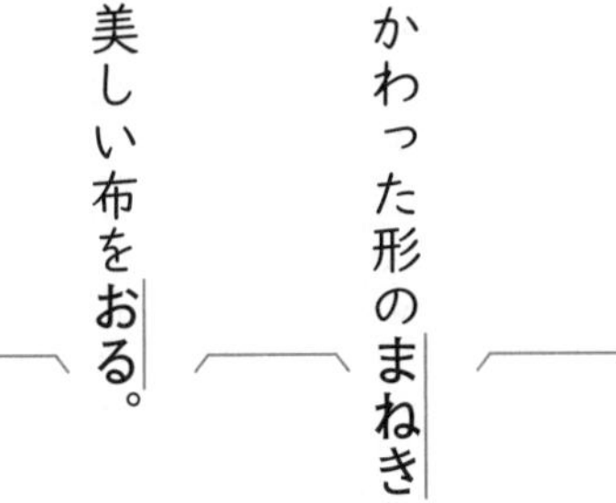

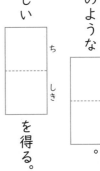

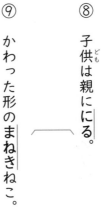

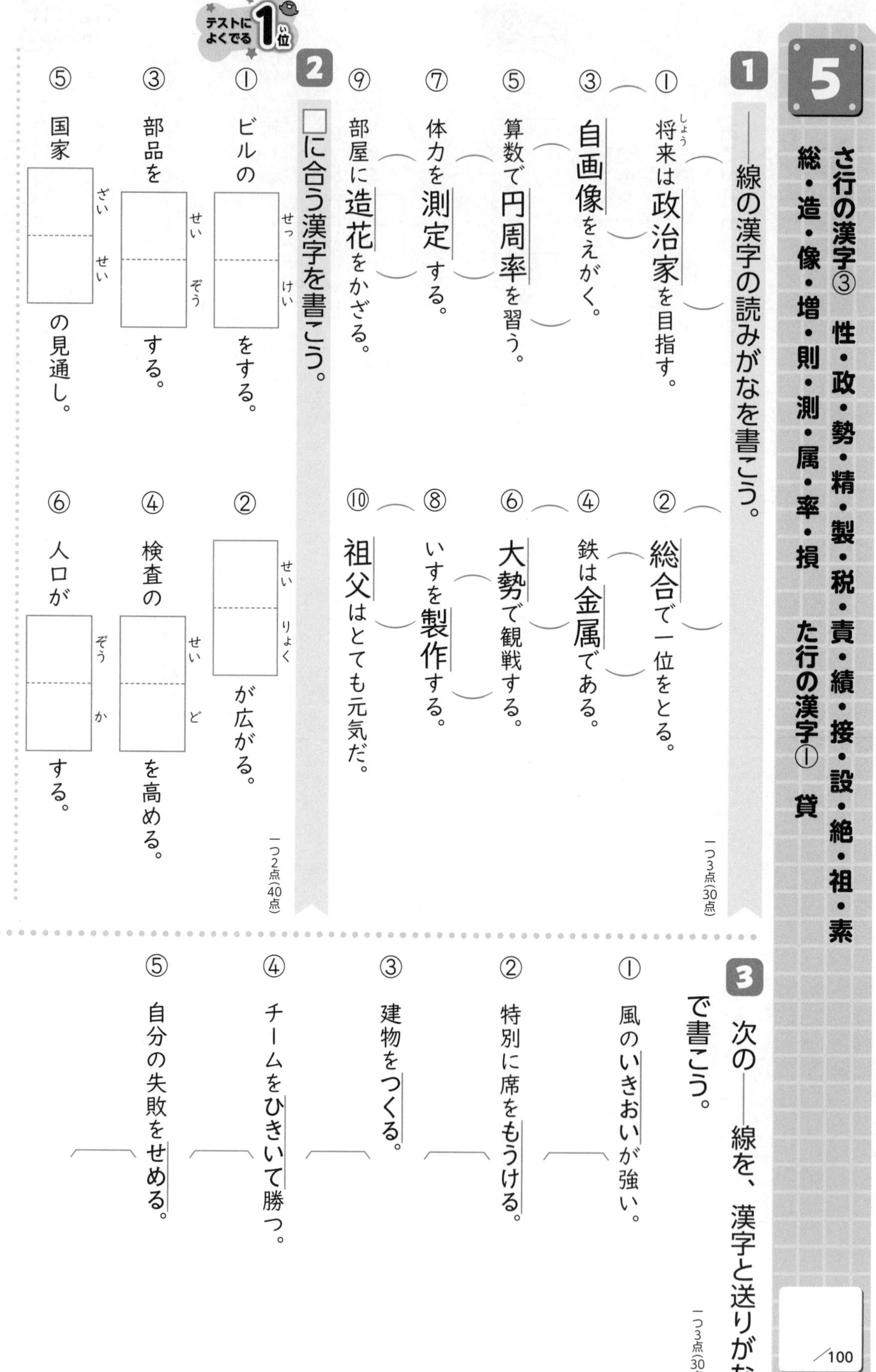

5 さ行の漢字③ 性・政・勢・精・製・税・責・績・接・設・絶・祖・素・総・造・像・増・則・測・属・率・損 た行の漢字① 貸

／100

1 ――線の漢字の読みがなを書こう。

一つ3点(30点)

① 将来(しょう)は政治家を目指す。（　　）
② 総合で一位をとる。（　　）
③ 自画像をえがく。（　　）
④ 鉄は金属である。（　　）
⑤ 算数で円周率を習う。（　　）
⑥ 大勢で観戦する。（　　）
⑦ 体力を測定する。（　　）
⑧ いすを製作する。（　　）
⑨ 部屋に造花をかざる。（　　）
⑩ 祖父はとても元気だ。（　　）

2 □に合う漢字を書こう。

一つ2点(40点)

① ビルの□□(せっけい)をする。
② □□(せいりょく)が広がる。
③ 部品を□□(せいぞう)する。
④ 検査の□□(せいど)を高める。
⑤ 国家□□(ざいせい)の見通し。
⑥ 人口が□□(ぞうか)する。

テストによくでる1位

3 次の――線を、漢字と送りがなで書こう。

一つ3点(30点)

① 風のいきおいが強い。（　　）
② 特別に席をもうける。（　　）
③ 建物をつくる。（　　）
④ チームをひきいて勝つ。（　　）
⑤ 自分の失敗をせめる。（　　）

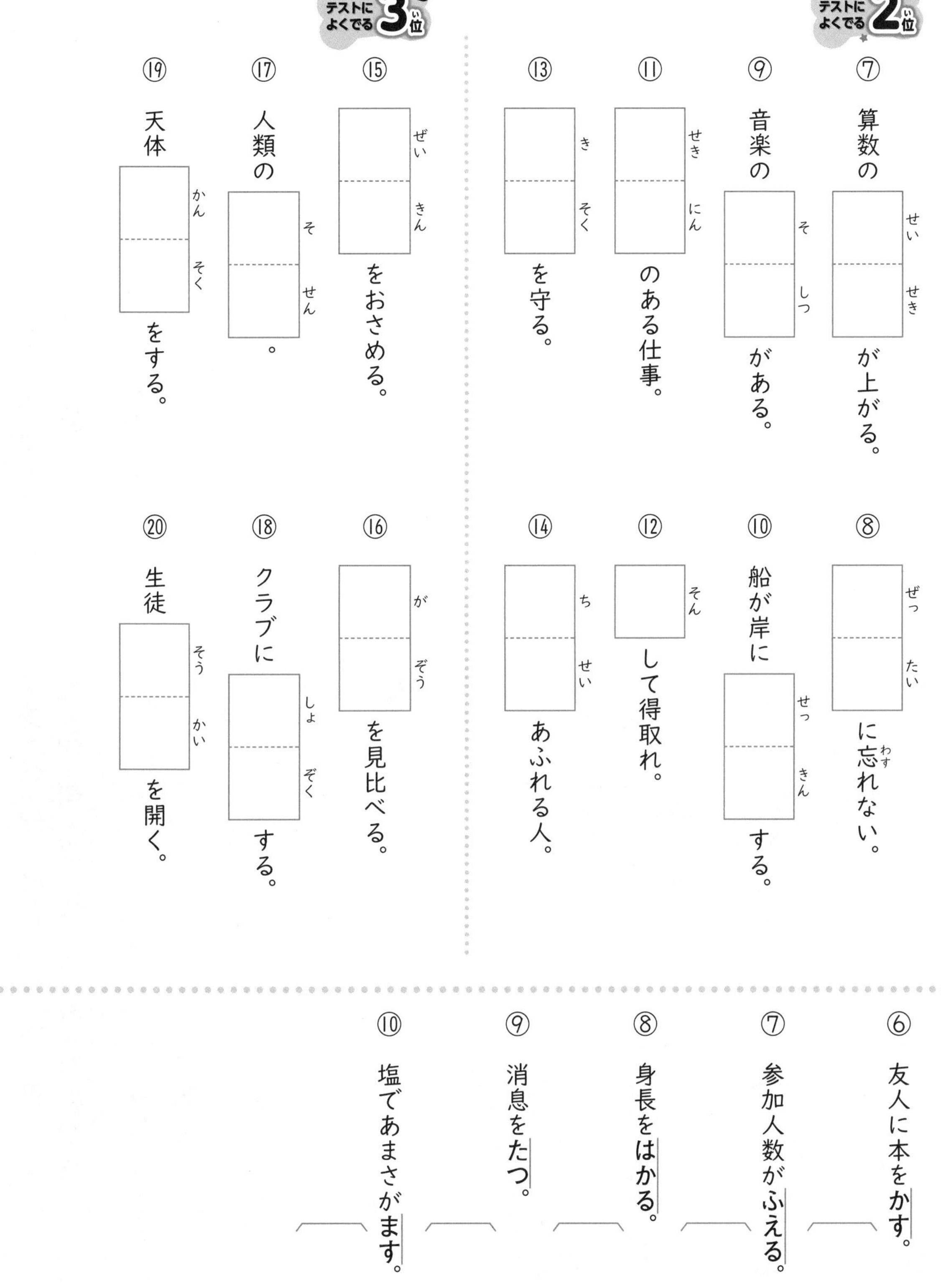

テストによくでる2位

⑦ 算数の［せいせき］が上がる。

⑧ ［ぜったい］に忘（わす）れない。

⑨ 音楽の［そしつ］がある。

⑩ 船が岸に［せっきん］する。

⑪ ［せきにん］のある仕事。

⑫ ［そん］して得取れ。

⑬ ［きそく］を守る。

⑭ ［ちせい］あふれる人。

テストによくでる3位

⑮ ［ぜいきん］をおさめる。

⑯ ［がぞう］を見比べる。

⑰ 人類の［そせん］。

⑱ クラブに［しょぞく］する。

⑲ 天体［かんそく］をする。

⑳ 生徒［そうかい］を開く。

---

⑥ 友人に本をかす。

⑦ 参加人数がふえる。

⑧ 身長をはかる。

⑨ 消息をたつ。

⑩ 塩であまさがます。

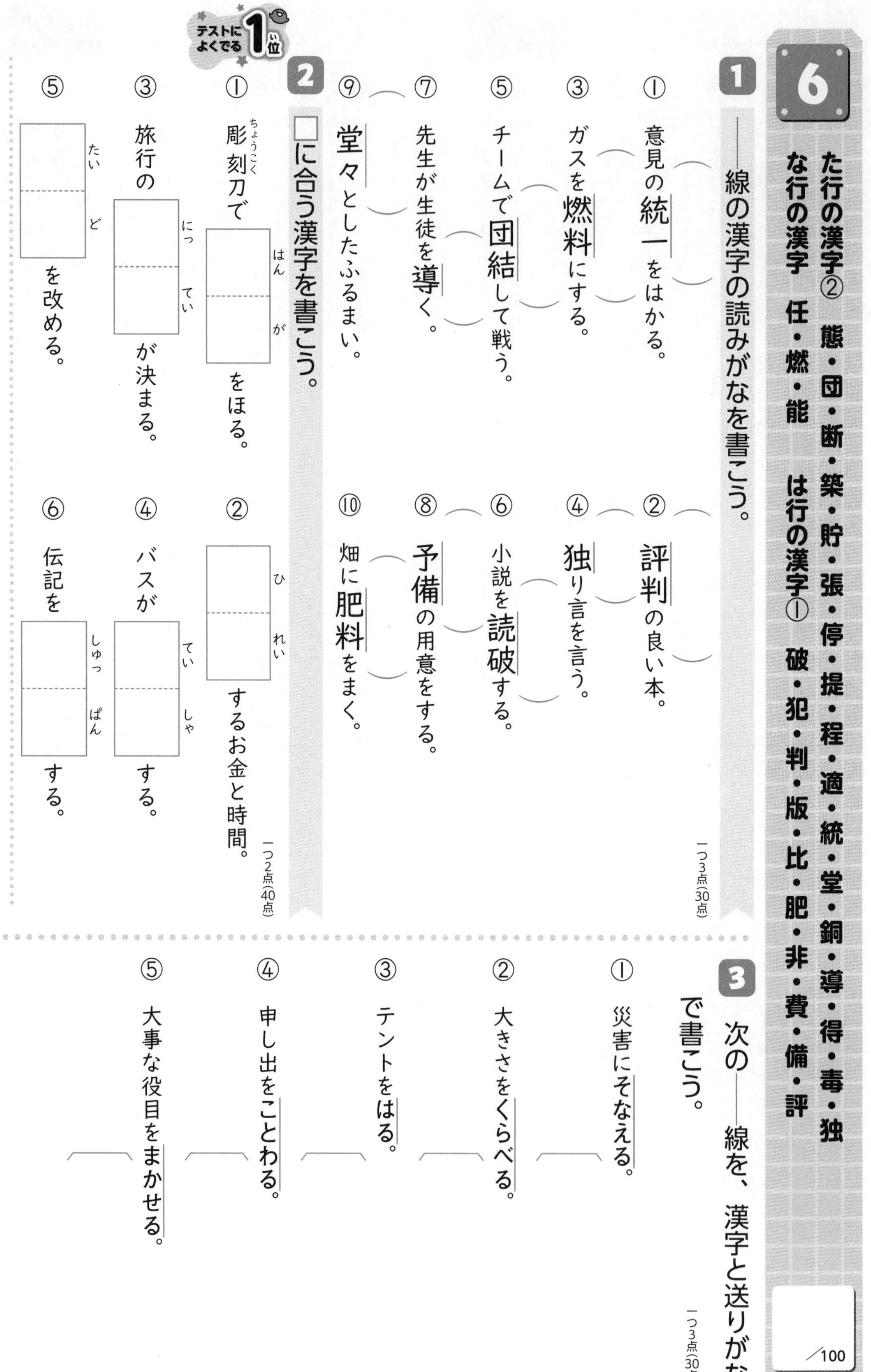

6 た行の漢字② 態・団・断・築・貯・張・停・提・程・適・統・堂・銅・導・得・毒・独 な行の漢字 任・燃・能 は行の漢字① 破・犯・判・版・比・肥・非・費・備・評

／100

テストによくでる1位

1 ——線の漢字の読みがなを書こう。 一つ3点(30点)

① 意見の統一をはかる。（　　）
② 評判の良い本。（　　）
③ ガスを燃料にする。（　　）
④ 独り言を言う。（　　）
⑤ チームで団結して戦う。（　　）
⑥ 小説を読破する。（　　）
⑦ 先生が生徒を導く。（　　）
⑧ 予備の用意をする。（　　）
⑨ 堂々としたふるまい。（　　）
⑩ 畑に肥料をまく。（　　）

2 □に合う漢字を書こう。 一つ2点(40点)

① 彫刻刀(ちょうこくとう)で［はん］［が］をほる。
② ［ひ］［れい］するお金と時間。
③ 旅行の［にっ］［てい］が決まる。
④ バスが［てい］［しゃ］する。
⑤ ［たい］［ど］を改める。
⑥ 伝記を［しゅっ］［ぱん］する。

3 次の——線を、漢字と送りがなで書こう。 一つ3点(30点)

① 災害にそなえる。（　　）
② 大きさをくらべる。（　　）
③ テントをはる。（　　）
④ 申し出をことわる。（　　）
⑤ 大事な役目をまかせる。（　　）

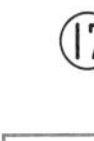

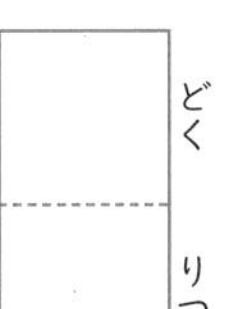

テストによくでる2位

⑦ お年玉を［ちょきん］する。

⑧ 課題を［ていしゅつ］する。

⑨ 実現が［かのう］な計画。

⑩ ［ひじょうぐち］をさがす。

⑪ 議長に［にんめい］される。

⑫ 気候の変化に［てきおう］する。

⑬ ［どくりつ］への道を進む。

⑭ ［はんざい］を防止する。

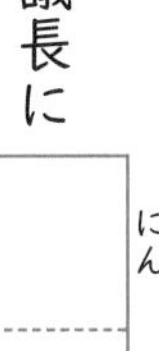
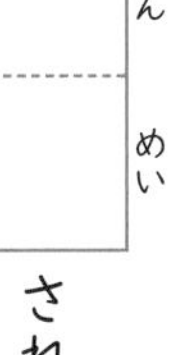
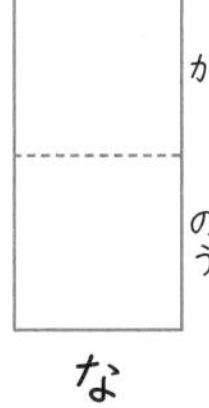
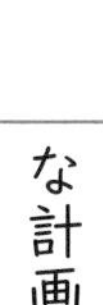
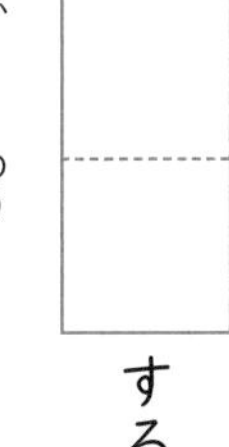

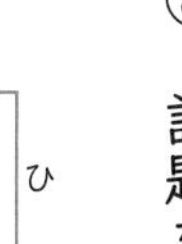
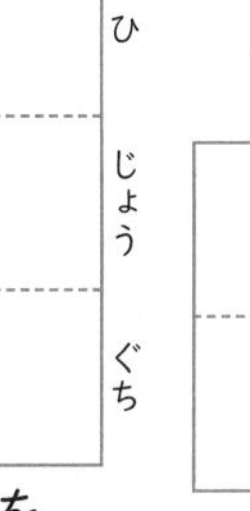
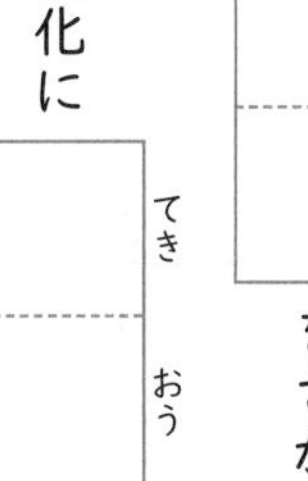
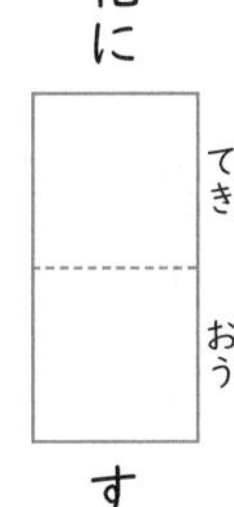
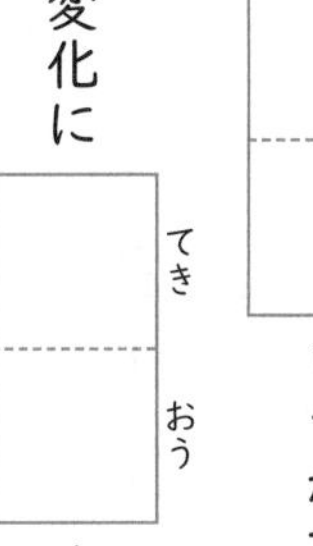
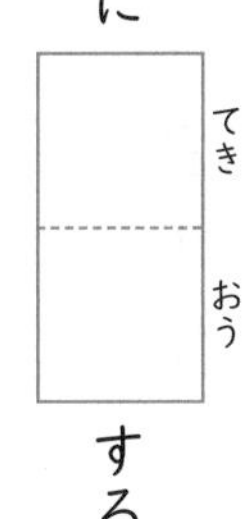

テストによくでる3位

⑮ 委員長が［けつだん］を下す。

⑯ 三位の［どう］メダルをもらう。

⑰ ［しんちく］の家に住む。

⑱ 多くの時間を［しょうひ］する。

⑲ 父が［しゅっちょう］から帰る。

⑳ ［どくぶつ］をあつかう仕事。

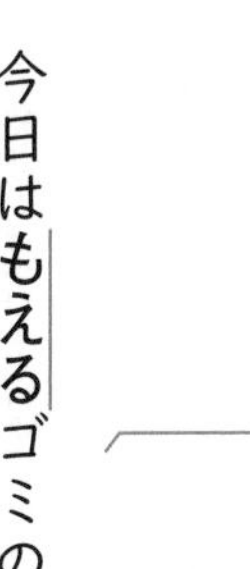
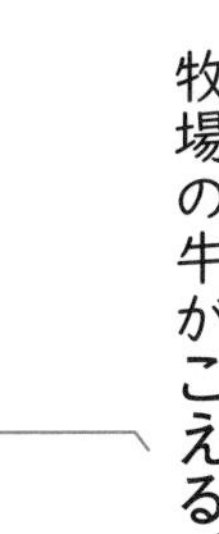
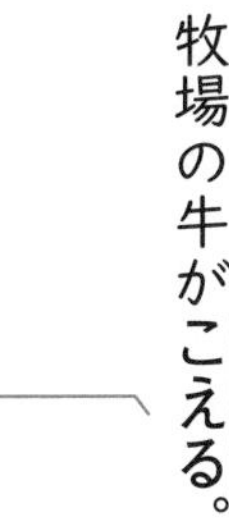

⑥ 紙を<u>やぶる</u>。（　　）

⑦ 山に城を<u>きずく</u>。（　　）

⑧ 今日は<u>もえる</u>ゴミの日。（　　）

⑨ 多くの友人を<u>える</u>。（　　）

⑩ 牧場の牛が<u>こえる</u>。（　　）

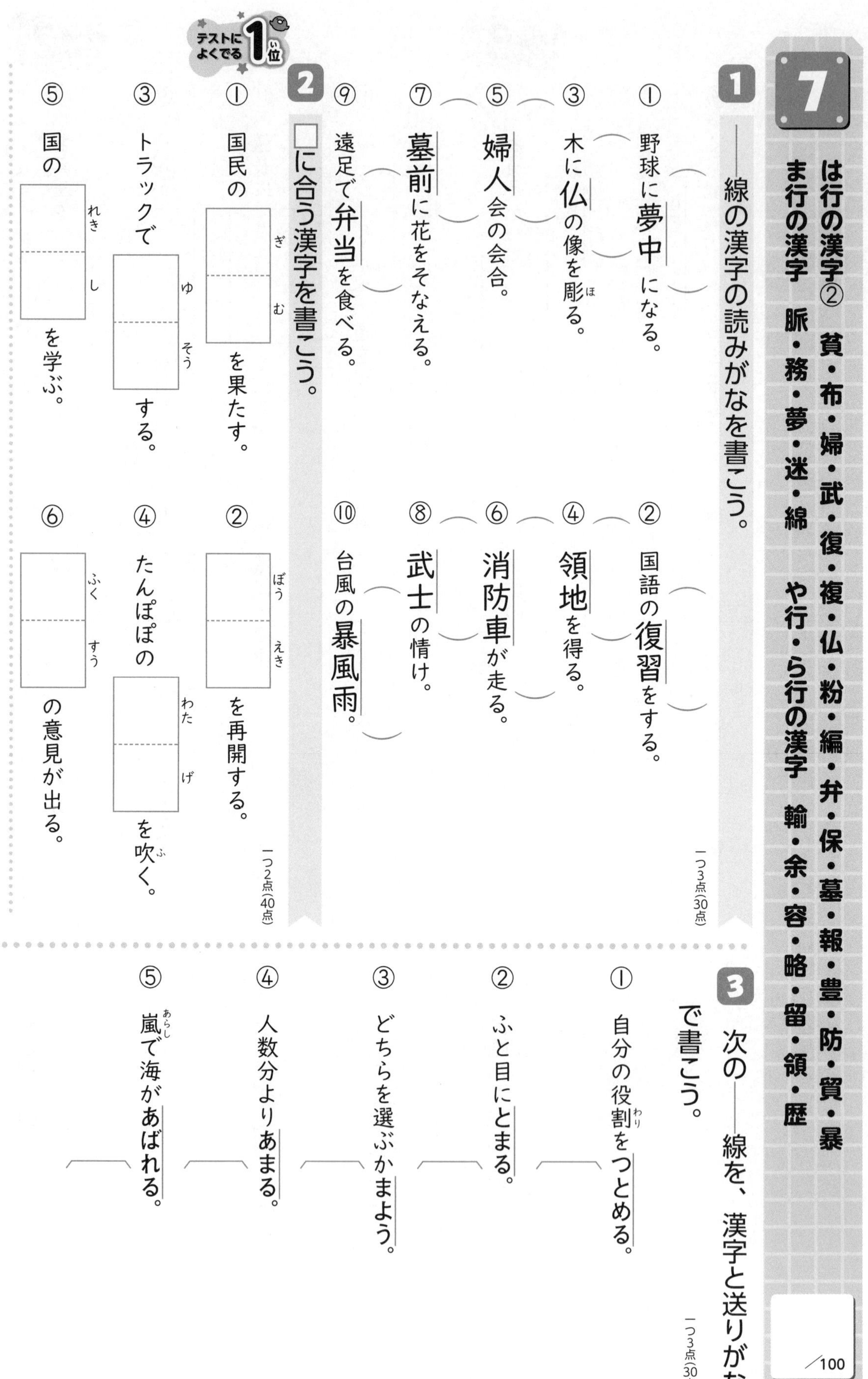

7 は行の漢字② 貧・布・婦・武・復・複・仏・粉・編・弁・保・墓・報・豊・防・貿・暴 ま行の漢字 脈・務・夢・迷・綿 や行・ら行の漢字 輸・余・容・略・留・領・歴

/100

テストによくでる1位

1 ——線の漢字の読みがなを書こう。

一つ3点(30点)

① 野球に夢中になる。（　）
② 国語の復習をする。（　）
③ 木に仏の像を彫(ほ)る。（　）
④ 領地を得る。（　）
⑤ 婦人会の会合。（　）
⑥ 消防車が走る。（　）
⑦ 墓前に花をそなえる。（　）
⑧ 武士の情け。（　）
⑨ 遠足で弁当を食べる。（　）
⑩ 台風の暴風雨。（　）

2 □に合う漢字を書こう。

一つ2点(40点)

① 国民の□□(ぎむ)を果たす。
② □□(ぼうえき)を再開する。
③ トラックで□□(ゆそう)する。
④ たんぽぽの□□(わたげ)を吹(ふ)く。
⑤ 国の□□(れきし)を学ぶ。
⑥ □□(ふくすう)の意見が出る。

3 次の——線を、漢字と送りがなで書こう。

一つ3点(30点)

① 自分の役割(わり)をつとめる。（　）
② ふと目にとまる。（　）
③ どちらを選ぶかまよう。（　）
④ 人数分よりあまる。（　）
⑤ 嵐(あらし)で海があばれる。（　）

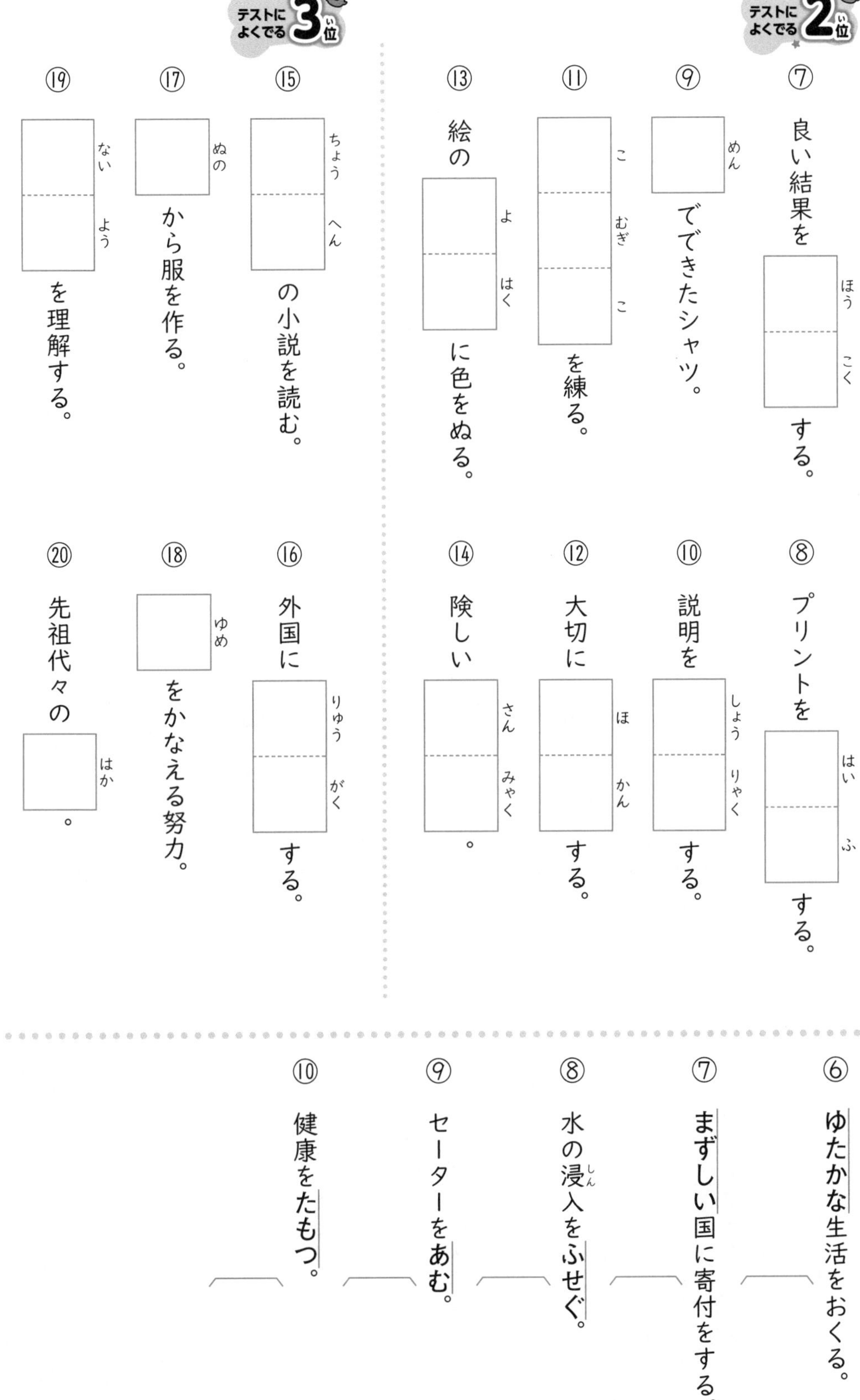

テストによくでる2位

⑦ 良い結果を［ほう｜こく］する。

⑧ プリントを［はい｜ふ］する。

⑨ ［めん］でできたシャツ。

⑩ 説明を［しょう｜りゃく］する。

⑪ ［こ｜むぎ｜こ］を練る。

⑫ 大切に［ほ｜かん］する。

⑬ 絵の［よ｜はく］に色をぬる。

⑭ 険しい［さん｜みゃく］。

テストによくでる3位

⑮ ［ちょう｜へん］の小説を読む。

⑯ 外国に［りゅう｜がく］する。

⑰ ［ぬの］から服を作る。

⑱ ［ゆめ］をかなえる努力。

⑲ ［ない｜よう］を理解する。

⑳ 先祖代々の［はか］。

⑥ ゆたかな生活をおくる。（　　　）

⑦ まずしい国に寄付をする。（　　　）

⑧ 水の浸(しん)入をふせぐ。（　　　）

⑨ セーターをあむ。（　　　）

⑩ 健康をたもつ。（　　　）

8 五年生で習った漢字

/100

1 ――線の漢字の読みがなを書こう。

一つ2点(16点)

①木の幹を材料にする。（　　）

②ビルを転居する。（　　）

③全国的な組織に成長する。（　　）

④物語の序章にすぎない。（　　）

⑤貿易を黒字にする。（　　）

⑥余白を十分にとる。（　　）

⑦毎日営業する。（　　）

⑧原因を調べる。（　　）

2 □に合う漢字を書こう。

一つ3点(24点)

①税金を□□（けいげん）する。

②□□（たんさん）ジュースを飲む。

4 次の――線を、漢字と送りがなで書こう。

一つ4点(40点)

①スポーツ選手をこころざす。（　　）

②商売をいとなむ。（　　）

③こころよい返事をもらう。（　　）

④新しい土地にうつる。（　　）

⑤自分の考えをのべる。（　　）

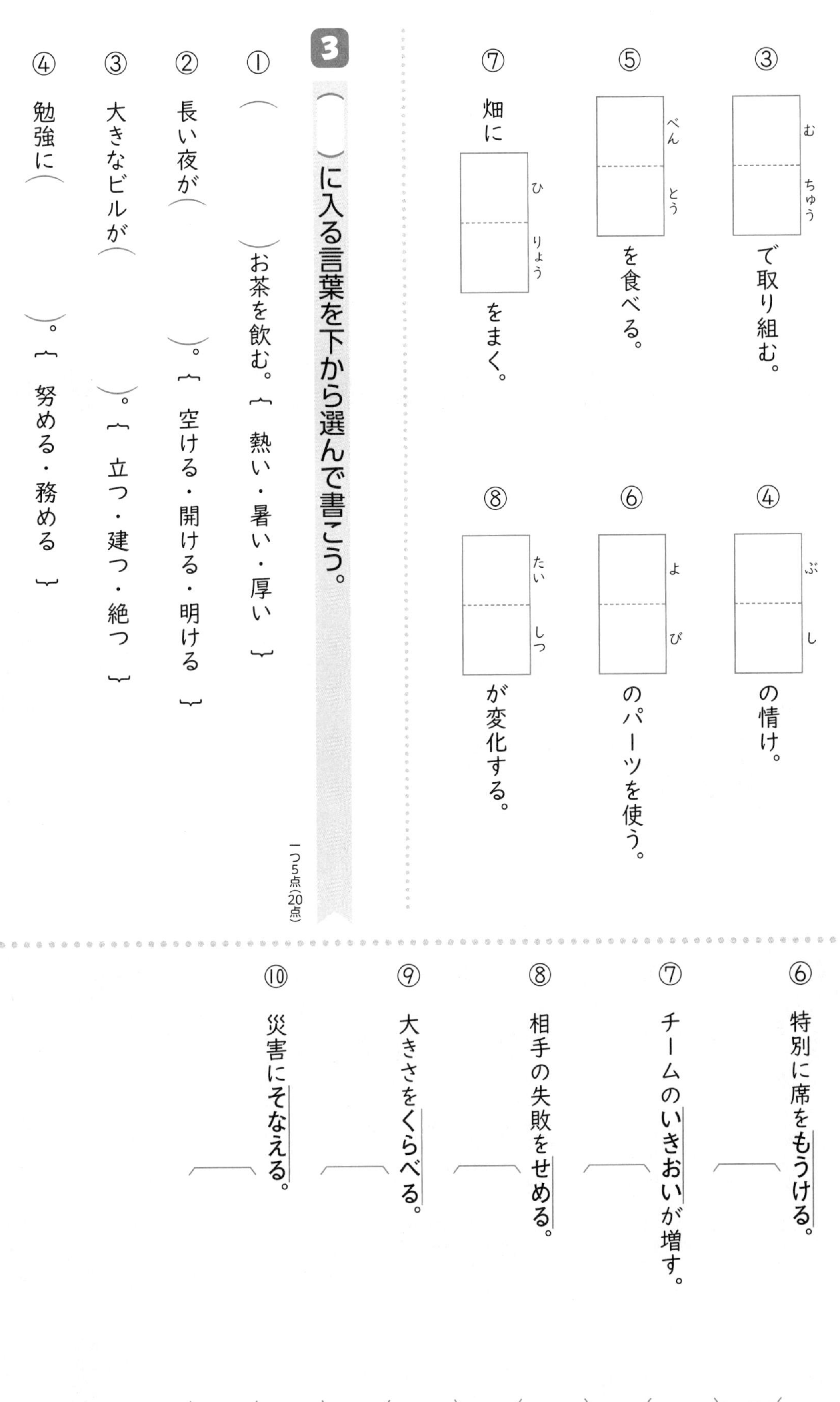

③ [むちゅう] で取り組む。

④ [ぶし] の情け。

⑤ [べんとう] を食べる。

⑥ [よび] のパーツを使う。

⑦ 畑に [ひりょう] をまく。

⑧ [たいしつ] が変化する。

3 （　）に入る言葉を下から選んで書こう。

一つ5点(20点)

① （　　　）お茶を飲む。｛熱い・暑い・厚い｝

② 長い夜が（　　　）。｛空ける・開ける・明ける｝

③ 大きなビルが（　　　）。｛立つ・建つ・絶つ｝

④ 勉強に（　　　）。｛努める・務める｝

⑥ 特別に席をもうける。（　　　）

⑦ チームのいきおいが増す。（　　　）

⑧ 相手の失敗をせめる。（　　　）

⑨ 大きさをくらべる。（　　　）

⑩ 災害にそなえる。（　　　）

答え

1　2・3ページ

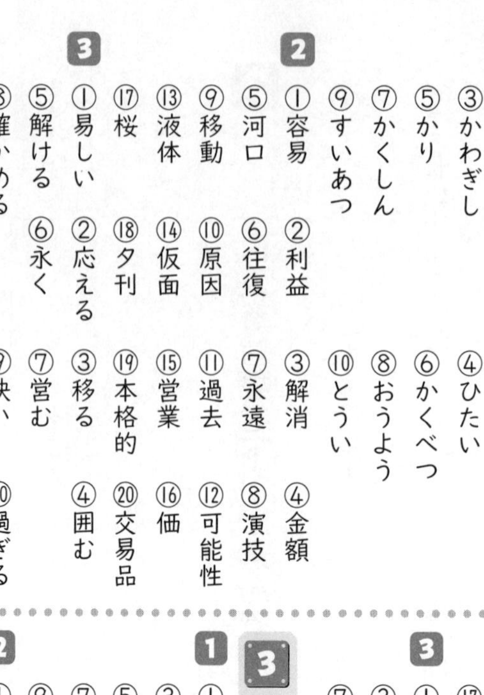

1
①かいせい　②えいせい　③かわぎし　④ひたい　⑤かり　⑥かくべつ　⑦かくしん　⑧おうよう　⑨すいあつ　⑩とうい

2
①容易　②利益　③解消　④金額　⑤河口　⑥往復　⑦永遠　⑧演技　⑨移動　⑩原因　⑪過去　⑫可能性　⑬液体　⑭仮面　⑮営業　⑯価　⑰桜　⑱夕刊　⑲本格的　⑳交易品

3
①易しい　②応える　③移る　④囲む　⑤解ける　⑥永く　⑦営む　⑧確かめる　⑨快い　⑩過ぎる

2　4・5ページ

1
①じきゅうそう　②げんけい　③しんかんせん　④ようけん　⑤てんけん　⑥かんさつがん　⑦きゅうしき　⑧げんていひん　⑨ぎゃっきょう　⑩えんぎ

2
①寄宿　②特許　③経験　④規則　⑤紀行文　⑥習慣　⑦境　⑧正義　⑨基本　⑩均等　⑪禁止　⑫幹　⑬清潔　⑭転居　⑮保険　⑯救急車　⑰期限　⑱逆転　⑲実現　⑳句点

3
①逆らって　②久しぶり　③許す　④喜ぶ　⑤慣らす　⑥険しい　⑦限る　⑧寄せる　⑨現れる　⑩経る

3　6・7ページ

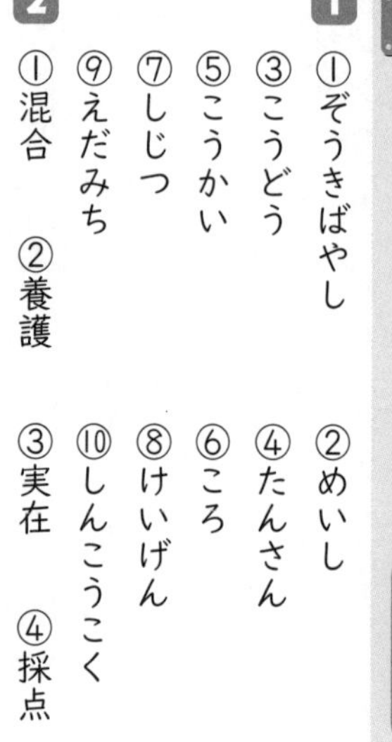

1
①ぞうきばやし　②めいし　③こうどう　④たんさん　⑤こうかい　⑥ころ　⑦しじつ　⑧けいげん　⑨えだみち　⑩しんこうこく

2
①混合　②養護　③実在　④採点　⑤支柱　⑥意志　⑦国際　⑧興味　⑨賛成　⑩耕作　⑪災害　⑫構成　⑬事故　⑭鉱物　⑮再会　⑯罪人　⑰文化財　⑱調査　⑲個数　⑳妻

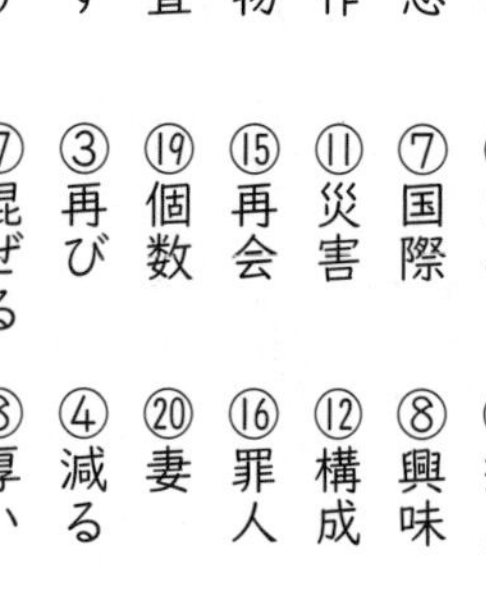

3
①告げる　②志す　③再び　④減る　⑤効く　⑥採り　⑦混ぜる　⑧厚い　⑨耕す　⑩構える

4　8・9ページ

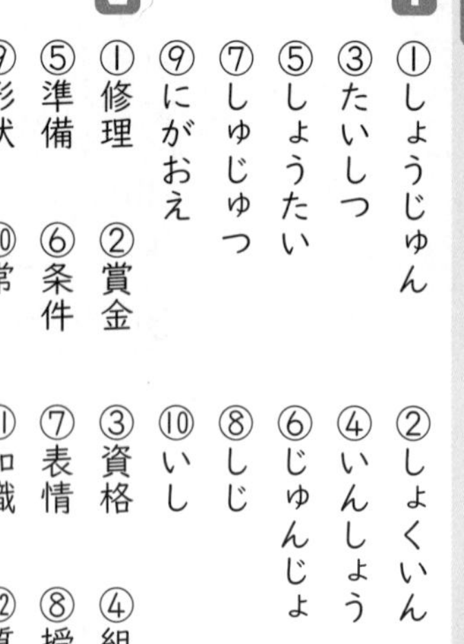

1
①しょうじゅん　②しょくいん　③たいしつ　④いんしょう　⑤しょうたい　⑥じゅんじょ　⑦しゅじゅつ　⑧しじ　⑨にがおえ　⑩いし

2
①修理　②賞金　③資格　④組織　⑤準備　⑥条件　⑦表情　⑧授業　⑨形状　⑩常　⑪知識　⑫質問　⑬証明　⑭制度　⑮感謝　⑯校舎　⑰飼育　⑱教師　⑲職業　⑳序章

3
①飼い　②修める　③示す　④述べる　⑤招く　⑥飼う　⑦情け　⑧似る　⑨招き　⑩織る

5　10・11ページ

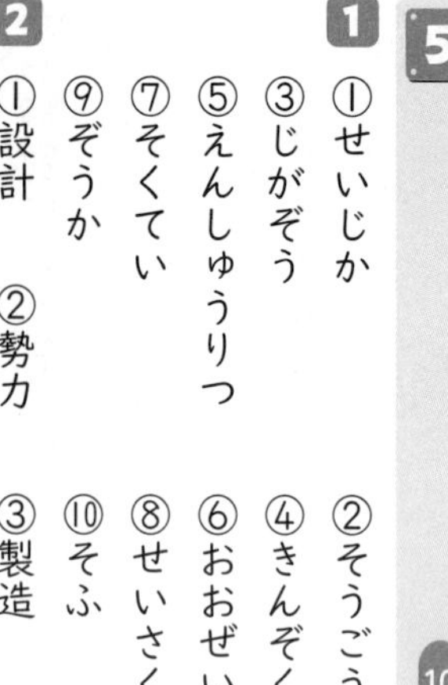

1
①せいじか　②そうごう　③じがぞう　④きんぞく　⑤えんしゅうりつ　⑥おおぜい　⑦そくてい　⑧せいさく　⑨ぞうか　⑩そふ

2
①設計　②勢力　③製造　④精度

⑤財政　⑥増加　⑦成績　⑧絶対
⑨素質　⑩接近　⑪責任　⑫損
⑬規則　⑭知性　⑮税金　⑯画像
⑰祖先　⑱所属　⑲観測　⑳総会

3
①勢い　②設ける　③造る　④率いて
⑤責める　⑥貸す　⑦増える　⑧測る
⑨絶つ　⑩増す

6　12・13ページ

1
①とういつ　②ひょうばん
③ねんりょう　④ひと
⑤だんけつ　⑥どくは
⑦みちび　⑧よび
⑨どうどう　⑩ひりょう

2
①版画　②比例　③日程　④停車
⑤態度　⑥出版　⑦貯金　⑧提出
⑨可能　⑩非常口　⑪任命　⑫適応
⑬独立　⑭犯罪　⑮決断　⑯銅
⑰新築　⑱消費　⑲出張　⑳毒物

3
①備える　②比べる　③張る　④断る
⑤任せる　⑥破る　⑦築く　⑧燃える
⑨得る　⑩肥える

7　14・15ページ

1
①むちゅう　②ふくしゅう
③ほとけ　④りょうち
⑤ふじん　⑥しょうぼうしゃ
⑦ぼぜん　⑧ぶし
⑨べんとう　⑩ぼうふうう

2
①義務　②貿易　③輸送　④綿毛
⑤歴史　⑥複数　⑦報告　⑧配布
⑨綿　⑩省略　⑪小麦粉　⑫保管
⑬余白　⑭山脈　⑮長編　⑯留学
⑰布　⑱夢　⑲内容　⑳墓

3
①務める　②留まる　③迷う　④余る
⑤暴れる　⑥豊かな　⑦貧しい　⑧防ぐ
⑨編む　⑩保つ

8　16・17ページ

1
①みき　②てんきょ
③そしき　④じょしょう
⑤ぼうえき　⑥よはく
⑦えいぎょう　⑧げんいん

2
①軽減　②炭酸　③夢中　④武士
⑤弁当　⑥予備　⑦肥料　⑧体質

3
①熱い　②明ける　③建つ　④努める

4
①志す　②営む　③快い　④移る
⑤述べる　⑥設ける　⑦勢い　⑧責める
⑨比べる　⑩備える

付録 とりはずしてお使いください。

英語
おさらいドリル

6年

こちらから
単語や文章の音声を
聞くことができます。

年　　組

アルファベット

アルファベットの大文字をなぞりましょう。また、くり返し書いてみましょう。

A B C D E F

G H I J K L

M N O P Q R

S T U V W X

Y Z

✎ アルファベットの小文字をなぞりましょう。また、くり返し書いてみましょう。

a b c d e f

g h i j k l

m n o p q r

s t u v w x

y z

国名を表す言葉

国名を表す言葉をなぞりましょう。また、くり返し書いてみましょう。

□ベルギー

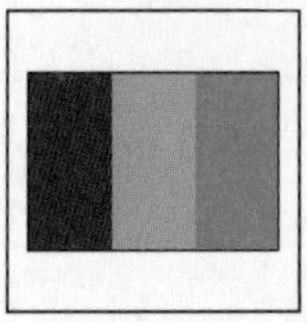

Belgium

□デンマーク

Denmark

□ネパール

Nepal

□キューバ

Cuba

□エクアドル

Ecuador

□タンザニア

Tanzania

聞かれたことについて、自分ならどう答えるか書いてみましょう。
空らんの言葉を埋めて、文をなぞりましょう。

1 自分の出身国を伝えるとき

I'm from ______________.

（私は〇〇出身です。）

2 自分の行きたい国をたずねるとき、答えるとき

Where do you want to go?

（あなたはどこに行きたいですか。）

I want to go to ______________.

（私は〇〇に行きたいです。）

3 「～に行きましょう。」とさそうとき

Let's go to ______________.

（〇〇に行きましょう。）

身の回りのものを表す言葉

身の回りのものを表す言葉をなぞりましょう。また、くり返し書いてみましょう。

□かご

basket

□本

book

□電話

telephone

□せっけん

soap

□カメラ

camera

□ブラシ

brush

聞かれたことについて、自分ならどう答えるか書いてみましょう。
空らんの言葉を埋めて、文をなぞりましょう。

1 誕生日にほしいものをたずねるとき、答えるとき

What do you want for your birthday?

（あなたはあなたの誕生日に何がほしいですか。）

I want ＿＿＿＿＿＿

for my birthday.

（私は誕生日に〇〇がほしいです。）

2 自分の宝物を伝えるとき

My treasure is my ＿＿＿＿＿＿.

（私の宝物は〇〇です。）

1日の行動を表す言葉

1日の行動を表す言葉をなぞりましょう。また、くり返し書いてみましょう。

□花に水をやる

water the flowers

□顔を洗う

wash my face

□朝ご飯を食べる

eat breakfast

□制服を着る

wear the school uniform

□家を出る

leave home

□夕ご飯を食べる

eat dinner

聞かれたことについて、自分ならどう答えるか書いてみましょう。
空らんの言葉を埋めて、文をなぞりましょう。

1 ある時間にすることを伝えるとき

I always ＿＿＿＿＿＿＿＿

at 7:30.

（私は7時30分にいつも○○をします。）

I usually ＿＿＿＿＿＿＿＿

at six in the evening.

（私は夕方6時にたいてい○○をします。）

I sometimes ＿＿＿＿＿＿＿＿

on Saturday.

（私は土曜日に、ときどき○○をします。）

したこと（過去形）を表す言葉①

✎ したことを表す言葉をなぞりましょう。また、くり返し書いてみましょう。

□家にいた

stayed home

□友達と遊んだ

played with my friends

□風呂を掃除した

cleaned the bath

□音楽を聞いた

listened to music

□友達と話した

talked with my friends

□テレビを見た

watched TV

聞かれたことについて、自分ならどう答えるか書いてみましょう。
空らんの中にはこれまで学んだ言葉を入れて、
自分のしたことと、その感想を書いてみましょう。

1 週末がどうだったかをたずねるとき、答えるとき

How was your weekend?

（週末はどうでしたか。）

It was great.

（それはすばらしかったです。）

2 週末にしたことを伝えるとき

I ______________________ .

（私は〇〇をしました。）

したこと（過去形）を表す言葉②

したことを表す言葉をなぞりましょう。また、くり返し書いてみましょう。

□高尾山に登った

climbed Mt. Takao

□カレーライスを作った

made curry and rice

□おみやげを買った

bought souvenirs

□１位になった

won first place

□富士山を見た

saw Mt. Fuji

□速く走った

ran fast

聞かれたことについて、自分ならどう答えるか書いてみましょう。
空らんの中にはこれまで学んだ言葉を入れて、
自分のしたことと、その感想を書いてみましょう。

1 週末にしたことを伝えるとき

I went to ______________ .

（私は〇〇に行きました。）

I ______________ there.

（私はそこで〇〇をしました。）

2 週末にしたことの感想を伝えるとき

It was ______________ .

（それは〇〇でした。）

場所を表す言葉

場所を表す言葉をなぞりましょう。また、くり返し書いてみましょう。

□空港

airport

□工場

factory

□スケートパーク

skate park

□キャンプ場

campsite

□森

forest

□さばく

desert

聞かれたことについて、自分ならどう答えるか書いてみましょう。
空らんの言葉を埋めて、文をなぞりましょう。

1 町の中のお気に入りの場所をたずねるとき、答えるとき

What is your favorite place
in your town?

（あなたの町のお気に入りの場所は何ですか。）

My favorite place is
________________.

（私のお気に入りの場所は〇〇です。）

2 自分の町にほしい施設や観光地などを伝えるとき

I want ________________
in my town.

（私の町に〇〇がほしいです。）

地名を表す言葉

地名を表す言葉をなぞりましょう。また、くり返し書いてみましょう。

□北極

the Arctic

□南極

the Antarctic

□アフリカ

Africa

□ヨーロッパ

Europe

□南アメリカ

South America

□アジア

Asia

聞かれたことについて、自分ならどう答えるか書いてみましょう。
空らんの中にはこれまで学んだ言葉を入れて、
例にならって伝えてみましょう。

1 その国がどこの地域に属しているかを伝える場合

Japan is in Asia.

（日本はアジアにあります。）

France is in Europe.

（フランスはヨーロッパにあります。）

2 その地域で出会うことのできる動物などについて伝えるとき

We can see kangaroos in Oceania.

（オセアニアではカンガルーを見ることができます。）

We can see ＿＿＿＿

in ＿＿＿＿ .

（○○では○○を見ることができます。）

学校行事を表す言葉

学校行事を表す言葉をなぞりましょう。また、くり返し書いてみましょう。

□文化祭

culture festival

□ひなん訓練

evacuation drill

□運動会

sports festival

□期末試験

term test

□マラソン大会

school marathon

□学芸会

drama festival

聞かれたことについて、自分ならどう答えるか書いてみましょう。
空らんの中にはこれまで学んだ言葉を入れて、
思い出と楽しんだことを伝えてみましょう。

1 思い出の学校行事をたずねるとき、答えるとき

What is your best memory?

（あなたの一番の思い出は何ですか。）

My best memory is

____________________.

（私の一番の思い出は○○です。）

2 学校行事について、楽しんだことを伝えるとき

We enjoyed ____________________.

（私たちは○○を楽しみました。）

部活動を表す言葉

部活動を表す言葉をなぞりましょう。また、くり返し書いてみましょう。

□放送部

broadcasting club

□英語部

English club

□体操部

gymnastics team

□水泳部

swimming team

□陸上部

track and field team

□写真部

photography club

聞かれたことについて、自分ならどう答えるか書いてみましょう。
空らんの中にはこれまで学んだ言葉を入れて、
自分のできること、したいことを伝えてみましょう。

1 中学校で入りたい部活についてたずねるとき、答えるとき

What club do you want to join?

（あなたは何の部活に入りたいですか。）

I want to join the

＿＿＿＿＿＿＿＿＿＿.

私は〇〇部に入りたいです。）

2 その部活に入りたい理由を伝えるとき

I can ＿＿＿＿＿＿＿＿＿＿.

（私は〇〇ができます。）

I'm good at ＿＿＿＿＿＿＿＿＿＿.

（私は〇〇が得意です。）

職業を表す言葉

職業を表す言葉をなぞりましょう。また、くり返し書いてみましょう。

□ファッションデザイナー

fashion designer

□消防士

firefighter

□イラストレーター

illustrator

□ジャーナリスト

journalist

□音楽家

musician

□薬剤師

pharmacist

聞かれたことについて、自分ならどう答えるか書いてみましょう。
空らんの中にはこれまで学んだ言葉を入れて、
自分のなりたい職業でしたいことも伝えてみましょう。

1 将来なりたい職業についてたずねるとき、答えるとき

What do you want to be?

（あなたは何になりたいですか。）

I want to be ＿＿＿＿＿＿＿＿.

（私は○○になりたいです。）

職業を表す言葉の前には
必ず a や an をつけましょう。

2 その職業について、したいことを伝えるとき

I want to ＿＿＿＿＿＿＿＿.

（私は○○がしたいです。）

3 自分のまわりの大人がついている職業について伝えるとき

My father is ＿＿＿＿＿＿＿＿.

（私の父は○○です。）

教科を表す言葉

教科を表す言葉をなぞりましょう。また、くり返し書いてみましょう。

□算数

math

□理科

science

□社会

social studies

□音楽

music

□体育

P.E.

□図画工作

arts and crafts

聞かれたことについて、自分ならどう答えるか書いてみましょう。
空らんの言葉を埋めて、文をなぞりましょう。

1 好きな教科についてたずねるとき、答えるとき

What subject do you like?

（あなたは何の教科が好きですか。）

I like ＿＿＿＿＿＿.

（私は〇〇が好きです。）

I don't like ＿＿＿＿＿＿.

（私は〇〇が好きではありません。）

2 自分の勉強したい教科について伝えるとき

I want to study ＿＿＿＿＿＿.

（私は〇〇を勉強したいです。）

感想を表す言葉

感想を表す言葉をなぞりましょう。また、くり返し書いてみましょう。

□こわい

scary

□困難な

tough

□簡単な

easy

□難しい

difficult

□たいくつな

boring

□独特の

unique

聞かれたことについて、自分ならどう答えるか書いてみましょう。
空らんの中にはこれまで学んだ言葉を入れて、
自分のおすすめの国について伝えてみましょう。

① おすすめの国と、そこでできること、その感想を伝えるとき

Let's go to ______________.

（○○に行きましょう。）

You can see ______________.

（○○を見ることができます。）

It is ______________.

（それは○○です。）

乗り物を表す言葉

乗り物を表す言葉をなぞりましょう。また、くり返し書いてみましょう。

□一輪車

unicycle

□車いす

wheelchair

□パトカー

patrol car

□飛行機

airplane

□ボート

boat

□宇宙船

spaceship

聞かれたことについて、自分ならどう答えるか書いてみましょう。
空らんの中にはこれまで学んだ言葉を入れて、
自分のおすすめの場所について伝えてみましょう。

1 住んでいる地域の一番好きな場所と、そこでできること、どうやって行くことができるかを伝えるとき

My favorite place is

____________________ .

（わたしのお気に入りの場所は○○です。）

You can ____________________ .

（○○をすることができます。）

You can go there by ____________________ .

（○○でそこに行くことができます。）

by は、「〜で」という意味があり、そのあとに
乗り物を表す言葉を入れることができるよ。

家具・衣類を表す言葉

家具・衣類を表す言葉をなぞりましょう。また、くり返し書いてみましょう。

□コート

coat

□スカーフ

scarf

□スカート

skirt

□ジーンズ

jeans

□スリッパ

slippers

□ソファ

sofa

聞かれたことについて、自分ならどう答えるか書いてみましょう。
空らんの言葉を埋めて、文をなぞりましょう。

1 どこにあるかをたずねるとき、答えるとき

Where is ＿＿＿＿＿＿＿＿＿＿?

（〇〇はどこにありますか。）

It's on the ＿＿＿＿＿＿＿＿＿＿.

（〇〇の上にあります。）

2 ほしいものを伝えるとき

I want ＿＿＿＿＿＿＿＿＿＿.

（私は〇〇がほしいです。）

教科書ぴったりトレーニング

丸つけラクラク解答

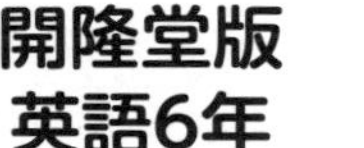

開隆堂版
英語6年

この「丸つけラクラク解答」は
とりはずしてお使いください。

「丸つけラクラク解答」では問題と同じ紙面に、赤字で答えを書いています。

①問題がとけたら、まずは答え合わせをしましょう。

②まちがえた問題やわからなかった問題は、てびきを読んだり、教科書を読み返したりしてもう一度見直しましょう。

おうちのかたへ では、次のようなものを示しています。

- 学習のねらいやポイント
- 他の学年や他の単元の学習内容とのつながり
- まちがいやすいことやつまずきやすいところ

お子様への説明や、学習内容の把握などにご活用ください。

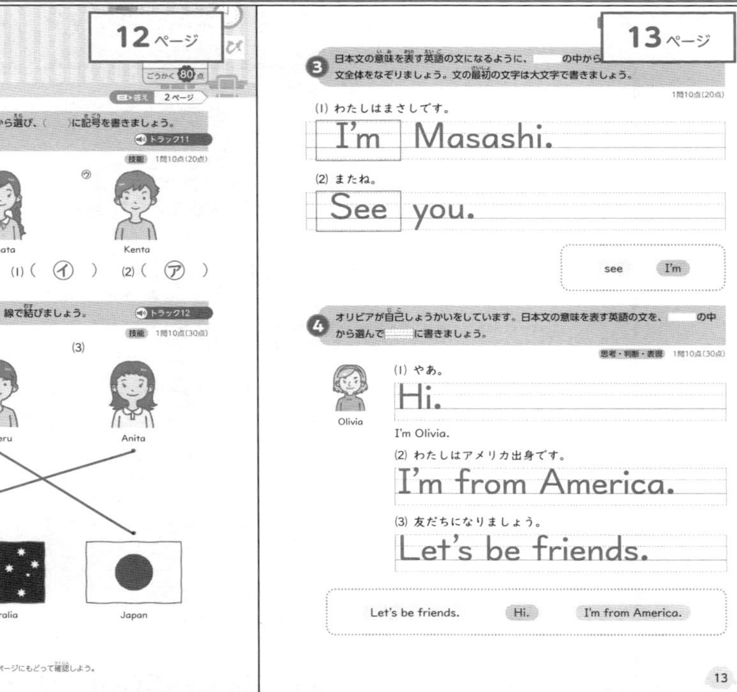

12ページ

ぴったり3 たしかめのテスト Unit 1 こんにちは

❶ 音声を聞き、内容に合う絵を下の㋐～㋒から選び、(　)に記号を書きましょう。

(1)(㋑)　(2)(㋐)

❷ 音声を聞き、それぞれの人物の出身国を、線で結びましょう。

(1) Emily — Australia　(2) Takeru — Japan　(3) Anita — India

13ページ

❸ 日本文の意味を表す英語の文になるように、□の中から語を選んで、文全体をなぞりましょう。文の最初の文字は大文字で書きましょう。

(1) わたしはまさしです。 I'm Masashi.

(2) またね。 See you.

❹ オリビアが自己しょうかいをしています。日本文の意味を表す英語の文を、□の中から選んで書きましょう。

(1) やあ。 Hi.

I'm Olivia.

(2) わたしはアメリカ出身です。 I'm from America.

(3) 友だちになりましょう。 Let's be friends.

見やすい答え

くわしいてびき

❶ Hello.(こんにちは。)やHi.(やあ。)というあいさつのあとに、I'm ～.(わたしは～です。)と名前が読まれます。I'mのあとの名前に注意して聞き取りましょう。

❷ I'm from ～.(わたしは～出身です。)と出身国を伝える英語が読まれます。fromのあとの国を表す言葉に注意して聞き取りましょう。

❸ 名前を伝える表現と、別れのあいさつを練習しましょう。See you.(またね。)は人と別れるときに使うあいさつです。

❹ 自己しょうかいをするときは、はじめにあいさつをして、名前や出身国を伝えます。最後にLet's be friends.(友だちになりましょう。)などと言うのもよいでしょう。

読まれる英語

❶ (1) Hello! I'm Hinata.
(2) Hi. I'm Jomo.

❷ (1) I'm Emily. I'm from Australia.
(2) I'm Takeru. I'm from Japan.
(3) Hello. I'm Anita. I'm from India.

おうちのかたへ

このユニットではあいさつや自分の名前と出身国の伝え方を練習しました。日常生活でお子さまとHi.やSee you.などのあいさつを交わしたり、簡単な自己紹介をしあったりして、英語に触れる時間をとってみてください。

読まれる英語

おうちのかたへ

※紙面はイメージです。

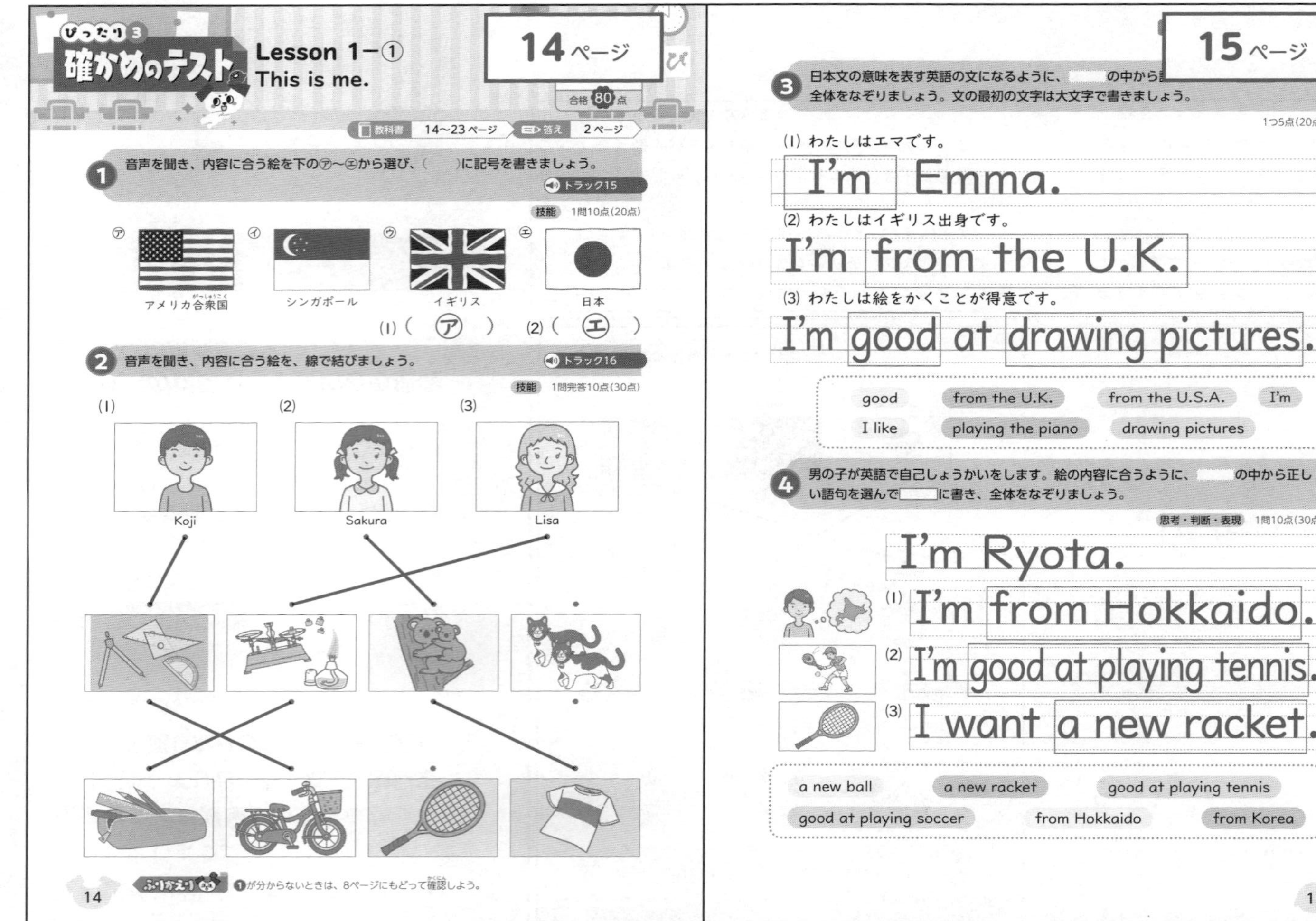
ぴったり3 確かめのテスト

Lesson 1−①
This is me.

14ページ

合格80点

教科書 14〜23ページ 答え 2ページ

1 音声を聞き、内容に合う絵を下の㋐〜㋓から選び、(　)に記号を書きましょう。 トラック15

技能 1問10点(20点)

㋐ アメリカ合衆国 ㋑ シンガポール ㋒ イギリス ㋓ 日本

(1)(㋐) (2)(㋓)

2 音声を聞き、内容に合う絵を、線で結びましょう。 トラック16

技能 1問完答10点(30点)

(1) Koji (2) Sakura (3) Lisa

ふりかえり ①が分からないときは、8ページにもどって確認しよう。

14

15ページ

3 日本文の意味を表す英語の文になるように、[　]の中から語句を選んで書き、全体をなぞりましょう。文の最初の文字は大文字で書きましょう。

1つ5点(20点)

(1) わたしはエマです。

I'm Emma.

(2) わたしはイギリス出身です。

I'm from the U.K.

(3) わたしは絵をかくことが得意です。

I'm good at drawing pictures.

good / from the U.K. / from the U.S.A. / I'm / I like / playing the piano / drawing pictures

4 男の子が英語で自己しょうかいをします。絵の内容に合うように、[　]の中から正しい語句を選んで[　]に書き、全体をなぞりましょう。

思考・判断・表現 1問10点(30点)

I'm Ryota.

(1) I'm from Hokkaido.

(2) I'm good at playing tennis.

(3) I want a new racket.

a new ball / a new racket / good at playing tennis / good at playing soccer / from Hokkaido / from Korea

15

読まれる英語

1 (1) Hi. I'm Olivia. I'm from the U.S.A.

(2) Hi. I'm Ken. I'm from Japan.

2 (1) I'm Koji. I like math. I want a new bicycle.

(2) I'm Sakura. I like koalas. I want a new T-shirt.

(3) I'm Lisa. I like science. I want a new pencil case.

おうちのかたへ

このレッスンでは、「自分の名前(I'm ～.)」、「出身地(I'm from ～.)」、「好きなもの[こと] (I like ～.)」、「ほしいもの(I want ～.)」、「得意なこと(I'm good at ～.)」を伝える言い方を学びました。お子さまとおたがいにさまざまな言い方で、自己しょうかいをし合ってみてください。

1 名前のあとにI'm from ～.と出身地が読まれます。fromのあとにくる語に注意して聞き取りましょう。

2 名前のあとにI like ～.と好きなものを伝える英語とI want ～.とほしいものを伝える英語が読まれます。likeとwantのあとに読まれる語句をしっかり聞き取りましょう。

3 「わたしは～です。」はI'm ～.で表します。「わたしは～出身です。」はI'm from ～.で表します。イギリスはU.K.です。「～が得意」はgood at ～で表します。「絵をかくこと」はdrawing picturesとなります。

4 絵の内容に合うものは、それぞれ(1)from Hokkaido(北海道出身)、(2)good at playing tennis(テニスをすることが得意)、(3)a new racket(新しいラケット)となります。

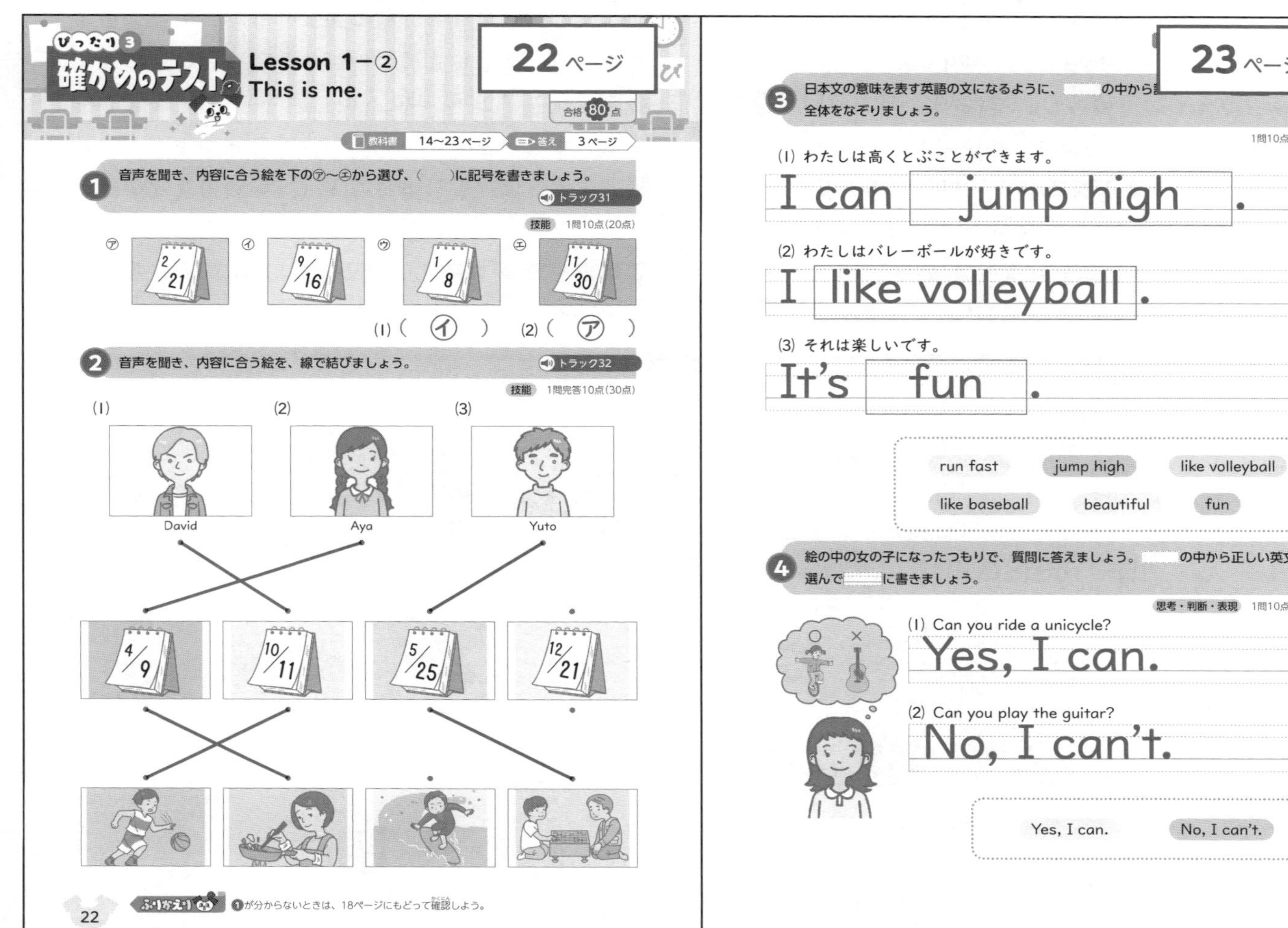
22ページ
23ページ
ぴったり3 確かめのテスト
Lesson 1−②
This is me.
教科書 14~23ページ 答え 3ページ
合格80点
1 音声を聞き、内容に合う絵を下の㋐~㋓から選び、( )に記号を書きましょう。
トラック31
技能 1問10点(20点)
(1) (㋑) (2) (㋐)
2 音声を聞き、内容に合う絵を、線で結びましょう。
トラック32
技能 1問完答10点(30点)
David
Aya
Yuto
ふりかえり 1が分からないときは、18ページにもどって確認しよう。
22
3 日本文の意味を表す英語の文になるように、の中から語句を選んで、全体をなぞりましょう。
1問10点(30点)
(1) わたしは高くとぶことができます。
I can jump high.
(2) わたしはバレーボールが好きです。
I like volleyball.
(3) それは楽しいです。
It's fun.
run fast
jump high
like volleyball
like baseball
beautiful
fun
4 絵の中の女の子になったつもりで、質問に答えましょう。の中から正しい英文を選んでに書きましょう。
思考・判断・表現 1問10点(20点)
(1) Can you ride a unicycle?
Yes, I can.
(2) Can you play the guitar?
No, I can't.
Yes, I can.
No, I can't.
23

1 My birthday is ～.と誕生日(たんじょうび)が読まれます。isのあとにくる月の名前と日にちをしっかり聞き取りましょう。「21日」が英語では21stとなることにも注意しましょう。

2 名前のあとに誕生日が読まれます。そのあとにI can ～.とできることを伝える英語が読まれます。My birthday isとI canのあとに読まれる語句をしっかり聞き取りましょう。

3 「わたしは～することができます。」はI can ～.で表します。「高くとぶ」はjump highと表します。「バレーボールが好きです」はlike volleyball、「楽しい」はfunです。

4 絵の内容に合うものは、それぞれ(1)Yes, I can.と(2)No, I can't.となります。

読まれる英語

1 (1) My birthday is September 16th.
(2) My birthday is February 21st.

2 (1) Hi. I'm David. My birthday is October 11th. I can play basketball.
(2) Hi. I'm Aya. My birthday is April 9th. I can cook.
(3) Hi. I'm Yuto. My birthday is May 25th. I can play *shogi*.

おうちのかたへ

このレッスンでは、自己しょうかいで使える表現をいくつか学びました。また、Can you ～?と相手ができるかどうかをたずねる表現とその答え方を学びました。My birthday is ～.、I can ～.、It's ～.などを使って、お子さまとおたがいに、自己しょうかいをし合ってみてください。

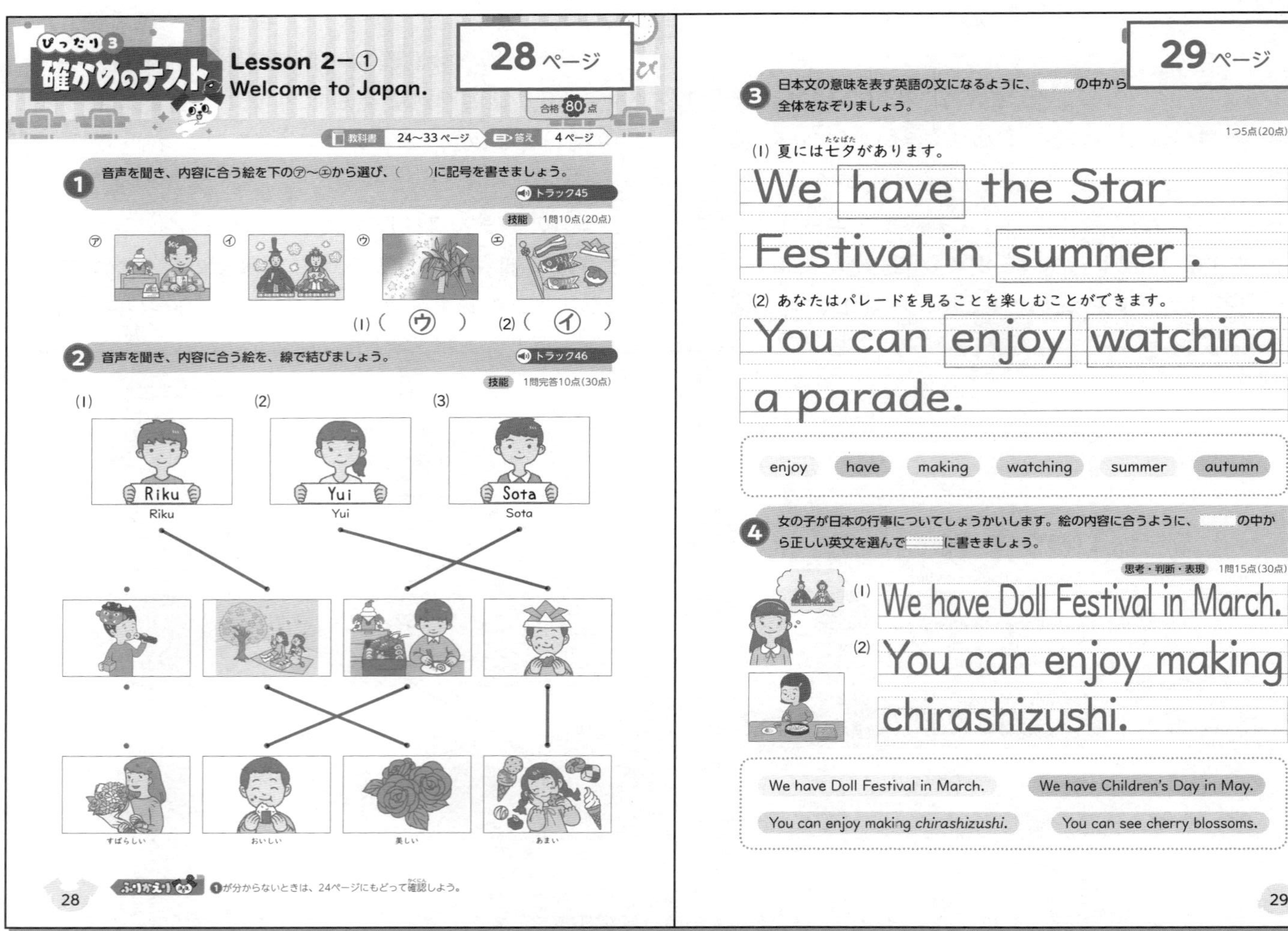

ぴったり3 確かめのテスト Lesson 2−① Welcome to Japan.

28ページ

合格80点　教科書 24〜33ページ　答え 4ページ

1 音声を聞き、内容に合う絵を下の㋐〜㋓から選び、（　）に記号を書きましょう。　トラック45　技能 1問10点(20点)

(1)（ ウ ）　(2)（ イ ）

2 音声を聞き、内容に合う絵を、線で結びましょう。　トラック46　技能 1問完答10点(30点)

(1) Riku　(2) Yui　(3) Sota

すばらしい　おいしい　美しい　あまい

ふりかえり 1が分からないときは、24ページにもどって確認しよう。

28

29ページ

3 日本文の意味を表す英語の文になるように、　の中から語を選び、全体をなぞりましょう。　1つ5点(20点)

(1) 夏には七夕があります。

We have the Star Festival in summer.

(2) あなたはパレードを見ることを楽しむことができます。

You can enjoy watching a parade.

enjoy　have　making　watching　summer　autumn

4 女の子が日本の行事についてしょうかいします。絵の内容に合うように、　の中から正しい英文を選んで　に書きましょう。　思考・判断・表現 1問15点(30点)

(1) We have Doll Festival in March.

(2) You can enjoy making chirashizushi.

We have Doll Festival in March.　We have Children's Day in May.　You can enjoy making *chirashizushi*.　You can see cherry blossoms.

29

読まれる英語

1 (1) We have the Star Festival in summer.
(2) We have Doll Festival in spring.

2 (1) I'm Riku. We have *hanami* in spring. You can see cherry blossoms. They are beautiful.
(2) I'm Yui. We have Children's Day in May. You can eat *kashiwamochi*. It's sweet.
(3) I'm Sota. We have New Year's Day in January. You can enjoy traditional foods. They are delicious.

おうちのかたへ

このレッスンでは、日本の行事のしょうかいで使える表現を学びました。We have 〜.、You can 〜.、It's 〜.、They are 〜.などを使って、お子さまとおたがいに、日本の行事をしょうかいし合ってみてください。

1 We have 〜 in ....で日本の年中行事と、それがある季節が読まれます。haveのあとにくる行事の名前をしっかり聞き取りましょう。

2 名前のあとにいつ、どんな年中行事があるかが読まれます。そのあとにYou can 〜.とその行事でできることと、It's 〜. / They are 〜.で、それがどのようなものかを伝える英語が読まれます。様子や味を表す英語に注意して聞き取りましょう。

3 「〜があります」はWe have 〜.で表します。「わたしたちは(季節)に〜を持っています。」ということから「(季節)には〜があります。」の意味になります。「夏」はsummer、「〜を楽しむ」はenjoy、「〜を見ること」はwatchingです。

4 内容に合うものは、「ひな祭り」と「ちらしずし」の絵から、(1) We have Doll Festival in March.と(2) You can enjoy making *chirashizushi*.となります。

34ページ

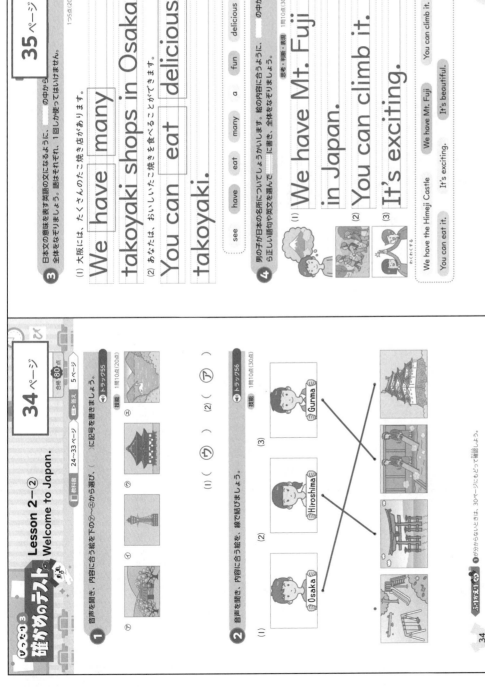

ぴったり3 確かめのテスト Lesson 2－② Welcome to Japan.

合格80点　教科書 24～33ページ　答え 5ページ

1 音声を聞き、内容に合う絵を下の㋐～㋓から選び、（　）に記号を書きましょう。 トラック55

技能 1問10点(20点)

㋐　㋑　㋒　㋓

(1)（ ㋒ ）　(2)（ ㋐ ）

2 音声を聞き、内容に合う絵を、線で結びましょう。 トラック56

技能 1問10点(30点)

(1)　(2)　(3)

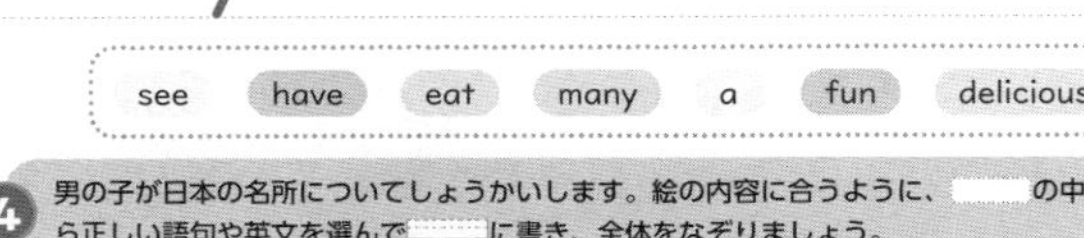

ふりかえり ❶が分からないときは、30ページにもどって確認しよう。

34

35ページ

3 日本文の意味を表す英語の文になるように、　の中から語を選んで　に書き、全体をなぞりましょう。語はそれぞれ、1回しか使ってはいけません。

1つ5点(20点)

(1) 大阪には、たくさんのたこ焼き店があります。

We have many takoyaki shops in Osaka.

(2) あなたは、おいしいたこ焼きを食べることができます。

You can eat delicious takoyaki.

see　have　eat　many　a　fun　delicious

4 男の子が日本の名所についてしょうかいします。絵の内容に合うように、　の中から正しい語句や英文を選んで　に書き、全体をなぞりましょう。

思考・判断・表現 1問10点(30点)

(1) We have Mt. Fuji in Japan.

(2) You can climb it.

(3) It's exciting.

わくわくする

We have the Himeji Castle　We have Mt. Fuji　You can climb it.　You can eat it.　It's exciting.　It's beautiful.

35

読まれる英語

1 (1)We have many old temples in Japan.
(2)We have many beautiful gardens in Japan.

2 (1)We have a castle in Osaka.
(2)We have a shrine in Hiroshima.
(3)We have hot springs in Gunma.

おうちのかたへ

このレッスンでは、日本の名産、名物、名所のしょうかいで使える表現を学びました。We have ～.やYou can ～.を使って、お子さまとおたがいに、日本の名産、名物、名所をしょうかいし合ってみてください。

1 We haveのあとに日本にたくさんあるものが読まれます。manyは「たくさんの」という意味です。manyのあとにくる語句をしっかり聞き取りましょう。

2 We haveのあとに日本の名所とそれがある都道府県が読まれます。haveのあととinのあとの語句に注意して聞き取りましょう。

3 「～があります。」はWe have ～.で表します。「たくさんの」はmanyです。aは「1つの」という意味で、まちがいです。「～を食べる」はeat、「おいしい」はdeliciousとなります。haveにも「食べる」の意味がありますが、(1)の「～があります」で使うため、(2)はeatが正解になります。

4 「富士山」と「～に登る」と「わくわくする」の絵から、内容に合うものは、(1)We have Mt. Fuji.、(2)You can climb it.、(3)It's exciting.となります。

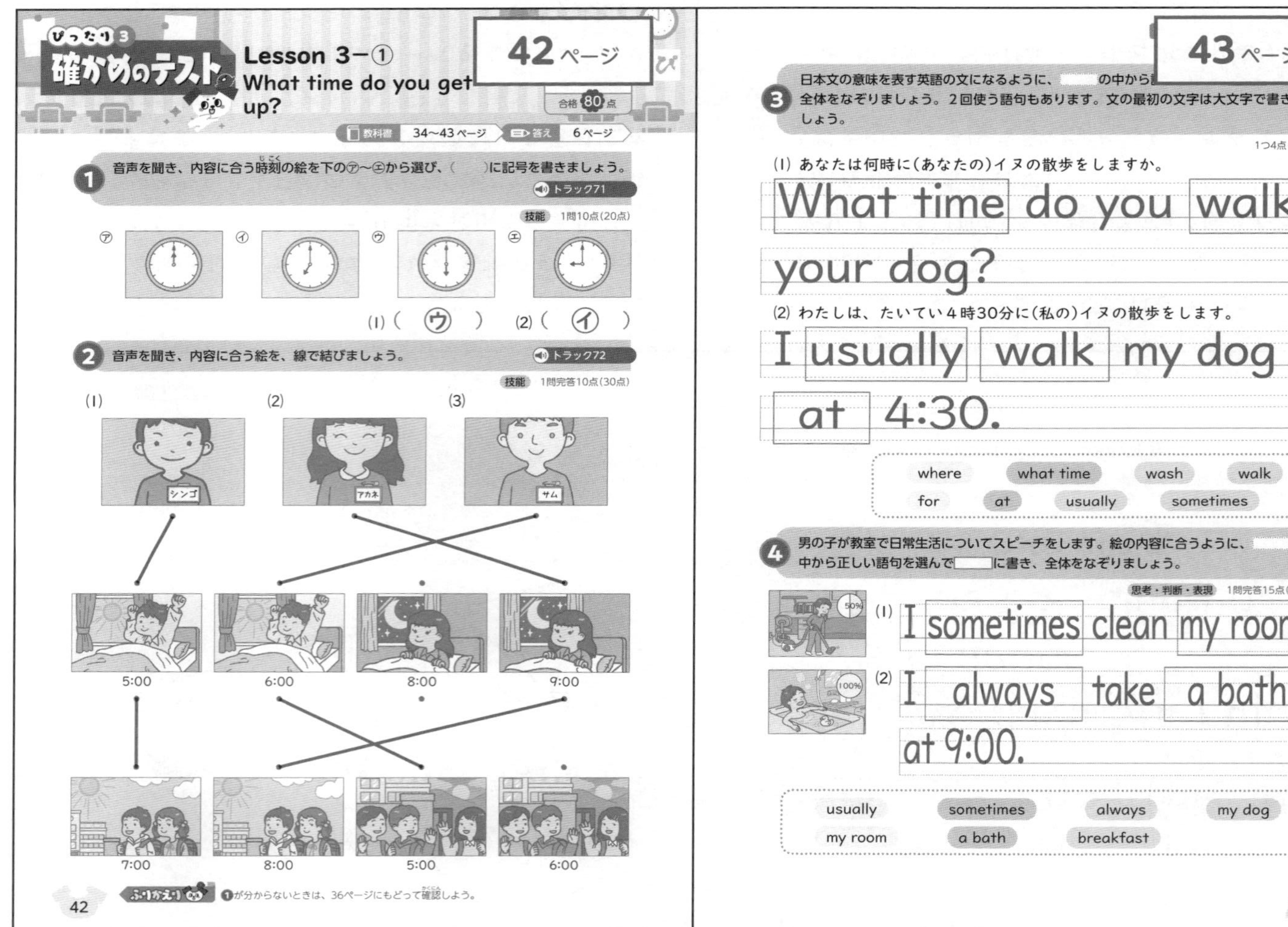

ぴったり3
確かめのテスト
Lesson 3−①
What time do you get up?
42ページ
合格80点
教科書 34〜43ページ
答え 6ページ
1 音声を聞き、内容に合う時刻の絵を下の㋐〜㋓から選び、（　）に記号を書きましょう。
トラック71
技能 1問10点(20点)
(1)（ ㋒ ） (2)（ ㋑ ）
2 音声を聞き、内容に合う絵を、線で結びましょう。
トラック72
技能 1問完答10点(30点)
(1)
(2)
(3)
シンゴ
アカネ
サム
5:00
6:00
8:00
9:00
7:00
8:00
5:00
6:00
42
ふりかえり
1が分からないときは、36ページにもどって確認しよう。
43ページ
3 日本文の意味を表す英語の文になるように、　　の中から語句を選んで全体をなぞりましょう。2回使う語句もあります。文の最初の文字は大文字で書きましょう。
1つ4点(20点)
(1) あなたは何時に(あなたの)イヌの散歩をしますか。
What time do you walk your dog?
(2) わたしは、たいてい4時30分に(私の)イヌの散歩をします。
I usually walk my dog at 4:30.
where
what time
wash
walk
for
at
usually
sometimes
4 男の子が教室で日常生活についてスピーチをします。絵の内容に合うように、　　の中から正しい語句を選んで　　に書き、全体をなぞりましょう。
思考・判断・表現 1問完答15点(30点)
(1) I sometimes clean my room.
(2) I always take a bath at 9:00.
usually
sometimes
always
my dog
my room
a bath
breakfast
43

読まれる英語

1 (1)What time do you get up?

— I get up at 6:00.

(2)What time do you eat dinner?

— I eat dinner at 7:00.

2 (1)I'm Shingo. I sometimes get up at 5:00. I go to school at 7:00.

(2)I'm Akane. I usually go to bed at 9:00. I go to school at 8:00.

(3)I'm Sam. I always get up at 6:00. I go home at 5:00.

おうちのかたへ

このレッスンでは、日常的に行うことの時刻のたずね方や答え方について学びました。What time do you ～?やalways、usually、sometimes、neverなどを使って日常行っていることを、お子さまとおたがいに、たずねたり、伝えたりしてみてください。

1 What time do you ～.で時刻(じこく)をたずねる英語と、それに答える英語が読まれます。答えのatのあとの時刻をしっかり聞き取りましょう。

2 名前を言ったあとに、起きる時刻やねる時刻を伝える英語が読まれます。また、そのあとに何時に学校に行くか、または、何時に家に帰るかが読まれます。atのあとに読まれる時刻に注意して聞き取りましょう。

3 「何時に～。」はWhat time ～?で表します。「(あなたの)イヌの散歩をする」はwalk your dogです。答えるときはyour(あなたの)をmy(わたしの)にします。「たいてい」はusually、「８時に」の「に」はatとなります。

4 絵と円グラフから、(1)「ときどき」sometimes、「わたしの部屋」my room、(2)「いつも」always、「風呂(ふろ)」a bathを選びます。

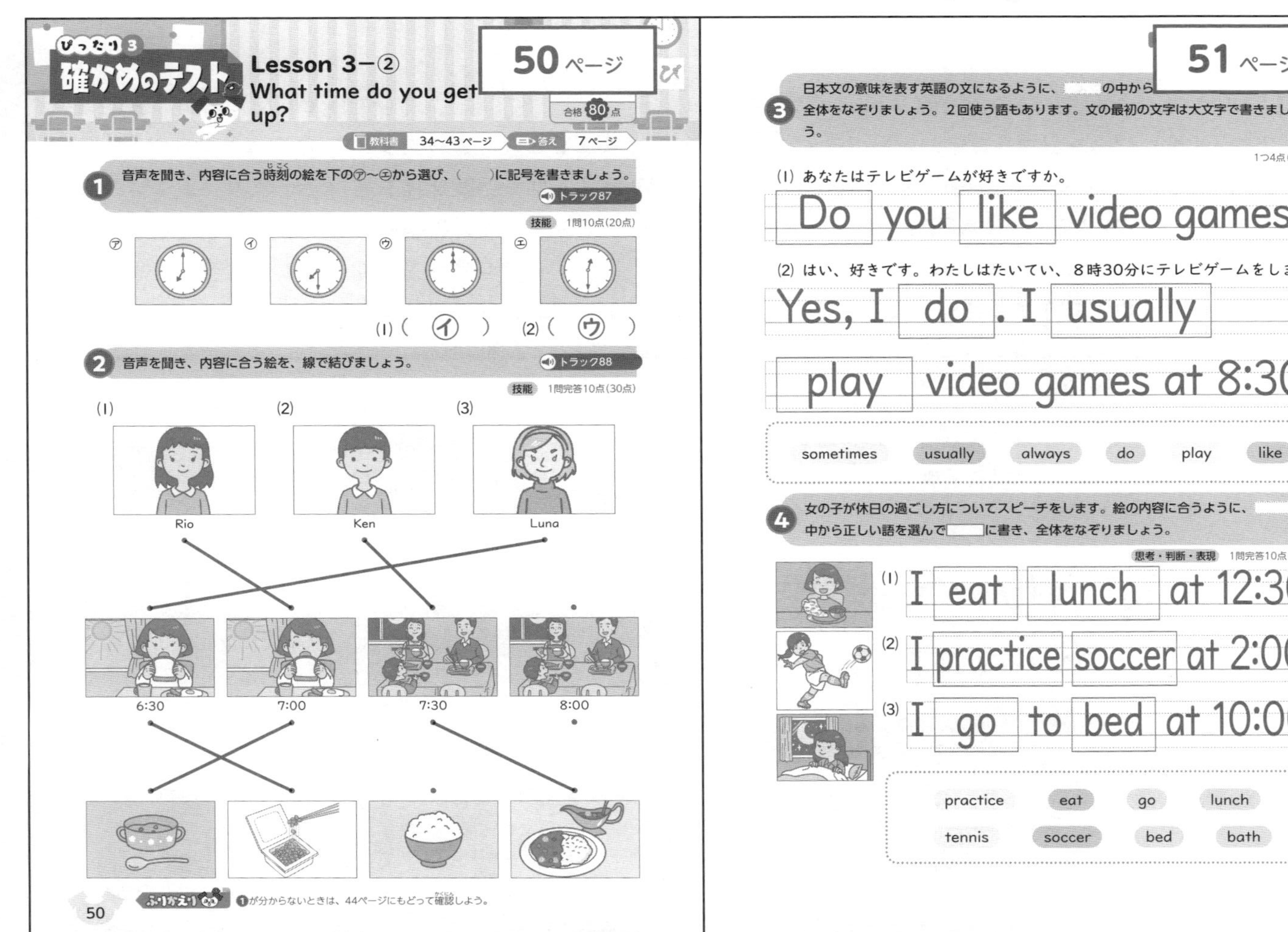
50ページ
51ページ
Lesson 3−②
What time do you get up?
確かめのテスト
(1)(イ) (2)(ウ)
Do you like video games?
Yes, I do. I usually play video games at 8:30.
I eat lunch at 12:30.
I practice soccer at 2:00.
I go to bed at 10:00.

読まれる英語

❶ (1) What time do you eat breakfast?
— I usually eat breakfast at 7:30.
(2) What time do you eat lunch?
— I usually eat lunch at 12:00.

❷ (1) I'm Rio. I usually eat breakfast at 7:00. I sometimes eat corn soup for breakfast.
(2) I'm Ken. I always eat dinner at 7:30. I sometimes eat curry and rice for dinner.
(3) I'm Luna. I always eat breakfast at 6:30. I never eat *natto* for breakfast.

おうちのかたへ

このレッスンでは、食生活の時刻のたずね方や答え方、好きかどうかのたずね方、答え方について学びました。What time do you ～?やbreakfast、lunch、dinner、や食べ物の英語などを使って日常の食生活について、お子さまとおたがいに、たずね合ってみてください。

❶ What time do you ～?で時刻(じこく)をたずねる英語が読まれます。答えのatのあとの時刻をしっかり聞き取りましょう。

❷ 名前を言ったあとに、食事を食べる時刻やどのくらいの割合(わりあい)で何を食べるかを伝える英語が読まれます。atのあとに読まれる時刻や何をどのくらいの割合で食べるかに注意して聞き取りましょう。

❸ 「～が好きですか。」はDo you like ～?で表します。「はい、好きです。」はYes, I do.です。「たいてい」はusually、「(ゲーム)をする」はplayとなります。usuallyのようなくり返しを表す語は、ふつうplayなど動作を表す言葉の前にきます。

❹ 絵から、(1)「昼食を食べる」eat lunch、(2)「サッカーの練習をする」practice soccer、「ねる」go (to) bedを選びます。

56ページ

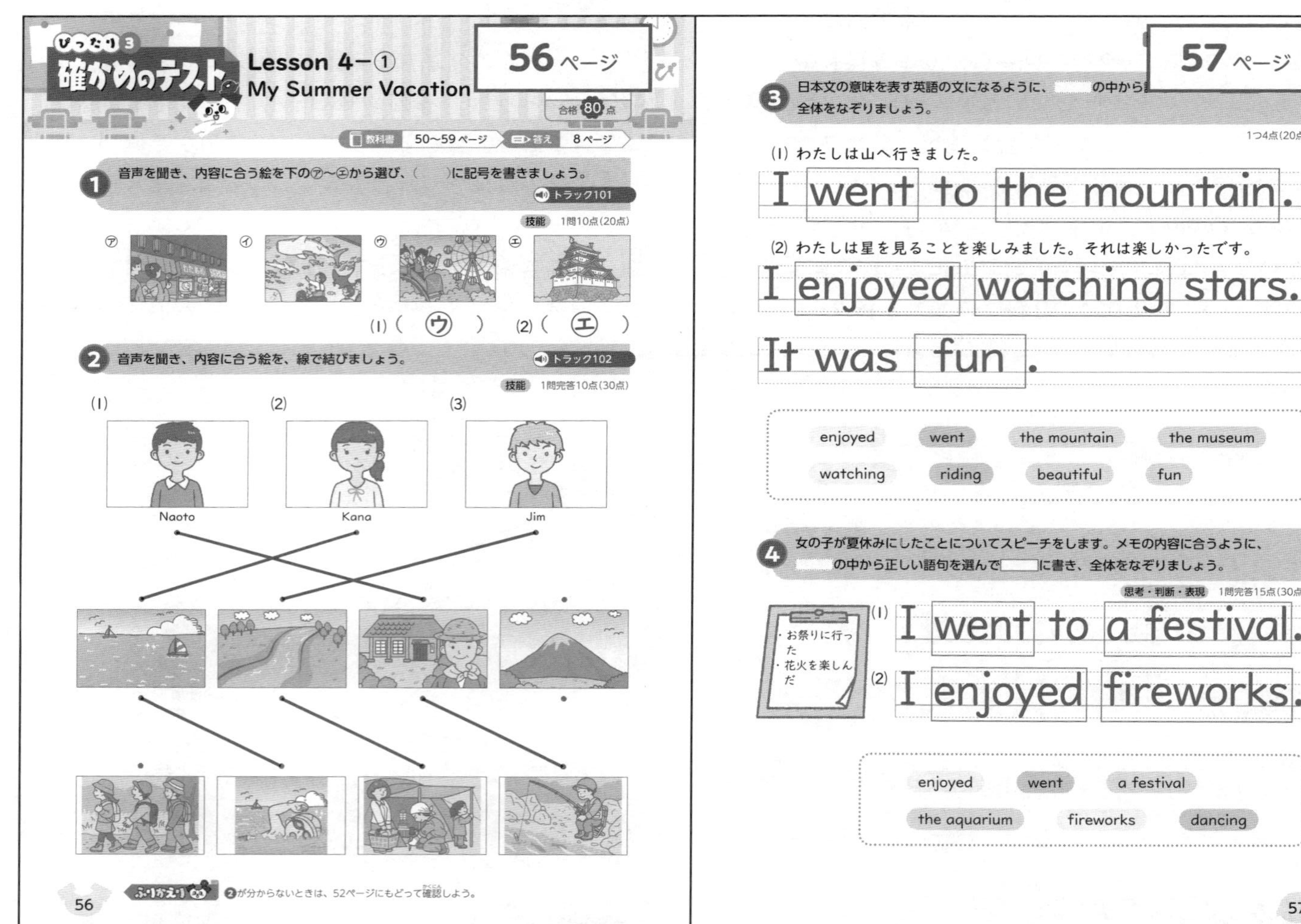
ぴったり3
確かめのテスト
Lesson 4−①
My Summer Vacation
合格80点
教科書 50〜59ページ
答え 8ページ
1 音声を聞き、内容に合う絵を下の㋐〜㋓から選び、(　)に記号を書きましょう。
トラック101
技能 1問10点(20点)
(1)(㋒) (2)(㋓)
2 音声を聞き、内容に合う絵を、線で結びましょう。
トラック102
技能 1問完答10点(30点)
Naoto
Kana
Jim
ふりかえり 2が分からないときは、52ページにもどって確認しよう。
56

57ページ

3 日本文の意味を表す英語の文になるように、　の中から語句を選び、全体をなぞりましょう。 1つ4点(20点)

(1) わたしは山へ行きました。

I went to the mountain.

(2) わたしは星を見ることを楽しみました。それは楽しかったです。

I enjoyed watching stars.

It was fun.

enjoyed / went / the mountain / the museum / watching / riding / beautiful / fun

4 女の子が夏休みにしたことについてスピーチをします。メモの内容に合うように、　の中から正しい語句を選んで　に書き、全体をなぞりましょう。

思考・判断・表現 1問完答15点(30点)

・お祭りに行った
・花火を楽しんだ

(1) I went to a festival.

(2) I enjoyed fireworks.

enjoyed / went / a festival / the aquarium / fireworks / dancing

57

読まれる英語

1 (1) I went to an amusement park.
(2) I went to a castle.

2 (1) I'm Naoto. I went to my grandfather's house. I enjoyed fishing.
(2) I'm Kana. I went to the sea. I enjoyed swimming.
(3) I'm Jim. I went to the river. I enjoyed camping.

おうちのかたへ

このレッスンでは、「わたしは〜へ行きました。」と過去に行った場所の伝え方と、「わたしは〜を楽しみました。」と、過去に楽しんだことの伝え方について学びました。また、それがどうだったかを表すIt was 〜.についても学びました。I went to 〜.やI enjoyed 〜.あるいはIt was 〜.などの表現を使ってお子さまが夏休みにしたことについて、おたがいに、話し合ってみてください。

1 I went to 〜.と、行った場所が読まれます。toのあとの言葉に注意して聞き取りましょう。

2 名前を言ったあとに、行った場所と楽しんだことが読まれます。toのあとに読まれる場所を表す言葉とenjoyのあとに読まれる、楽しんだことを表す言葉に注意して聞き取りましょう。

3 「わたしは〜へ行きました。」はI went to 〜.で表します。また、「わたしは〜を楽しみました。」はI enjoyed 〜.です。「山」はthe mountain、「〜を見ること」はwatching、「楽しかった」は(was) funとなります。

4 メモから、(1)「お祭りに行った」をwent (to) a festival、(2)「花火を楽しんだ」をenjoyed fireworksとします。

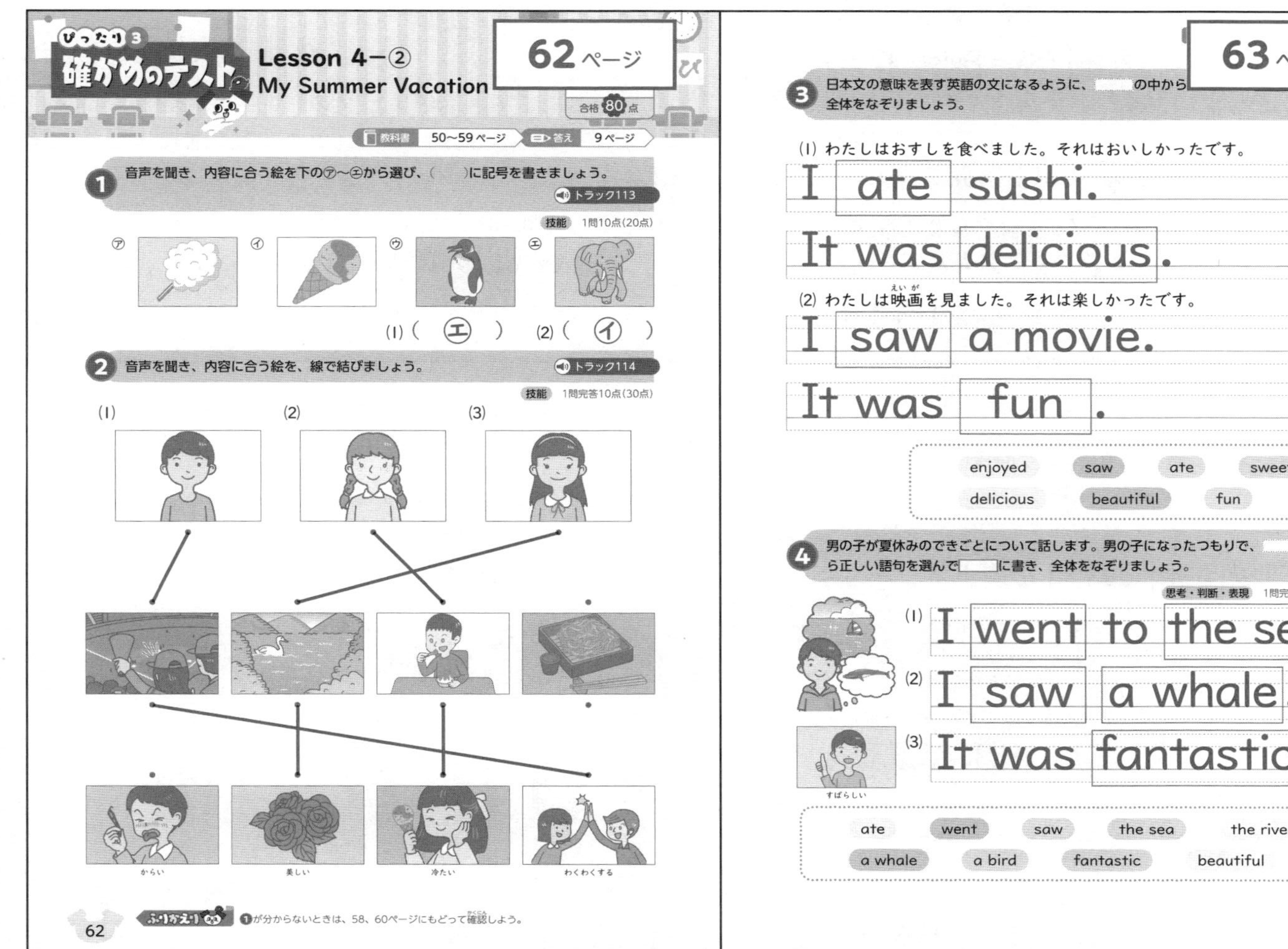

ぴったり3 確かめのテスト
Lesson 4−②
My Summer Vacation
62ページ
合格80点
教科書 50～59ページ 答え 9ページ
1 音声を聞き、内容に合う絵を下の㋐～㋓から選び、(　)に記号を書きましょう。
トラック113
技能 1問10点(20点)
(1) (㋓) (2) (㋑)
2 音声を聞き、内容に合う絵を、線で結びましょう。
トラック114
技能 1問完答10点(30点)
からい
美しい
冷たい
わくわくする
62
ふりかえり
1が分からないときは、58、60ページにもどって確認しよう。
63ページ
3 日本文の意味を表す英語の文になるように、　の中から語を選んで　に書き、全体をなぞりましょう。
1つ5点(20点)
(1) わたしはおすしを食べました。それはおいしかったです。
I ate sushi.
It was delicious.
(2) わたしは映画を見ました。それは楽しかったです。
I saw a movie.
It was fun.
enjoyed saw ate sweet
delicious beautiful fun
4 男の子が夏休みのできごとについて話します。男の子になったつもりで、　の中から正しい語句を選んで　に書き、全体をなぞりましょう。
思考・判断・表現 1問完答10点(30点)
(1) I went to the sea.
(2) I saw a whale.
(3) It was fantastic.
すばらしい
ate went saw the sea the river
a whale a bird fantastic beautiful
63

1 I saw ～.とI ate ～.で見たものと食べたものが読まれます。sawとateのあとの言葉に注意して聞き取りましょう。

2 見たものや食べたものが読まれます。見たものや食べ物を表す言葉に注意して聞き取りましょう。また、そのあとで、それがどうだったかが読まれます。wasのあとの言葉に注意して聞き取りましょう。

3 「わたしは～を食べました。」はI ate ～.で表します。「おいしい」はdeliciousです。また、「わたしは～を見ました。」はI saw ～.で、「楽しかった」は(was) funとなります。

4 絵から、(1)「海に行った」went (to) the sea、(2)「クジラを見た」saw a whaleとします。「すばらしい」はfantasticです。

読まれる英語

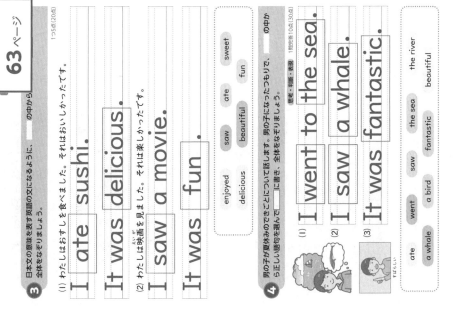

1 (1) I saw an elephant.
(2) I ate ice cream.

2 (1) I saw a baseball game. It was exciting.
(2) I ate shaved ice. It was cold.
(3) I saw a lake. It was beautiful.

おうちのかたへ

このレッスンでは、「わたしは～を見ました。」、「わたしは～を食べました。」と過去に見たものや食べたものの伝え方について学びました。また、それがどうだったかを表すIt was ～.についても学びました。I saw ～.やI ate ～.あるいはIt was ～.などの表現を使って、お子さまが夏休みにしたことについて、おたがいに、話し合ってみてください。

68ページ

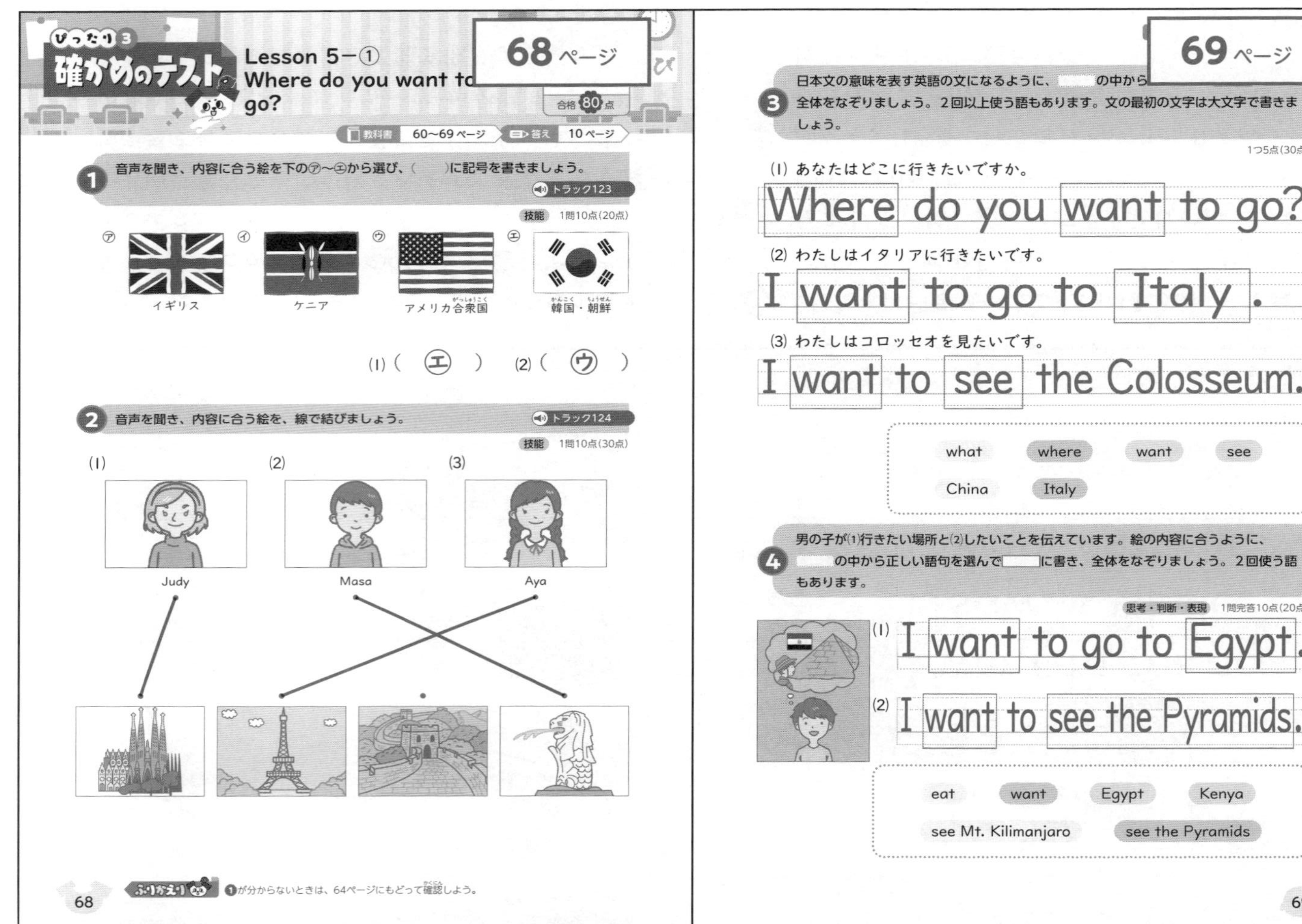

ぴったり3 確かめのテスト Lesson 5−① Where do you want to go?

合格80点

教科書 60〜69ページ　答え 10ページ

1 音声を聞き、内容に合う絵を下の㋐〜㋓から選び、（　）に記号を書きましょう。 トラック123

技能 1問10点(20点)

㋐ イギリス　㋑ ケニア　㋒ アメリカ合衆国　㋓ 韓国・朝鮮

(1)（ ㋓ ）　(2)（ ㋒ ）

2 音声を聞き、内容に合う絵を、線で結びましょう。 トラック124

技能 1問10点(30点)

(1) Judy　(2) Masa　(3) Aya

ふりかえり ❶が分からないときは、64ページにもどって確認しよう。

68

69ページ

3 日本文の意味を表す英語の文になるように、　　の中から語を選んで　　に書き、全体をなぞりましょう。2回以上使う語もあります。文の最初の文字は大文字で書きましょう。

1つ5点(30点)

(1) あなたはどこに行きたいですか。

Where do you want to go?

(2) わたしはイタリアに行きたいです。

I want to go to Italy.

(3) わたしはコロッセオを見たいです。

I want to see the Colosseum.

what　where　want　see　China　Italy

4 男の子が(1)行きたい場所と(2)したいことを伝えています。絵の内容に合うように、　　の中から正しい語句を選んで　　に書き、全体をなぞりましょう。2回使う語もあります。

思考・判断・表現 1問完答10点(20点)

(1) I want to go to Egypt.

(2) I want to see the Pyramids.

eat　want　Egypt　Kenya　see Mt. Kilimanjaro　see the Pyramids

69

読まれる英語

1 (1)Where do you want to go?
— I want to go to Korea.
(2)Where do you want to go?
— I want to go to the U.S.A.

2 (1)I'm Judy. I want to see the Sagrada Familia.
(2)I'm Masa. I want to see the Merlion.
(3)I'm Aya. I want to see the Eiffel Tower.

おうちのかたへ

このレッスンでは、「あなたはどこに行きたいですか。」とたずねる英語や、「わたしは〜に行きたいです。」、「わたしは〜を見たいです。」という、行きたい場所と見たいものの言い方を学びました。Where do you want to go? — I want to go to 〜.を使って、次の休みに行きたいところを、お子さまとおたがいに、聞き合ったり、答え合ったりしてみてください。

1 Where do you want to go?という、「行きたいところ」をたずねる文のあとに、I want to go to 〜.で「行きたいところ」が読まれます。go toのあとの言葉に注意して聞き取りましょう。

2 名前が読まれたあとにI want to see 〜.で、見たいものが読まれます。見たいものを表す言葉に注意して聞き取りましょう。

3 「あなたはどこに行きたいですか。」と場所をたずねる場合はwhereを使います。「〜したい」はwant to 〜で表します。「行きたい」ならwant to goで「見たい」ならwant to seeになります。「イタリア」はItalyです。

4 絵から、(1)「エジプトに行きたい」want (to go to) Egypt、(2)「ピラミッドを見たい」want (to) see the Pyramidsとなります。

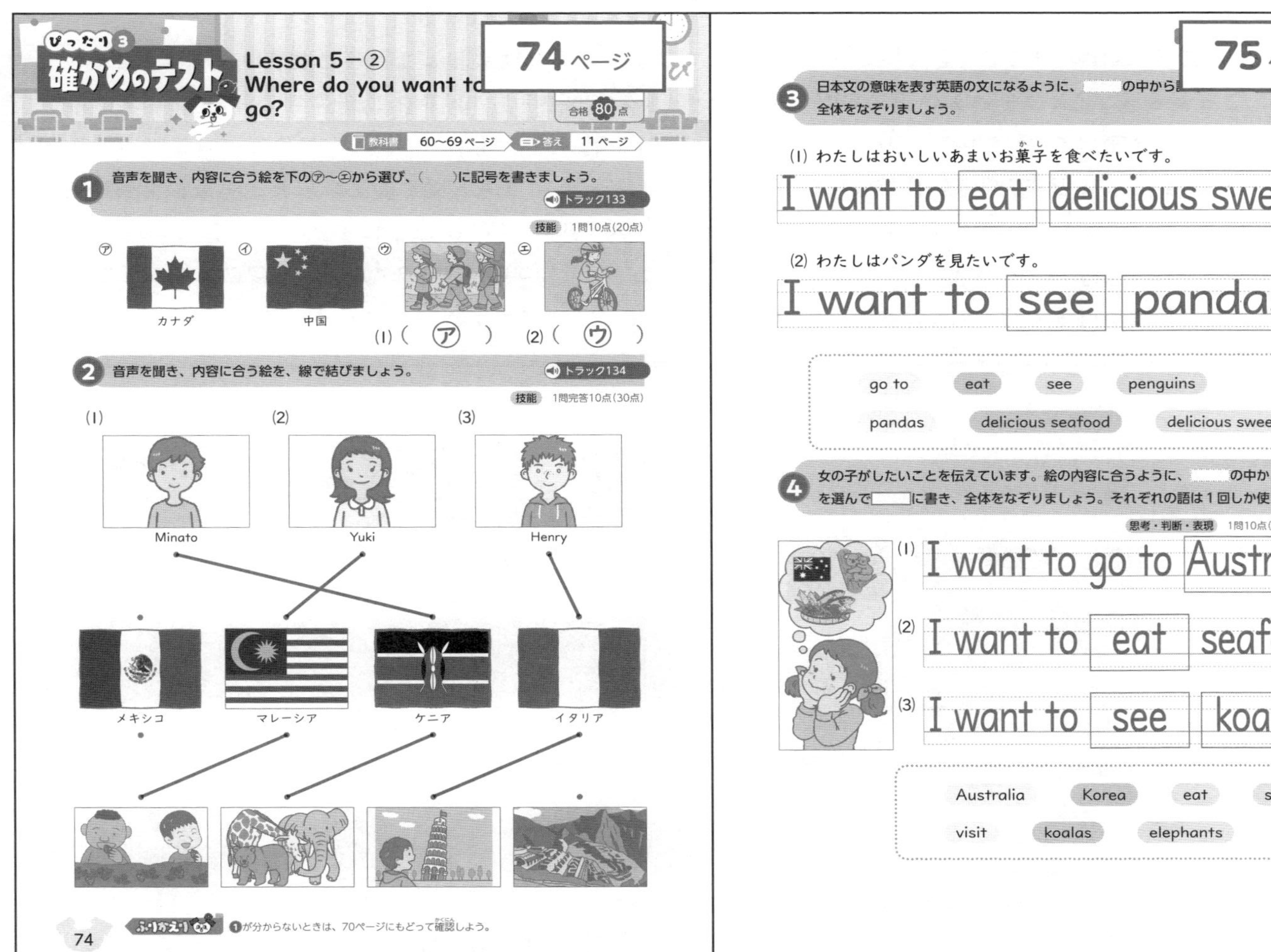

74ページ

ぴったり3 確かめのテスト

Lesson 5－② Where do you want to go?

合格 80 点

教科書 60〜69ページ　答え 11ページ

1 音声を聞き、内容に合う絵を下の㋐〜㋓から選び、(　)に記号を書きましょう。 トラック133

技能 1問10点(20点)

㋐ カナダ　㋑ 中国　㋒　㋓

(1)(㋐)　(2)(㋒)

2 音声を聞き、内容に合う絵を、線で結びましょう。 トラック134

技能 1問完答10点(30点)

(1) Minato　(2) Yuki　(3) Henry

メキシコ　マレーシア　ケニア　イタリア

ふりかえり 1が分からないときは、70ページにもどって確認しよう。

74

75ページ

3 日本文の意味を表す英語の文になるように、　の中から語を選んで書き、全体をなぞりましょう。

1つ5点(20点)

(1) わたしはおいしいあまいお菓子を食べたいです。

I want to eat delicious sweets.

(2) わたしはパンダを見たいです。

I want to see pandas.

go to　eat　see　penguins
pandas　delicious seafood　delicious sweets

4 女の子がしたいことを伝えています。絵の内容に合うように、　の中から正しい語を選んで　に書き、全体をなぞりましょう。それぞれの語は1回しか使えません。

思考・判断・表現 1問10点(30点) ※(3)は完答

(1) I want to go to Australia.

(2) I want to eat seafood.

(3) I want to see koalas.

Australia　Korea　eat　see
visit　koalas　elephants

75

読まれる英語

1 (1)Canada is a nice country.
(2)You can enjoy hiking.

2 (1)I'm Minato. Kenya is an amazing country. You can see wild animals.
(2)I'm Yuki. Malaysia is a wonderful country. You can enjoy fresh fruits.
(3)I'm Henry. Italy is a nice country. You can visit the Leaning Tower of Pisa.

おうちのかたへ

このレッスンでは、どの国がどんな国か、そしてそこで何ができるかの伝え方と、自分が何をしたいか、その中でも特に、何を食べたいか・見たいかの言い方を学びました。You can ～.やI want to ～.を使って、お子さまとおたがいに、いろいろな国について話し合ってみてください。

1 Canada is a nice country.(カナダはいい国です。)のあとに、You can enjoy hiking.と、できることが読まれます。国の名前とcanのあとのできることを伝える言葉に注意して聞き取りましょう。

2 名前が読まれたあとに、「どの国がどんな国なのか」が読まれます。そのあとで、そこでできることが読まれます。国の名前と、できることに注意して聞き取りましょう。

3 「～を食べたいです」はwant to eat ～で表します。「～を見たいです」はwant to see ～で表します。「おいしいあまいお菓子」はdelicious sweets、「パンダ」はpandasとなります。

4 絵から、(1)「オーストラリアに行きたい」(want to go to) Australia、(2)「シーフードを食べたい」eat (seafood)、(3)「コアラを見たい」see koalasとなります。

ぴったり3 確かめのテスト Lesson 6 My Best Memory

80ページ

合格80点

教科書 70〜79ページ　答え 12ページ

1 音声を聞き、内容に合う絵を下の㋐〜㋓から選び、(　)に記号を書きましょう。　トラック143

技能 1問10点(20点)

(1) (㋓)　(2) (㋑)

2 音声を聞き、内容に合う絵を、線で結びましょう。　トラック144

技能 1問完答10点(30点)

(1) Yuto　(2) Rio　(3) David

80　ふりかえり　1が分からないときは、76ページにもどって確認しよう。

81ページ

3 日本文の意味を表す英語の文になるように、　の中から語を選んで　に書き、全体をなぞりましょう。2回使う語もあります。文の最初の文字は大文字で書きましょう。

1つ5点(20点)

(1) あなたのいちばんの思い出は何ですか。

What is your best memory?

(2) わたしのいちばんの思い出はボランティア活動の日です。

My best memory is the volunteer day.

(3) わたしは浜辺をそうじすることを楽しみました。

I enjoyed cleaning the beach.

what　where　why　memory　sport　cleaning the beach　camping

4 男の子が思い出について話しています。絵の内容に合うように、　の中から正しい語句を選んで　に書き、全体をなぞりましょう。

思考・判断・表現 1つ10点(30点)

(1) I enjoyed camping.

(2) I saw beautiful stars. It was fantastic.

dancing　camping　saw beautiful stars　ate a bento　fantastic　delicious

この本の終わりにある「冬のチャレンジテスト」をやってみよう！

81

読まれる英語

1 (1) What is your best memory?
— My best memory is the swimming meet.
(2) What is your best memory?
— My best memory is the field trip.

2 (1) I'm Yuto. My best memory is the music festival. I enjoyed singing.
(2) I'm Rio. My best memory is sports day. I enjoyed running.
(3) I'm David. My best memory is the hiking. I went to the mountain.

おうちのかたへ

このレッスンでは、「いちばんの思い出」をたずねたり、答えたりする言い方を学びました。What is your best memory?とお子さまに聞いて、答えてもらったら、Why?と理由もたずねてみてください。

1 What is your best memory?と「いちばんの思い出」をたずねる文のあとに、My best memory is 〜.で「いちばんの思い出」が読まれます。My best memory isのあとの言葉に注意して聞き取りましょう。

2 名前が読まれたあとに「いちばんの思い出」が読まれ、そのときにしたことが読まれます。I enjoyedやI went toのあとの言葉に注意して聞き取りましょう。

3 「〜は何ですか」とたずねる場合はWhatを使います。「思い出」はmemory、「浜辺(はまべ)をそうじすること」はcleaning the beachです。

4 絵から、(1)camping(キャンプ[をすること])、(2)saw beautiful stars(美しい星を見た)となります。It wasと続いているので、「星を見たことがすばらしかった」と考え、fantasticを選びます。

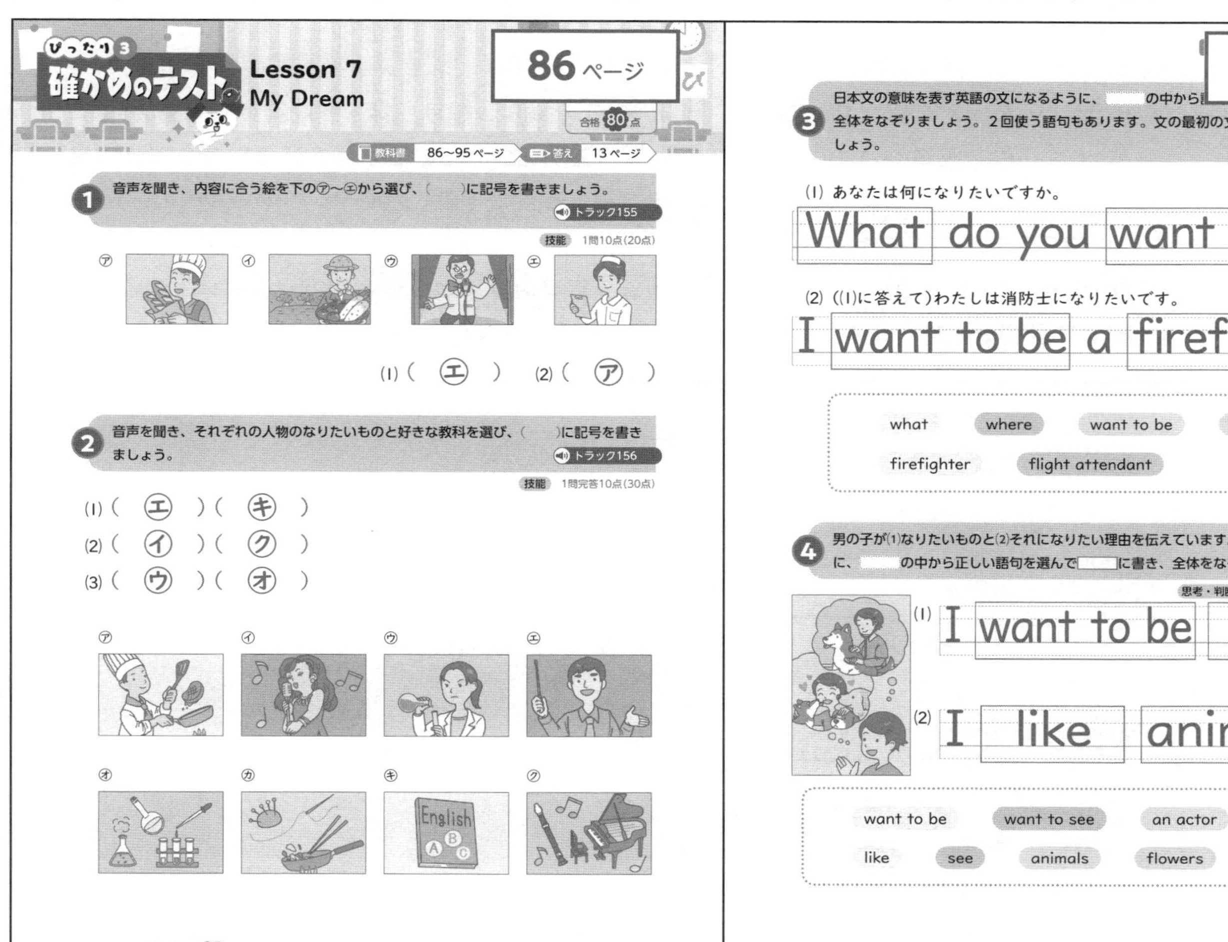
86ページ
ぴったり3 確かめのテスト Lesson 7 My Dream
合格80点
教科書 86～95ページ 答え 13ページ
1 音声を聞き、内容に合う絵を下のア～エから選び、(　)に記号を書きましょう。
(1)(エ) (2)(ア)
2 音声を聞き、それぞれの人物のなりたいものと好きな教科を選び、(　)に記号を書きましょう。
(1)(エ)(キ)
(2)(イ)(ク)
(3)(ウ)(オ)
87ページ
3 日本文の意味を表す英語の文になるように、全体をなぞりましょう。2回使う語句もあります。文の最初の文字は大文字で書きましょう。
(1) あなたは何になりたいですか。
What do you want to be?
(2) ((1)に答えて)わたしは消防士になりたいです。
I want to be a firefighter.
what where want to be want to go firefighter flight attendant
4 男の子が(1)なりたいものと(2)それになりたい理由を伝えています。絵の内容に合うように、の中から正しい語句を選んでに書き、全体をなぞりましょう。
(1) I want to be a vet.
(2) I like animals.
want to be want to see an actor a vet like see animals flowers

1 What do you want to be?と「何になりたいか」をたずねる文のあとに、I want to be ～.で「なりたいもの[つきたい職業]」が読まれます。I want to beのあとの言葉に注意して聞き取りましょう。

2 名前が読まれたあとに「～になりたいです」という英語が読まれ、なりたい理由がI like ～.の形で読まれます。I want to beとI likeのあとの言葉に注意して聞き取りましょう。

3 「あなたは何になりたいですか。」はWhat do you want to be?となります。「わたしは～になりたいです。」と答える場合はI want to be ～.の形で答えます。「消防士」はfirefighterです。

4 絵から、(1)want to be a vet(じゅう医師になりたい)、(2)like animals(動物が好き(なの)です)となります。

読まれる英語

1 (1)What do you want to be?
— I want to be a nurse.
(2)What do you want to be?
— I want to be a baker.

2 (1)I'm Toshiki. I want to be a teacher. I like English.
(2)I'm Haruka. I want to be a singer. I like music.
(3)I'm Sarah. I want to be a scientist. I like science.

おうちのかたへ

このレッスンでは、「何になりたいか」をたずねたり、答えたりする言い方を学びました。また、「なぜそれになりたいか」を、自分の好きなもの[こと]を言う形で伝えることも学びました。What do you want to be?とお子さまに聞いて、将来の夢について話し合う機会にしてみてください。

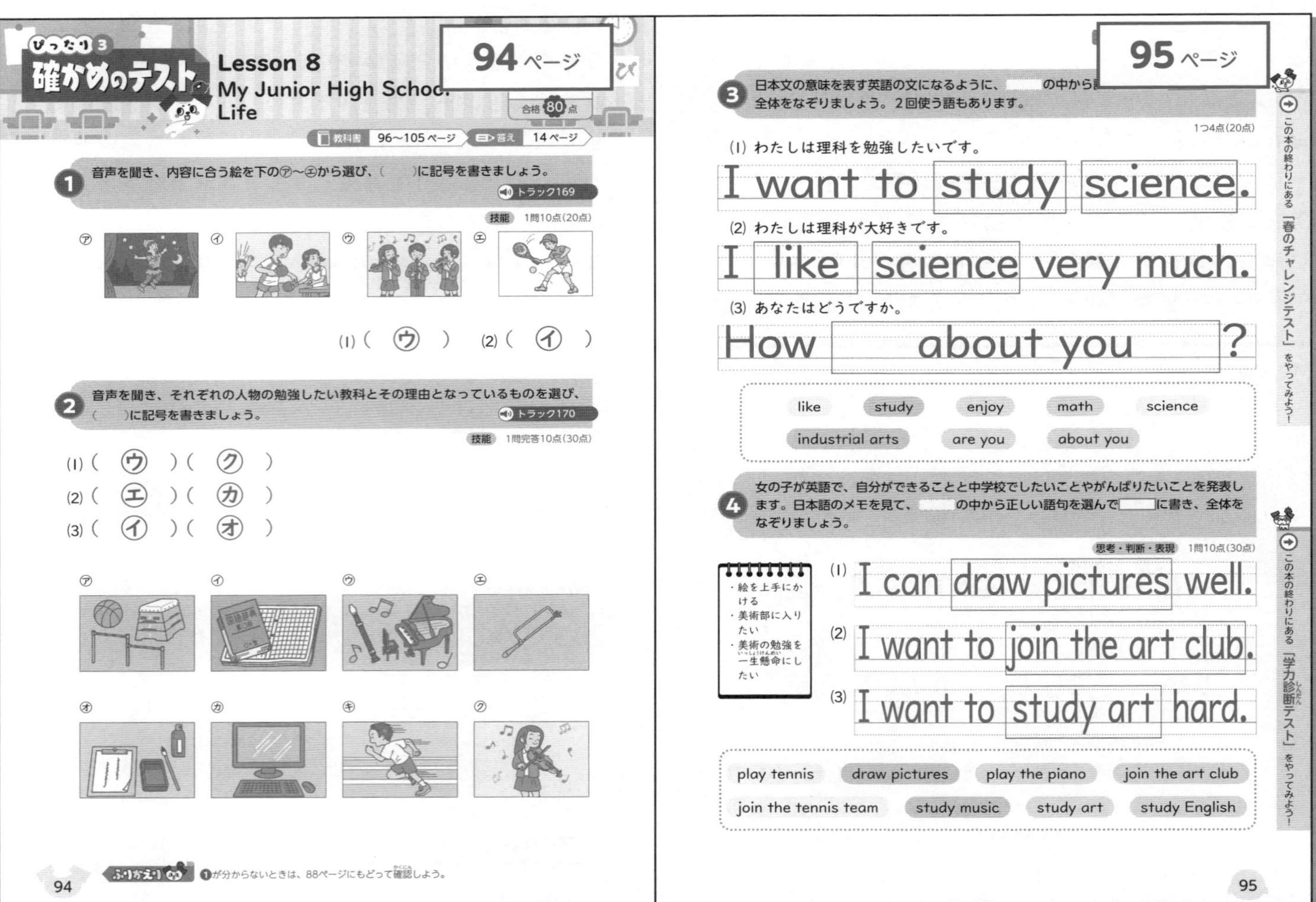

94 ページ

ぴったり3 確かめのテスト
Lesson 8 My Junior High School Life

教科書 96〜105ページ　答え 14ページ　合格 80 点

1 音声を聞き、内容に合う絵を下の㋐〜㋓から選び、(　)に記号を書きましょう。　トラック169
技能 1問10点(20点)

(1) (㋒)　(2) (㋑)

2 音声を聞き、それぞれの人物の勉強したい教科とその理由となっているものを選び、(　)に記号を書きましょう。　トラック170
技能 1問完答10点(30点)

(1) (㋒) (㋗)
(2) (㋓) (㋕)
(3) (㋑) (㋔)

ふりかえり 1が分からないときは、88ページにもどって確認しよう。

94

95 ページ

3 日本文の意味を表す英語の文になるように、　の中から語句を選び、全体をなぞりましょう。2回使う語もあります。
1つ4点(20点)

(1) わたしは理科を勉強したいです。
I want to study science.

(2) わたしは理科が大好きです。
I like science very much.

(3) あなたはどうですか。
How about you?

like　study　enjoy　math　science　industrial arts　are you　about you

4 女の子が英語で、自分ができることと中学校でしたいことやがんばりたいことを発表します。日本語のメモを見て、　の中から正しい語句を選んで　に書き、全体をなぞりましょう。
思考・判断・表現 1問10点(30点)

・絵を上手にかける
・美術部に入りたい
・美術の勉強を一生懸命にしたい

(1) I can draw pictures well.
(2) I want to join the art club.
(3) I want to study art hard.

play tennis　draw pictures　play the piano　join the art club　join the tennis team　study music　study art　study English

この本の終わりにある「春のチャレンジテスト」をやってみよう！
この本の終わりにある「学力診断テスト」をやってみよう！

95

読まれる英語

1 (1)I want to join the brass band.
(2)I want to join the table tennis team.

2 (1)What do you want to do, Emi?
— I want to study music hard. I like playing the violin.
(2)What do you want to do, Kazuki?
— I want to study industrial arts hard. I like computers.
(3)What do you want to do, Olivia?
— I want to study Japanese hard. I like *haiku*.

おうちのかたへ

このレッスンでは、「中学校でしたいことやがんばりたいことと、その理由」の言い方を学びました。理由については、自分の好きなもの[こと]を言う形で伝えることを学びました。お子様に中学校でしたいことやがんばりたいことなどをたずねて、英語で言う練習をしてみてください。

1 I want to join 〜.と「どの部に入りたいか」を伝える英語が読まれます。joinのあとの言葉に注意して聞き取りましょう。

2 What do you want to do?と相手に何をしたいかをたずねる英語が読まれたあとに「〜を勉強したいです」と答える英語が読まれ、自分の好きなもの[こと]がI like 〜.の形で読まれます。studyとI likeのあとの言葉に注意して聞き取りましょう。

3 「わたしは〜を勉強したいです。」はI want to study 〜.と表します。「理科」はscienceです。「わたしは〜が大好きです。」はI like 〜 very much.の形で表します。「あなたはどうですか。」はHow about you?という表現を使います。

4 日本語のメモから、(1)draw pictures(絵をかく)、(2)join the art club(美術部に入る)、(3)study art(美術を勉強する)となります。

メモ

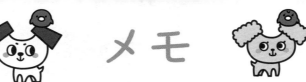

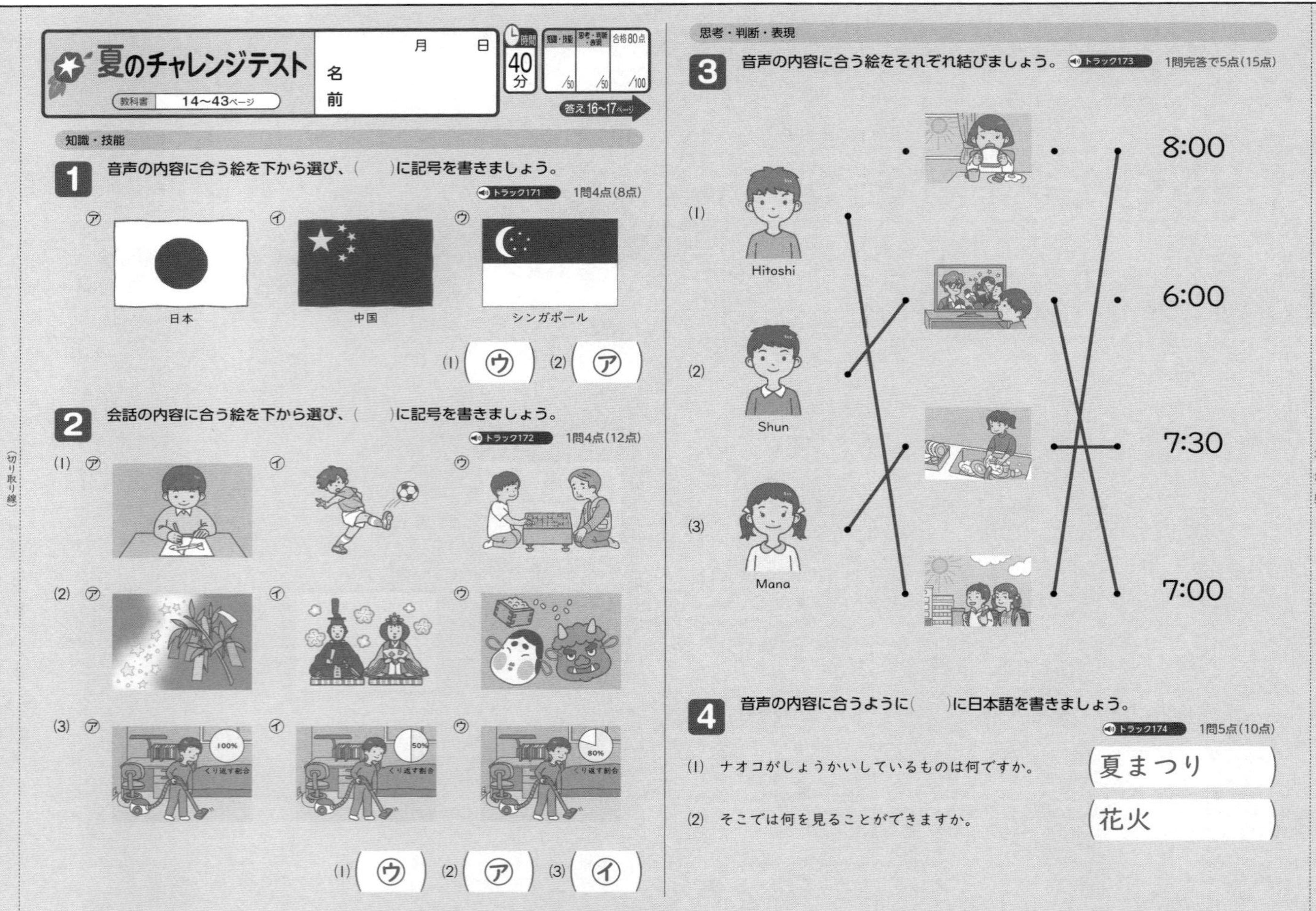

読まれる英語

1 (1)Singapore
(2)Japan

2 (1)I can play *shogi*. It's exciting.
(2)We have the Star Festival in Japan. It's fun.
(3)I sometimes clean my room.

3 (1)A: Hitoshi, what time do you go to school?
B: I go to school at 8:00.
(2)A: Shun, what time do you watch TV?
B: I watch TV at 7:00.
(3)A: Mana, what time do you wash the dishes?
B: I wash the dishes at 7:30.

4 Hello. I'm Naoko. We have a summer festival in August. You can see fireworks. It's fantastic.

1 国の名前を表す英語が読まれます。どの国が読まれるか注意して聞き取りましょう。

2 スポーツ・遊び・行事・くり返しを表す語などを改めて確認(かくにん)しましょう。

3 what time ～?は時間をたずねる言い方です。それぞれの人物が、何時に何をするのかに注意して聞き取りましょう。

4 (1)We have a summer festival in August.から考えます。
(2)You can see fireworks.から考えます。

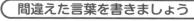

知識・技能

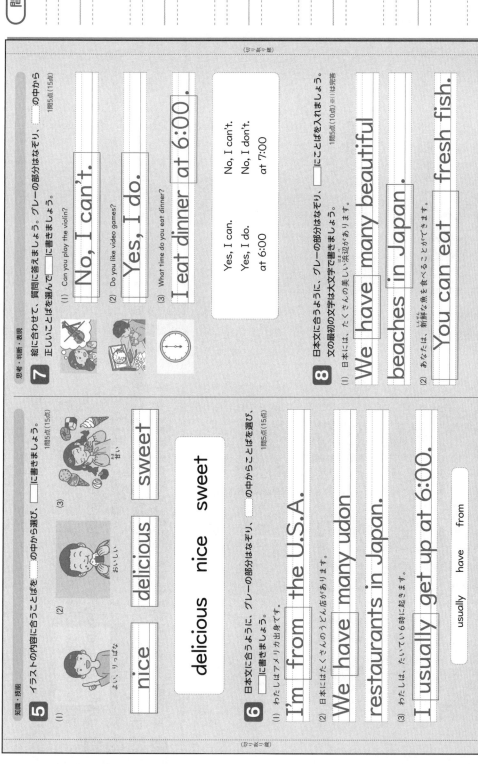

5 イラストの内容に合うことばを□の中から選び、□に書きましょう。 1問5点(15点)

(1) よい、りっぱな　nice

(2) おいしい　delicious

(3) 甘い　sweet

delicious　nice　sweet

6 日本文に合うように、グレーの部分はなぞり、□の中からことばを選び、□に書きましょう。 1問5点(15点)

(1) わたしはアメリカ出身です。

I'm from the U.S.A.

(2) 日本にはたくさんのうどん店があります。

We have many udon restaurants in Japan.

(3) わたしは、たいてい6時に起きます。

I usually get up at 6:00.

usually　have　from

思考・判断・表現

7 絵に合わせて、質問に答えましょう。グレーの部分はなぞり、□の中から正しいことばを選んで□に書きましょう。 1問5点(15点)

(1) Can you play the violin?

No, I can't.

(2) Do you like video games?

Yes, I do.

(3) What time do you eat dinner?

I eat dinner at 6:00.

Yes, I can.	No, I can't.
Yes, I do.	No, I don't.
at 6:00	at 7:00

8 日本文に合うように、グレーの部分はなぞり、□にことばを入れましょう。文の最初の文字は大文字で書きましょう。 1問5点(10点)※(1)は完答

(1) 日本には、たくさんの美しい浜辺があります。

We have many beautiful beaches in Japan.

(2) あなたは、新鮮な魚を食べることができます。

You can eat fresh fish.

5 様子や味を表す語を改めて確認しましょう。

6 (1)「～出身」はfrom、(2)「～があります。」はWe have ～.で表します。
(3)「たいてい」という、くり返しを表すことばはusuallyと言います。ほかにもsometimes「ときどき」、always「いつも」などがあります。

7 (1)は「バイオリンがひけますか。」、(2)は「テレビゲームが好きですか。」、(3)は「何時に夕食を食べますか。」とたずねています。(3)は「～時に」と答えるときに「～に」を表すatが時間の前に付くことに注意しましょう。

8 (1)「～があります。」は、We have ～.で表します。「日本には」はin Japanと表します。
(2)「あなたは～を食べることができます」はYou can eat ～.と表します。

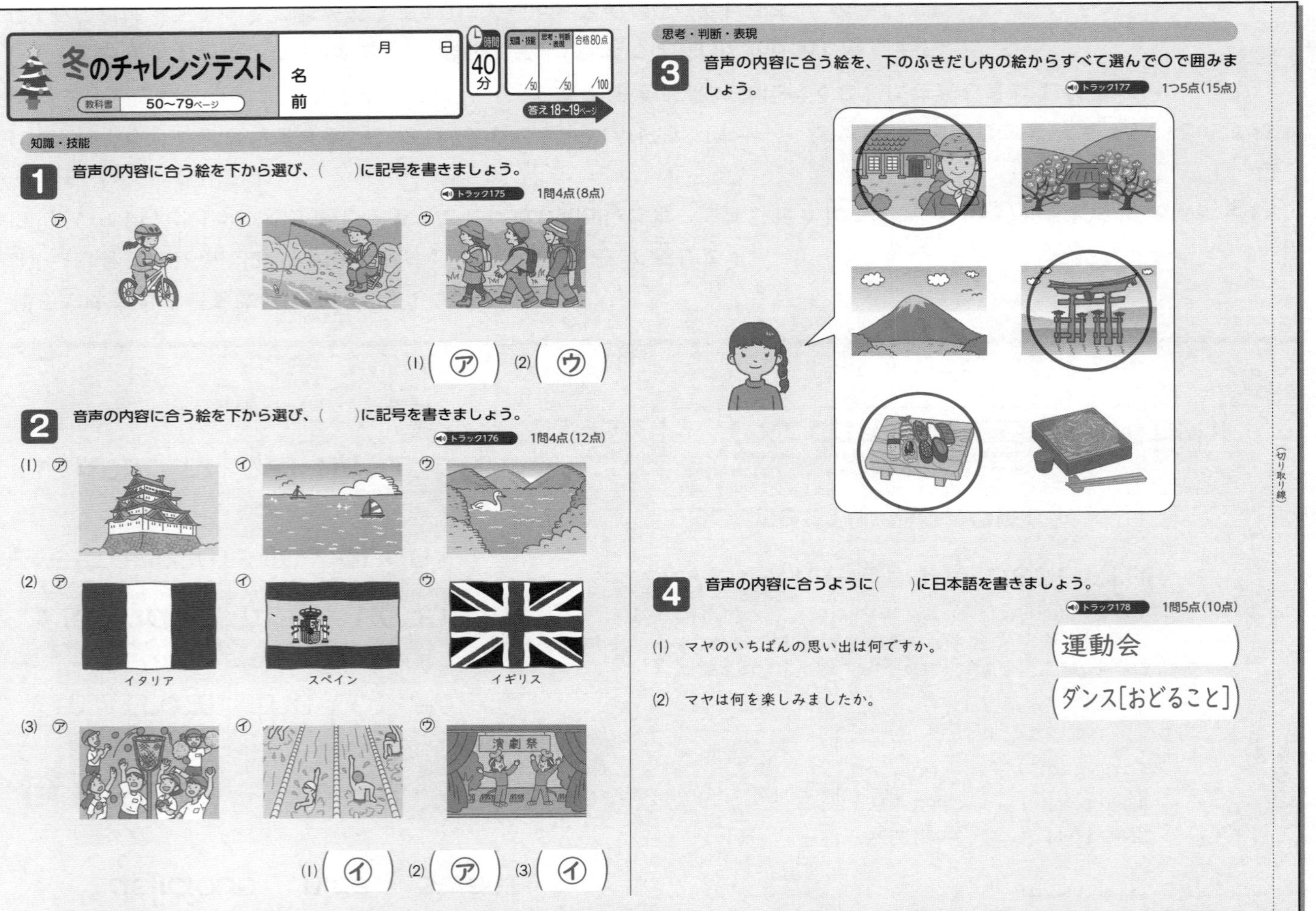

読まれる英語

1 (1)cycling
(2)hiking

2 (1)I went to the sea. It was fun.
(2)A: Where do you want to go?
B: I want to go to Italy.
(3)A: What is your best memory?
B: My best memory is the swimming meet.

3 I went to my grandfather's house. I visited a shrine. I ate *sushi*. It was delicious.

4 Hello, I'm Maya. My best memory is sports day. I enjoyed dancing. It was fun. Thank you.

1 どの遊びについて読まれるかに注意して聞き取りましょう。

2 (1)は「行った場所」、(2)は「行きたい場所」、(3)は「いちばんの思い出」が何かをしっかり聞き取りましょう。

3 行った場所、したこと、食べたものに注意して聞き取りましょう。

4 (1)My best memory is sports day.から考えます。
(2)I enjoyed dancing.から考えます。

知識・技能

5 イラストの内容に合うことばを［　］の中から選び、［　］に書きましょう。 1問5点(15点)

(1) penguin (2) camping (3) pizza

penguin　pizza　camping

6 日本文に合うように、グレーの部分はなぞり、［　］の中からことばを選び、［　］に書きましょう。 1問5点(15点) ※(3)は完答

(1) わたしは遊園地に行きました。

I went to an amusement park.

(2) わたしはジェットコースターに乗ることを楽しみました。

I enjoyed riding a roller coaster.

(3) それは楽しかったです。

It was fun.

enjoyed　fun　went　was

思考・判断・表現

7 絵に合わせて、質問に答えましょう。グレーの部分はなぞり、［　］の中から正しいことばを選んで［　］に書きましょう。 1問5点(15点)

ブラジル

(1) Where do you want to go?

I want to go to Brazil.

(2) (1)に続けて　Why?

I want to see the carnival.

(3) What is your best memory?

My best memory is the school trip.

Brazil　Egypt
see the castle　see the carnival
the school trip　the music festival

8 日本文に合うように、グレーの部分はなぞり、［　］にことばを入れましょう。文の最初の文字は大文字で書きましょう。 1問5点(10点)

(1) スペインはわくわくする国です。

Spain is an exciting country.

(2) あなたは、新鮮なシーフードを楽しむことができます。

You can enjoy fresh seafood.

間違えた言葉を書きましょう

5 動物・遊び・食べ物を表す語を改めて確認しましょう。

6 (1)「行きました」はwent、(2)「～を楽しみました」はenjoyed、(3)「それは楽しかったです。」はIt was fun.と言います。

7 (1)は「あなたはどこに行きたいですか。」、(2)は「なぜですか。」、(3)は「あなたのいちばんの思い出は何ですか。」とたずねています。

8 (1)「わくわくする」は、excitingと表します。excitingは母音[エ]で始まるので、aではなくanが前にきます。
(2)「あなたは～を楽しむことができます」はYou can enjoy ～.で表します。

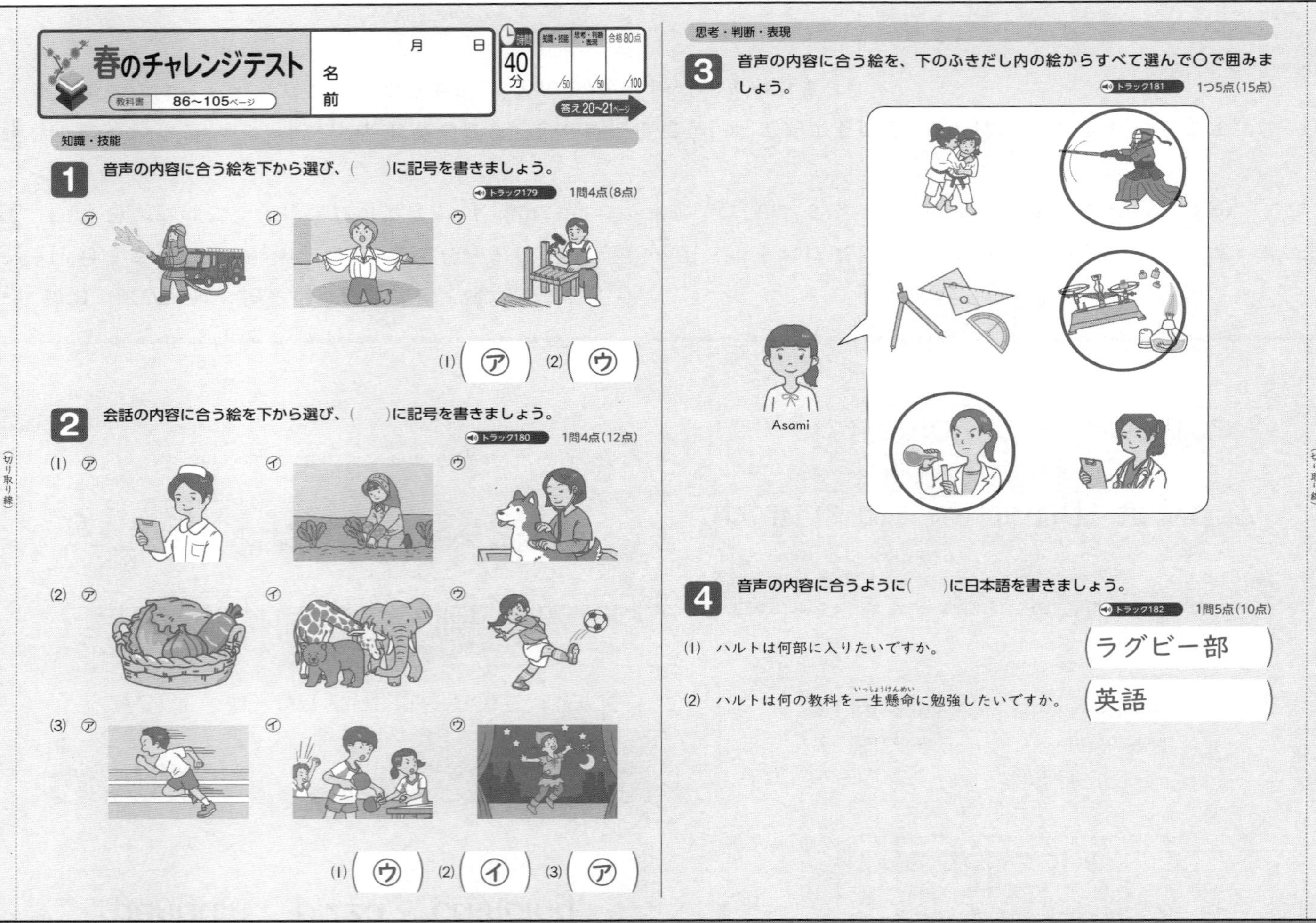

春のチャレンジテスト

教科書 86〜105ページ　　月　日　名前

時間 40分　知識・技能 /50　思考・判断・表現 /50　合格80点 /100

答え20〜21ページ

知識・技能

1 音声の内容に合う絵を下から選び、(　)に記号を書きましょう。 トラック179　1問4点(8点)

㋐　㋑　㋒

(1)(㋐)　(2)(㋒)

2 会話の内容に合う絵を下から選び、(　)に記号を書きましょう。 トラック180　1問4点(12点)

(1) ㋐　㋑　㋒

(2) ㋐　㋑　㋒

(3) ㋐　㋑　㋒

(1)(㋒)　(2)(㋑)　(3)(㋐)

思考・判断・表現

3 音声の内容に合う絵を、下のふきだし内の絵からすべて選んで○で囲みましょう。 トラック181　1つ5点(15点)

4 音声の内容に合うように(　)に日本語を書きましょう。 トラック182　1問5点(10点)

(1) ハルトは何部に入りたいですか。　(ラグビー部)

(2) ハルトは何の教科を一生懸命(いっしょうけんめい)に勉強したいですか。　(英語)

(切り取り線)

読まれる英語

1 (1) firefighter
(2) carpenter

2 (1) A: What do you want to be?
B: I want to be a vet.
(2) A: Why?
B: I like animals.
(3) A: What do you want to do?
B: I want to join the track and field team.

3 Hi, I'm Asami. I want to join the *kendo* club. I want to study science hard. I want to be a scientist. Thank you.

4 Hello, I'm Haruto. I like rugby. I want to join the rugby team. I can run fast. I want to study English hard. Thank you.

1 職業を表す英語に注意して聞き取りましょう。

2 (1)は職業を表すことば、(2)はlikeのあとの語、(3)は部を表すことばに注意して、聞き取りましょう。

3 入りたい部、一生懸命(いっしょうけんめい)に勉強したい教科、何になりたいかに注意して聞き取りましょう。

4 (1)I want to join the rugby team.から考えます。
(2)I want to study English hard.から考えます。

知識・技能

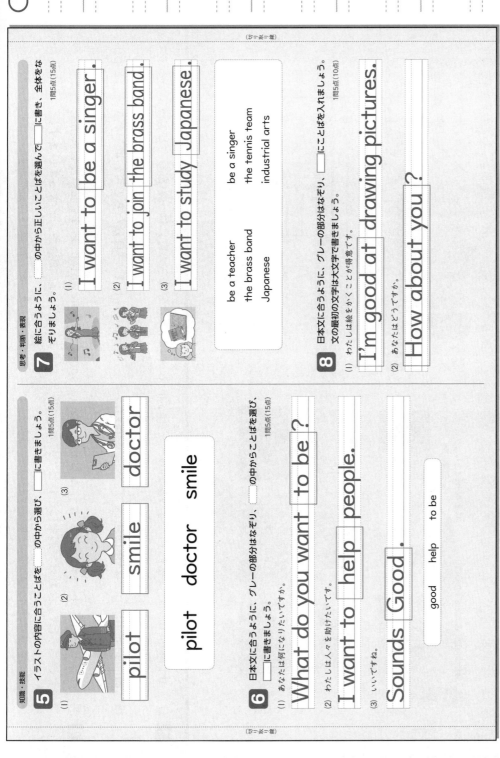

5 イラストの内容に合うことばを[ ]の中から選び、[ ]に書きましょう。 1問5点(15点)

(1) pilot (2) smile (3) doctor

pilot doctor smile

6 日本文に合うように、グレーの部分はなぞり、[ ]の中からことばを選び、[ ]に書きましょう。 1問5点(15点)

(1) あなたは何になりたいですか。

What do you want to be ?

(2) わたしは人々を助けたいです。

I want to help people.

(3) いいですね。

Sounds Good .

good help to be

思考・判断・表現

7 絵に合うように、[ ]の中から正しいことばを選んで[ ]に書き、全体をなぞりましょう。 1問5点(15点)

(1) I want to be a singer .

(2) I want to join the brass band .

(3) I want to study Japanese .

be a teacher be a singer
the brass band the tennis team
Japanese industrial arts

8 日本文に合うように、グレーの部分はなぞり、[ ]にことばを入れましょう。文の最初の文字は大文字で書きましょう。 1問5点(10点)

(1) わたしは絵をかくことが得意です。

I'm good at drawing pictures.

(2) あなたはどうですか。

How about you ?

(切り取り線)

間違えた言葉を書きましょう

5 職業や感情などを表す語を改めて確認(かくにん)しましょう。

6 (1)何になりたいかをたずねるときは、What do you want to be?を使います。 (2)「わたしは～したいです。」はI want to ～.で表します。 (3)「いいですね。」はSounds good.という表現を使います。

7 (1)I want to ～ .は「わたしは～したいです。」という意味です。歌っている絵から、「歌手になりたい」という文にします。 (2) I want to join ～.は「わたしは～に入りたいです。」という意味です。楽器を演奏(えんそう)している絵から、「吹(すい)奏楽部(そうがくぶ)に入りたいです。」という文にします。 (3)I want to study ～ .は「わたしは～を勉強したいです。」という意味です。絵から、「国語(日本語)を勉強したいです。」という文にします。

8 (1)「わたしは～が得意です。」は、I'm good at ～.で表します。 (2)「あなたはどうですか」は、How about you?という表現を使います。

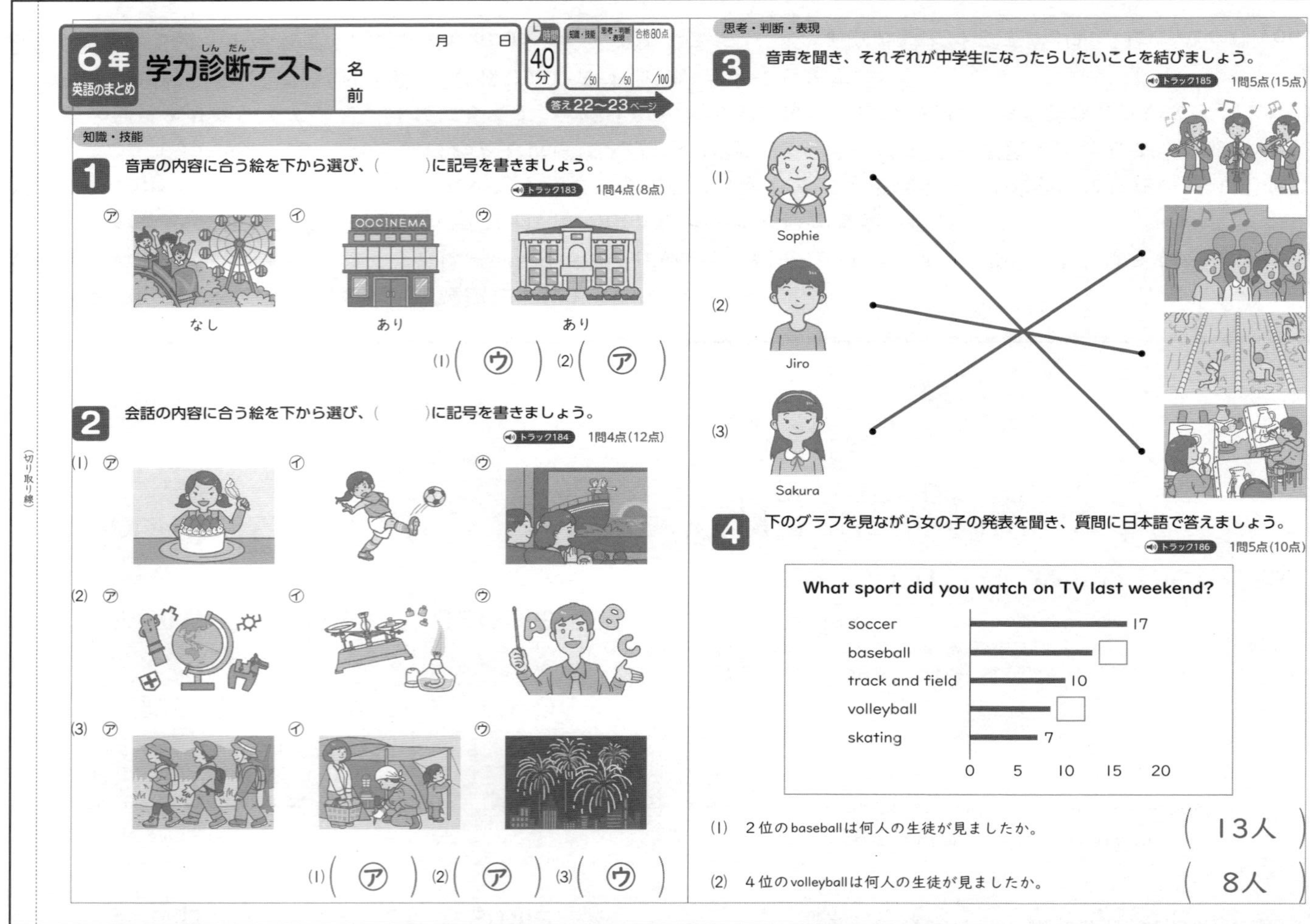

1 (1) art museumは「美術館」です。We have ～ in our town.で、「自分たちの町には～がある。」と言っているのですね。

(2) amusement parkは「遊園地」です。We don't have ～ in our town.で、「自分たちの町には～がない。」と言っています。

4 男の子はI asked the students in this class, "What sport did you watch on TV last weekend?"「このクラスの生徒たちに『あなたは先週末にテレビで何のスポーツを見ましたか。』と聞いた。」と言っています。

読まれる英語

1 (1) We have an art museum in our town.

(2) We don't have an amusement park in our town.

2 (1)A: What did you do last weekend?

B: I made a cake for my family last Saturday. It was delicious.

(2)A: What's your favorite subject?

B: My favorite subject is social studies. It's interesting.

(3)A: How was your summer vacation?

B: It was wonderful! I saw fireworks.

3 (1) I'm Sophie. I want to join the art club in junior high school. I like drawing very much.

(2) My name is Jiro. I want to join the swimming team in junior high school. I can swim fast.

(3) I'm Sakura. I want to join the chorus in junior high school. I'm good at singing.

4 Look at this graph. I asked the students in this class, "What sport did you watch on TV last weekend?" No. 1 is soccer. 17 students watched it. No. 2 is baseball. 13 students watched it. No. 3 is track and field. 10 students watched it. No. 4 is volleyball. 8 students watched it. No. 5 is skating. 7 students watched it.

知識・技能

5 絵を見て、その内容を示す英語を、の中から選んでに書きましょう。 1問5点(15点)
(1) math (2) soccer (3) color
soccer color math

6 日本文に合うように、グレーの部分はなぞり、の中から英語を選び、に書きましょう。 1問完答で5点(15点)
(1) わたしはわたしたちの町に動物園がほしいです。
I want a zoo in our town.
(2) あなたはきのう何をしましたか。
What did you do yesterday?
(3) 〈(2)に答えて〉 わたしはきのう横浜に行きました。
I went to Yokohama yesterday.
did zoo want went do

思考・判断・表現

7 絵の中の男の子になったつもりで、絵に合う英語になるよう、グレーの部分はなぞり、の中から正しい英語を選んでに書きましょう。 1問5点(15点)
演劇祭
(1) What is your favorite memory of school?
It's the drama festival.
(2) I enjoyed acting.
(3) It was wonderful.
enjoyed acting wonderful drama festival music festival

8 日本文に合うように、グレーの部分はなぞり、に英語を入れましょう。 1問5点(10点)
(1) わたしは英語の先生になりたいです。
I want to be an English teacher.
(2) わたしは上手に泳ぐことができます。
I can swim well.

5 (1) math「算数」 (2) soccer「サッカー」 (3) color「色」

6 (1) 「～がほしいです」は、I want ～.で表しましょう。

(3) 「わたしは～に行きました。」は、I went to ～.で表しましょう。

7 (1) What is your favorite memory of school?(あなたのいちばんの学校の思い出は何ですか。)と質問されています。絵の内容から、「演劇祭」を表すdrama festivalを選びましょう。

(3) 感想を表す英語のwonderfulを使って、「それはすばらしかったです」という文をつくりましょう。

8 (2) 「上手に泳ぐ」は、swim wellで表しましょう。

間違えた言葉を書きましょう

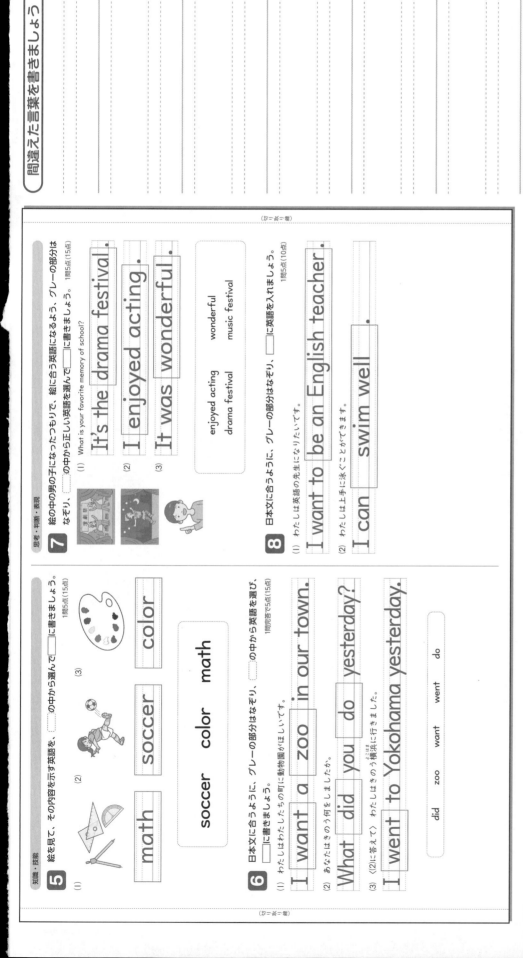

教科書ぴったりトレーニングの使い方

『ぴたトレ』は教科書にぴったり合わせて使うことができるよ。教科書も見ながら、勉強していこうね。ぴた犬たちが勉強をサポートするよ。

ふだんの学習

ぴったり1 準備

新しく習う漢字や読みは、教科書に出てくる順番にならんでいるよ。まずは、字の形や読みがな、書き順など、基本的なことをおさえよう。「使い方」も参考にしながら、漢字を正しく読み書きできるようになろう。

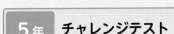

ぴったり2 練習

「ぴったり 1」で学習したこと、覚えているかな？確認しながら取り組みましょう。くり返し練習することで、確実に力がつきますよ。

5年 チャレンジテスト

「夏」「冬」「春」と3回あります。夏休み、冬休み、春休みに合わせて使おう。学期の終わりのテスト前にやってもいいね。それまでに学習したことがしっかり身についているか、確認できるね。

実力チェック

5年 学力診断テスト

1年間の総まとめのテストです。合格点をめざそう。

ふだんの学習が終わったら、「がんばり表」にシールをはろう。

別冊

丸つけラクラク解答

問題と同じ紙面に赤字で「答え」が書いてあるよ。取り組んだ問題の答え合わせをしてみよう。まちがえた問題や分からなかった問題は、「ぴったり 1」にもどったり、教科書を読み返したりして、もう一度見直そう。

おうちのかたへ

本書「教科書ぴったりトレーニング」は、新出漢字や新出音訓（読みかえ漢字）等、理解しておくべき基本的な内容をまとめた「ぴったり 1 準備」、学習したことが身についているかを、読み書きすることで確認できる「ぴったり 2 練習」、そして、習得度を確かめられる年 3 回の「チャレンジテスト」、という構成になっています。漢字が苦手なお子様でも、無理なく少しずつ学習できるよう配慮した構成になっておりますので、日々の学習（トレーニング）にぴったりです。

「漢字の学習」について

- ●漢字の学習は、通知表に記載される 3 つの観点のうち、「知識・技能」に相当します。漢字の学習というと、漢字の形や読み書き、書き順、部首などを暗記するというイメージがありますが、実際はそれだけではありません。
- ●大切なのは、漢字について理解し、文章の内容を読み取ったり自分の文章で適切に使い表現できるようなったりできることです。本書はその基礎となるものです。
- ●本書では、漢字の成り立ちや関連漢字等の理解を深める補足情報、そして豊富な例文を示しています。単なる知識ではなく、「使える漢字」が身につき、ひいては国語力のアップにつながることをねらいました。

別冊『丸つけラクラク解答』について

別冊の「丸つけラクラク解答」では、「チャレンジテスト」・「学力診断テスト」において、次のような事柄も示しています。

- **・漢字についての注意すべき点**
- **・いっしょに覚えておくと役立つこと**
- **・まちがいやすいことやつまずきやすいところ**

お子様への説明や、学習内容の把握などにご活用ください。

教科書ぴったりトレーニング 漢字5年 がんばり表

いつも見えるところに、この「がんばり表」をはっておこう。
この「ぴたトレ」を学習したら、シールをはろう！
どこまでがんばったかわかるよ。

シールの中から好きなぴた犬を選ぼう。

おうちのかたへ

がんばり表のデジタル版「デジタルがんばり表」では、デジタル端末でも学習の進捗記録をつけることができます。１冊やり終えると、抽選でプレゼントが当たります。「ぴたサポシステム」にご登録いただき、「デジタルがんばり表」をお使いください。LINE または PC・ブラウザを利用する方法があります。

LINE用  

PC・ブラウザ用  

★ ぴたサポシステムご利用ガイドはこちら ★
https://www.shinko-keirin.co.jp/shinko/news/pittari-support-system

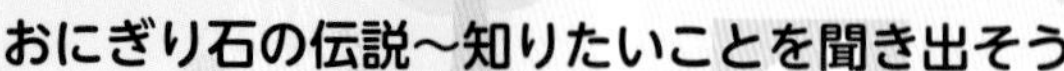

スタート

四年生で習った漢字

2ページ	3ページ	4ページ	5ページ
復習	復習	復習	復習
できたらシールをはろう	できたらシールをはろう	できたらシールをはろう	できたらシールをはろう

おにぎり石の伝説～知りたいことを聞き出そう

6～7ページ	8～9ページ	10～11ページ	12ページ	13ページ	14ページ	15ページ	16ページ
ぴったり1	ぴったり2	ぴったり1	ぴったり2	ぴったり1	ぴったり1	ぴったり2	ぴったり2
できたらシールをはろう	できたらシールをはろう	できたらシールをはろう	できたらシールをはろう	できたらシールをはろう	できたらシールをはろう	できたらシールをはろう	できたらシールをはろう

敬語(けいご)～いにしえの言葉に親しもう

17～20ページ	21～23ページ
ぴったり1	ぴったり2
できたらシールをはろう	できたらシールをはろう

24ページ	25ページ	26ページ	27ページ
ぴったり1	ぴったり2	ぴったり1	ぴったり2
できたらシールをはろう	できたらシールをはろう	できたらシールをはろう	できたらシールをはろう

世界でいちばんやかましい音～新聞記事を読み比べよう

28～30ページ	31～32ページ	33ページ	34ページ	35～36ページ	37ページ
ぴったり1	ぴったり2	ぴったり1	ぴったり2	ぴったり1	ぴったり2
できたらシールをはろう	できたらシールをはろう	できたらシールをはろう	できたらシールをはろう	できたらシールをはろう	できたらシールをはろう

夏のチャレンジテスト

38～39ページ	40～41ページ
チャレンジテスト	チャレンジテスト
できたらシールをはろう	できたらシールをはろう

未知へ～漢字を使おう５

42ページ	43ページ
ぴったり1	ぴったり1
できたらシールをはろう	できたらシールをはろう

44ページ	45～46ページ	47～48ページ	49～52ページ	53～55ページ
ぴったり2	ぴったり1	ぴったり2	ぴったり1	ぴったり2
できたらシールをはろう	できたらシールをはろう	できたらシールをはろう	できたらシールをはろう	できたらシールをはろう

どうやって文をつなげればいいの？～提案します、一週間チャレンジ

56～57ページ	58～59ページ	60～61ページ	62～63ページ
ぴったり1	ぴったり2	ぴったり1	ぴったり2
できたらシールをはろう	できたらシールをはろう	できたらシールをはろう	できたらシールをはろう

和語・漢語・外来語～漢字を使おう７

64～66ページ	67～68ページ	69ページ	70ページ	71ページ
ぴったり1	ぴったり2	ぴったり1	ぴったり1	ぴったり2
できたらシールをはろう	できたらシールをはろう	できたらシールをはろう	できたらシールをはろう	できたらシールをはろう

冬のチャレンジテスト

72～73ページ	74～75ページ
チャレンジテスト	チャレンジテスト
できたらシールをはろう	できたらシールをはろう

いにしえの人のえがく世界～わたしの文章見本帳

76～78ページ	79～81ページ	82～84ページ	85～86ページ	87～88ページ	89ページ
ぴったり1	ぴったり2	ぴったり1	ぴったり2	ぴったり1	ぴったり2
できたらシールをはろう	できたらシールをはろう	できたらシールをはろう	できたらシールをはろう	できたらシールをはろう	できたらシールをはろう

春のチャレンジテスト

90～91ページ	92～93ページ
チャレンジテスト	チャレンジテスト
できたらシールをはろう	できたらシールをはろう

ゴール

最後までがんばったキミは「ごほうびシール」をはろう！

ごほうびシールをはろう

（キリトリ線）